Minna no Nihongo
みんなの日本語中級Ⅰ
教え方の手引き

スリーエーネットワーク

© 2010 by 3A Corporation

All rights reserved. No part of this publication may be reproduced, stored in a retrieval system, or transmitted in any form or by any means, electronic, mechanical, photocopying, recording, or otherwise, without the prior written permission of the Publisher.

Published by 3A Corporation.
Trusty Kojimachi Bldg., 2F, 4, Kojimachi 3-Chome, Chiyoda-ku, Tokyo 102-0083, Japan

ISBN978-4-88319-491-9 C0081

First published 2010
Printed in Japan

はじめに

　『みんなの日本語中級Ⅰ』は『みんなの日本語初級Ⅰ・Ⅱ』に続く「中級前期総合日本語教材」です。『みんなの日本語初級Ⅰ・Ⅱ』は、文型・語彙の積み上げを基本とする実践的会話運用力を養う学習効率の良さと整備された内容で、学習者のニーズに応え、おかげ様で今日まで国の内外で幅広くご使用いただいております。

　わが国は近年、長期滞在型、永住型の外国人が増加し、日常の場で外国人が日本社会の一角を占めているといっても過言ではありません。人材や労働力の需要に応じて人々が激しく移動する中で互いの意思疎通を図り、理解し合うために、日本語をより深く学びたいというニーズはますます高まっております。

　このような時代の変化にともない、初級から中級へ継続して使える教材として、様々な外国人の日本語学習を支援できる教科書が求められております。

　そこで小社は日本語教育の経験に加え、教材作成の経験豊かな執筆協力者を結集して『みんなの日本語初級』に続く教材の開発に着手し、試用、検討、修正を重ね、多くの方々のご協力を得て、この度『みんなの日本語中級Ⅰ』を発刊いたしました。

　本書『みんなの日本語中級Ⅰ　教え方の手引き』は、日本語教育の現場に携わる皆様に『みんなの日本語中級Ⅰ』をより効果的に使っていただけるように制作いたしました。『みんなの日本語中級Ⅰ』及び本書をお使いいただいてのご意見、ご感想などをお寄せいただければ幸いです。

　今後もさらに『みんなの日本語』シリーズの拡充と新たな日本語教材の開発に努めてまいりますので、尚一層のご指導、ご鞭撻を賜りますよう宜しくお願い申し上げます。

2010 年 4 月
株式会社スリーエーネットワーク
代表取締役社長　小林卓爾

本書をお使いになる方へ

1．本書は『みんなの日本語中級Ⅰ』の『教え方の手引き』(以下、『手引き』)である。総合教科書『みんなの日本語中級Ⅰ』(以下、『中級Ⅰ』)を用いて効果的に学習指導を進めていただくために制作した。

2．本書は第Ⅰ部、第Ⅱ部、第Ⅲ部から構成されている。
　第Ⅰ部は『中級Ⅰ』全体の編集方針、構成、内容及びその使い方の実際について述べる。また、本書第Ⅱ部の構成についても解説する。

　第Ⅱ部は『中級Ⅰ』の「各課の教え方」である。教え方には付属教材である「CD」の活用も含まれる。学習の基盤となる「文法・練習」の解説と留意点、学習活動の柱となる「話す・聞く」(会話)「読む・書く」(読み物)の目標と学習項目(言語要素・素材)、実際の授業活動の進め方及び留意事項を解説する。

　第Ⅲ部は『中級Ⅰ』の「資料編」である。「1．使役受身の作り方」「2．動詞のフォーム」「3．学習漢字五十音順索引」「4．文法項目と提出語彙」は教案の作成や復習、クイズ、その他応用教材を作る際の参考となる。

　本書が、『みんなの日本語中級Ⅰ』を使用して行われる日本語教育の現場で、多様な学習者を対象にした授業活動の内容や進め方の工夫、それぞれの現場に応じた指導への参考になれば幸いである。

目　次

はじめに
本書をお使いになる方へ

第Ⅰ部　『みんなの日本語中級Ⅰ』内容及び使い方
　　1．編集方針（対象・目標） ··· 2
　　2．構成 ··· 4
　　3．内容 ··· 4
　　4．使い方 ··· 22

第Ⅱ部　『みんなの日本語中級Ⅰ』各課の教え方

第1課 ·· 28
　　Ⅰ．目標
　　Ⅱ．学習項目
　　Ⅲ．文法・練習
　　　1．～てもらえませんか・～ていただけませんか
　　　　　～てもらえないでしょうか・～ていただけないでしょうか
　　　2．～のようだ・～のような～・～のように…（比喩・例示）
　　　3．～ことは／が／を
　　　4．～を～と言う
　　　5．～という～
　　　6．いつ／どこ／何／だれ／どんなに～ても
　　　【補足項目】　～じゃなくて、～（話す・聞く）
　　　　　　　　　…のだ・…のではない（読む・書く）
　　　　　　　　　何人も、何回も、何枚も…（読む・書く）
　　Ⅳ．話す・聞く　「お願いがあるんですが」
　　Ⅴ．読む・書く　「畳」

第2課 ·· 42
　　Ⅰ．目標

Ⅱ．学習項目
Ⅲ．文法・練習
　　1．(1)(2) 〜たら、〜た
　　2．〜というのは〜のことだ・〜というのは…ということだ
　　3．…という〜
　　4．…ように言う／注意する／伝える／頼む
　　5．〜みたいだ・〜みたいな〜・〜みたいに…（比喩・例示）
　【補足項目】　〜ところ（話す・聞く）
Ⅳ．話す・聞く　「何のことですか」
Ⅴ．読む・書く　「外来語」

第3課　　　　　　　　　　　　　　　　　　　　　　　56

Ⅰ．目標
Ⅱ．学習項目
Ⅲ．文法・練習
　　1．〜（さ）せてもらえませんか・〜（さ）せていただけませんか
　　　　〜（さ）せてもらえないでしょうか・〜（さ）せていただけないでしょうか
　　2．(1) …ことにする
　　　　(2) …ことにしている
　　3．(1) …ことになる
　　　　(2) …ことになっている
　　4．〜てほしい・〜ないでほしい
　　5．(1) 〜そうな〜・〜そうに…
　　　　(2) 〜なさそう
　　　　(3) 〜そうもない
　【補足項目】　〜たあと、…（話す・聞く）
Ⅳ．話す・聞く　「遅れそうなんです」
Ⅴ．読む・書く　「時間よ、止まれ！」

第4課　　　　　　　　　　　　　　　　　　　　　　　71

Ⅰ．目標
Ⅱ．学習項目
Ⅲ．文法・練習
　　1．…ということだ（伝聞）
　　2．…の・…の？
　　3．〜ちゃう・〜とく・〜〜てる

　　　　4．〜（さ）せられる・〜される（使役受身）
　　　　5．〜である（である体）
　　　　6．〜ます、〜ます、…・〜くて、〜くて、…（中止形）
　　　　7．(1) 〜（た）がる　　(2) 〜（た）がっている
　　　　8．…こと・…ということ
　　　【補足項目】〜の〜（同格）（話す・聞く）
　　　　　　　　　〜ましたら、…・〜まして、…（話す・聞く）
　　Ⅳ．話す・聞く　「伝言、お願いできますか」
　　Ⅴ．読む・書く　「電話嫌い」

第5課　　　　　　　　　　　　　　　　　　　　　　　　　　　　　　　　　90

　　Ⅰ．目標
　　Ⅱ．学習項目
　　Ⅲ．文法・練習
　　　　1．(1) あ〜・そ〜（文脈指示（会話））
　　　　　　(2) そ〜（文脈指示（文章））
　　　　2．…んじゃない？
　　　　3．〜たところに／で
　　　　4．(1)(2) 〜（よ）う（意向形）とする／しない
　　　　5．…のだろうか
　　　　6．〜との／での／からの／までの／への〜
　　　　7．…だろう・…だろうと思う（推量）
　　　【補足項目】…から、〜てください（話す・聞く）
　　　　　　　　　が／の（読む・書く）
　　Ⅳ．話す・聞く　「どう行ったらいいでしょうか」
　　Ⅴ．読む・書く　「地図」

第6課　　　　　　　　　　　　　　　　　　　　　　　　　　　　　　　　106

　　Ⅰ．目標
　　Ⅱ．学習項目
　　Ⅲ．文法・練習
　　　　1．(1) …て…・…って…（引用）
　　　　　　(2) 〜って…（主題）
　　　　2．(1) 〜つもりはない（否定の意志）
　　　　　　(2) 〜つもりだった（過去の意志）
　　　　　　(3) 〜たつもり・〜ているつもり

    3．〜てばかりいる・〜ばかり〜ている
    4．…とか…
    5．〜てくる（事態の出現）
    6．〜てくる（近づく）・〜ていく（離れる）
   【補足項目】こ〜（文脈指示）（読む・書く）
  Ⅳ．話す・聞く　「行かせていただきたいんですが」
  Ⅴ．読む・書く　「メンタルトレーニング」

第7課 121
  Ⅰ．目標
  Ⅱ．学習項目
  Ⅲ．文法・練習
    1．(1) 〜なくてはならない／いけない・〜なくてもかまわない
      (2) 〜なくちゃ／〜なきゃ［いけない］
    2．…だけだ・［ただ］…だけでいい
    3．…かな（終助詞）
    4．(1) 〜なんか…
      (2) …なんて…
    5．(1) 〜（さ）せる（感情使役）
      (2) 〜（さ）せられる・〜される（感情使役の受身）
    6．…なら、…
   【補足項目】〜てくれ（読む・書く）
  Ⅳ．話す・聞く　「楽しみにしてます・遠慮させてください」
  Ⅴ．読む・書く　「まんじゅう、怖い」

第8課 137
  Ⅰ．目標
  Ⅱ．学習項目
  Ⅲ．文法・練習
    1．(1)(2) 〜あいだ、…・〜あいだに、…
    2．(1)(2) 〜まで、…・〜までに、…
    3．〜た〜（名詞修飾）
    4．〜によって…
    5．〜たまま、…・〜のまま、…
    6．…からだ（原因・理由）
   【補足項目】髪／目／形をしている（話す・聞く）

Ⅳ．話す・聞く　「迷子になっちゃったんです」
　　　Ⅴ．読む・書く　「科学者ってどう見える？」

第9課 152
　　　Ⅰ．目標
　　　Ⅱ．学習項目
　　　Ⅲ．文法・練習
　　　　1．お～ますです
　　　　2．～てもかまわない
　　　　3．…ほど～ない・…ほどではない（比較）
　　　　4．～ほど～はない／いない（比較）
　　　　5．…ため［に］、…・…ためだ（原因・理由）
　　　　6．～たら／～ば、…た（反事実的用法）
　　　Ⅳ．話す・聞く　「どこが違うんですか」
　　　Ⅴ．読む・書く　「カラオケ」

第10課 169
　　　Ⅰ．目標
　　　Ⅱ．学習項目
　　　Ⅲ．文法・練習
　　　　1．(1)　…はずだ
　　　　　　(2)　…はずが／はない
　　　　　　(3)　…はずだった
　　　　2．…ことが／もある
　　　　3．～た結果、…・～の結果、…
　　　　4．(1)　～出す（複合動詞）
　　　　　　(2)　～始める・～終わる・～続ける（複合動詞）
　　　　　　(3)　～忘れる・～合う・～換える（複合動詞）
　　　Ⅳ．話す・聞く　「そんなはずはありません」
　　　Ⅴ．読む・書く　「記憶型と注意型」

第11課 187
　　　Ⅰ．目標
　　　Ⅱ．学習項目
　　　Ⅲ．文法・練習
　　　　1．～てくる・～ていく（変化）

2．～たら［どう］？
　　　3．…より…ほうが…（比較）
　　　4．～らしい
　　　5．…らしい（伝聞・推量）
　　　6．～として
　　　7．(1) ～ず［に］…（付帯状況、手段）
　　　　 (2) ～ず、…（原因・理由、並列）
　　　8．～ている（経験・経歴）
　　　【補足項目】　～なんかどう？（話す・聞く）
　　Ⅳ．話す・聞く　「お勧めのところ、ありませんか」
　　Ⅴ．読む・書く　「白川郷の黄金伝説」

第12課 205
　　Ⅰ．目標
　　Ⅱ．学習項目
　　Ⅲ．文法・練習
　　　1．…もの／もんだから
　　　2．(1) ～（ら）れる（間接受身（自動詞））
　　　　 (2) ～（ら）れる（間接受身（他動詞））
　　　3．～たり～たり
　　　4．～っぱなし
　　　5．(1) …おかげで、…・…おかげだ
　　　　 (2) …せいで、…・…せいだ
　　　【補足項目】…みたいです（話す・聞く）
　　　　　　　　　どちらかと言えば、～ほうだ（読む・書く）
　　　　　　　　　～ます／ませんように（読む・書く）
　　Ⅳ．話す・聞く　「ご迷惑をかけてすみませんでした」
　　Ⅴ．読む・書く　「【座談会】日本で暮らす」

第Ⅲ部　資料編
　　1．使役受身の作り方
　　2．動詞のフォーム
　　3．学習漢字五十音順索引
　　4．文法項目と提出語彙

第Ⅰ部
『みんなの日本語中級Ⅰ』
内容及び使い方

1. 編集方針（対象・目標）

　『みんなの日本語中級Ⅰ』（以下、『中級Ⅰ』）は一般成人（ビジネスマン、学生、家庭人など）を対象とする日本語中級前期の総合教科書である。『みんなの日本語初級Ⅰ・Ⅱ』（以下、『初級』）も総合的な教科書として「文法」や「語彙」を体系的に積み上げ、入門期より「読む・書く」にも配慮しつつ、基本的には「話す・聞く」を中心とした練習を通して日常生活の基本的場面でコミュニケーションを可能にする会話力の養成を目標とした。『中級Ⅰ』は、これら『初級』の学習を受けて「中級前期」、すなわち「初級から中級への橋渡しの時期」に求められる総合的な学習を展開するものである。

　そこでこの『中級Ⅰ』では多様な学習者の背景やニーズにも柔軟に対応できるよう、全体を通じて「話す・聞く」（会話）「読む・書く」（読み物）の2本の柱を立てた。日本語の運用面を大切にするとともに、「日本語中級後期」の学習につながる「文法（文型）」や「語彙」をここで確実に習得する。また、各課、各学習項目ごとに「目標」を掲げ、コミュニケーション（会話）の機能や読み物を読むためのストラテジーを明示して、無理なく「話す・聞く」「読む・書く」の総合的な言語能力を育むとともに、学習者が自立的に学ぶ力を身につけることを目指す。

＜特徴＞
　『みんなの日本語中級Ⅰ』の特徴は次の通りである。
1）文法
　　『中級Ⅰ』は『初級』に連なるものであり、それを発展させるために「中級日本語教育文法シラバス」（約300項目）を作成した。さらに、中級段階の学習者が直面する日常のコミュニケーション場面での「会話」や外国人と日本人の共通の話題に相応しい文化的内容の「読み物」を作成、選定し、そこから抽出された文型約100項目を確定した。

　　「文法」を単に言語知識としてのみ理解するのではなく、「話す・聞く」「読む・書く」に提出された実際の文脈に密着した表現として捉え、産出を促す様々な「練習」を用意した。
2）会話
　　『みんなの日本語中級』は、『初級』で培った会話運用力をさらに強化するために「話す・聞く」ための機能で分類したシラバスを持つ。『中級Ⅰ』では「交渉会話」を取り上げ、練習やタスクによって中級（前期）の会話運用能力を養う。
3）読み物
　　『中級Ⅰ』の「読む・書く」のシラバスは複合的なものである。「読む」ためのストラテジーやスキルを学ぶと同時に、「文法」「語彙」の拡張、さらに読み物の内容に関

連する身近な題材をテーマに、まとまった談話構造に基づく文章を「書く」「発表する」
ことができることを目指す。

4）語彙

　『中級Ⅰ』(全12課)では語彙約1000語を新たに取り上げた。『初級』(全50課)の語彙約1980語に比べ、1課当たりの語彙数は多く、語彙の領域も内容を反映して多様になっている。初級の語彙は日常の会話で使われる基礎語彙で、そのほとんどが産出できることを求められている。しかし中級の語彙には、話題や内容と関連はしても使用語彙とは言えない名詞や固有名詞なども含まれており、必ずしも産出を必要としないものがある（第Ⅲ部・資料編「4．文法項目と提出語彙」参照）。

　『中級Ⅰ』段階の学習者は、それぞれのニーズにしたがって自主的に語彙の選択をすることもできるであろうが、必要度の高い語彙については「文法・練習」やタスクの中でできるだけ多く用いた。

5）漢字

①表記と振り仮名

　『中級Ⅰ』は『初級』と同様、漢字圏（中国、韓国など）と非漢字圏の学習者を対象としているが、『中級Ⅰ』でも漢字にはあえて総ルビを付している。非漢字圏の学習者は初級を終了したからといっても、漢字習得の負担が軽くなっているわけではない。むしろ中級の学習内容が難しくなり、初級相当の漢字のルビを外した途端に漢字の読みの負担が学習活動を妨げる場合が少なくないからである。

　　1）漢字は原則として「常用漢字表」と「付表」に拠った。
　　　　①「熟字訓」(二字以上の漢字の組み合わせ、特別な読み方をするもの)のうち、「常用漢字表」の「付表」に示されるものは漢字を用いた。
　　　　　例：友達、眼鏡、二十歳、風邪
　　　　②国名・地名などの固有名詞、または芸能・文化・家族の呼称などの語には「常用漢字表」にない漢字や音訓も用いた。
　　　　　例：厳島神社、夏目漱石、姪
　　2）「常用漢字表」及び「付表」に示される漢字であっても、学習者の読みやすさに配慮して仮名書きにしたものがある。
　　　　　例：ある（有る、在る）、いまさら（今更）、さまざま（様々）
　　3）数字は原則として算用数字を用いた。
　　　　　例：9時、10月2日、90歳
　　　　ただし、次のような場合は漢数字を使用した。
　　　　　例：一人で、一戸建て、一日中

②学習漢字

『中級Ⅰ』「読む・書く」(読み物)に出てくる漢字から学習漢字(315字)を選定し、巻末に「漢字索引」を設けて、必要に応じ教師の指導あるいは自分のペースで「学習漢字」を習得できるように配慮した(第Ⅲ部・資料編「3．学習漢字五十音順索引」参照)。

2．構　成

本冊『みんなの日本語中級Ⅰ（CD付）』と別売の『みんなの日本語中級Ⅰ翻訳・文法解説（各国語版）』より構成される。

本冊は「はじめに」「凡例」「学習者の皆さんへ」「登場人物」「本課」「学習項目」「索引」「解答」からなり、本課は12課で構成されている。中級前期では「初級から中級への移行期」の学習として「読む・書く」のスキルの獲得も学習の範囲に入るが、この段階では初級で培った口頭能力をさらに充実させることを重視している。CDを本冊の一部として位置づけ、各課「話す・聞く」の「会話」、「読む・書く」の「読み物」と「問題」の聞き取り(🔊))の部分を収録した(表1参照)。

表1 『みんなの日本語中級Ⅰ本冊』各課の構成

文法・練習	話す・聞く	読む・書く	問題
文法(文型) 例文 練習	1．やってみましょう 2．聞いてみましょう 🔊)) 3．もう一度聞きましょう 　　(会話) 🔊)) 4．言ってみましょう 5．練習をしましょう 6．会話をしましょう 7．チャレンジしましょう	1．考えてみましょう 2．ことばをチェックしま 　　しょう 3．読みましょう 　　(読み物) 🔊)) 4．答えましょう 5．チャレンジしましょう	聴解QA 🔊)) 聴解談話 🔊)) ことば・表現 文法 機能語

3．内　容

[1]『みんなの日本語中級Ⅰ本冊（CD付）』

(1) 本課（第1課～第12課）

各課の内容は以下のような構成となっている。

1) 文法・練習

　「文法・練習」には、全12課で「話す・聞く」「読む・書く」の基盤となる中級学習者に必要な文法（文型）が「中級日本語教育文法シラバス」から100項目取り上げられている。

　中級学習者に「話す・聞く」(会話)、「読む・書く」(読み物)を指導する場合、未習の文法事項が現れて学習者がそこで立ち止まるたびに教師が解説を行うため、本来の学習活動の流れが妨げられることがあることは周知の通りである。『中級I』はこうした点を解決するために、「文法・練習」をあえて「話す・聞く」「読む・書く」の事前学習として位置づけ、文型を先に導入する学習効率の良さと教室活動の展開、指導の流れに配慮した。また、文型が実際にどのように用いられているか、その意味・機能や状況を「例文」の形で示し、文法用語の使用を極力避けた。文型の提示に使われている記号は次のようなものである。

＜文型提示の記号＞
① 接続部分が名詞などの「語句」に相当する場合には「〜」で示す。
　　例：「〜を〜と言う」
　　　　正月に神社やお寺に行くことを初詣でと言います。（第1課4.）
② 接続部分が「文」に相当する場合には「…」で示す。
　　例：「…という〜」
　　　　ごみを分けて出すという規則はなかなか守られていません。（第2課3.）
③ ただし、接続部分が「文」であっても、末尾の形が「て形」「た形」「辞書形」「たら形」「ば形」など、特定の形を要求する場合は「〜」で示す。
　　て形　：「〜てきた」
　　　　　　秋祭りの朝、遠くから太鼓の音が聞こえてきた。（第6課5.）
　　た形　：「〜たら、〜た」
　　　　　　窓ガラスをふいたら、部屋が明るくなった。（第2課1.）
　　辞書形：「〜つもりだった」
　　　　　　行くつもりでしたが、ちょっと用事ができて、……。（第6課2.(2)）
　　たら形：「〜たら、〜た」
　　　　　　両親が生きていたら、孫の誕生をとても喜んだだろう。（第9課6.）
　　ば形　：「〜ば、〜た」
　　　　　　もう少し安ければ、買ったんですが……。（第9課6.）

　「練習」は運用力を養うためのものであり、場面や状況を必要とするものにはイラストを用意した。「練習」は『初級』で行われた文型練習を踏まえ、さらに自発的な発話を促し、話題を展開させるものである。これが後に続く「話す・聞く」「読む・書く」の活動の基盤となる。

「練習」の形式には、『初級』の発話文型のドリル形式を発展させた複合文型ドリル以外にも、単なるパターンドリルではなく、談話ドリル、口頭発表につながるドリルなど、多彩な練習を盛り込んでいる。

＜練習の形式＞
① 文の完成（状況を与え、文を作る）
　　例：どのように頼みますか。（第1課1．）
　　　　道がわからなくなったので、道を聞きたい。（知らない人に）
　　　　→すみません。道に迷ってしまったんですが、ちょっと教えていただけない
　　　　　でしょうか。
② 問いかけに対して理由も添えて答える
　　例：タワポンさんにはもう連絡しましたか。（第1課6．練習1）
　　　　→いいえ、まだです。いつ電話をかけても留守なんです。
③ 状況を与えて自由に話させる
　　例：友達を褒めてください。（第1課6．練習2）
　　　　→ミラーさんは何を着ても似合います。スポーツは何をしても上手です。
　　　　　いろいろな外国語ができるから、どこへ行っても困らないでしょう。
④ 文体の書き換え
　　例：「である」文に書き換えてください。（第4課5．）
　　　　駅という字は「馬」と「尺」を合わせてできた漢字です。
　　　　→駅という字は「馬」と「尺」を合わせてできた漢字である。

なお、「文法・練習」には新出語彙も含まれている。それらは第Ⅱ部「各課の教え方」各課「Ⅱ．学習項目」の新出語 文法・練習 に提示されているので確認する。

2）**話す・聞く**

　一般に、教える側も学ぶ側も「中級の学習は読解にある」とする向きは少なくない。しかし、『みんなの日本語中級』では中級段階の口頭でのコミュニケーションも重視し、『中級Ⅰ（中級前期）』の「話す・聞く」のシラバスとして、まず日常生活の中で様々な交渉が必要とされる場面での「交渉会話」の柱を立てた。

　『中級Ⅰ』では、日常生活の中からこの段階の学習者にとって交渉を必要とする12のコミュニケーション場面を選定し、問題解決を目的とする会話を提示した。学習者の興味と学習意欲に働きかけながら練習の段階を踏むことにより、暗記に頼ることなく最終的に目標とする会話ができるようになる。『初級』で活躍した仲間たちがそれぞれの場面に登場し、会話を展開する。会話ならではの「文法項目」や「会話表現」の練習が用意されている。

　「話す・聞く」の基本構成及びその内容は概略次の通りである。

1. やってみましょう
この活動は目標とする会話への導入である。

2. 聞いてみましょう
聴解タスクの第1ステップとして、まず会話（CD）を一度聞き、全体の流れと内容のポイントを聞き取る。

3. もう一度聞きましょう
聴解タスクの第2ステップで、もう一度会話（CD）を聞きながら会話本文の＿＿＿＿部分を完成し、正誤の確認を行う。その際、＿＿＿＿部分にはひらがな、またはカタカナ（数字は数字のまま）で記入させてもよい。

4. 言ってみましょう
CDを聞きながら意味機能や文脈理解の確認をする。同時に音声表現の意識化、伝達表現の向上を促す。

5. 練習をしましょう
会話本文で使われているキーワードとなる語句や表現を練習する。『初級』でも「練習C」で談話練習を取り上げてきたが、『中級I』の談話練習にはいくつかの特徴がある。

＜談話練習の特徴＞
① それぞれの会話の「練習」には、話題・場面・状況が設定されている。
② それぞれの会話の「練習」では、学習者を○、会話の相手を●で表す。
③ ●（相手）は話題・場面・状況によって人物が指定されている。

---

6. 会話をしましょう
イラストを見ながらその場面・状況で使える語彙・表現を確認した上で、会話本文を想起し、再生させる。ここでは必ずしも会話本文そのままの復元を期待しているわけではない。

7. チャレンジしましょう
ロールカードによって与えられた課題にチャレンジし、学習した表現やスキルの応用力を身につける。

3) **読む・書く**

『初級』でも「読む・書く」について配慮し、学習した範囲の語彙と文法で課ごとに簡単な文章を読ませたり、身近なテーマで書かせたりする指導を行ってきたが、『初

級』の主眼は「話す・聞く」の運用力養成であった。

『中級Ⅰ』では「読む・書く」を「話す・聞く」とともに２本の柱として立てた。「読み物」は「会話」につながる話題を選んで600～900字の文章にまとめた。読みのストラテジーを用いた読みができ、かつ読みの内容を発展させた「書く」「発表する」といった運用力を養成することも目標とする。

「読む・書く」の基本構成及びその内容は概略次の通りである。

1．考えてみましょう

読む前の準備・導入活動として、「読み物」本文の話題に関する知識を活性化する。

2．ことばをチェックしましょう

各課の「ことばをチェックしましょう」には「読み物」を理解する上で必要なキーワードが提示されている。キーワードをつなぐことによって「読み物」の内容がイメージできる。また、与えられている問題文は全て既習語で作られている。

各課で学習者に確認・意識化させることばの数は多くても10語前後である。与えられたキーワードで、例文（穴埋め問題）を完成することはそれほど難しいことではない。

3．読みましょう

読み方には様々な方法やスキルがあるが、成人である学習者にはすでに母語による読解の方法やスキルを身につけている人もいれば、まだ不十分な人もいる。ここには「読み物」本文を読む際に必要な読み方のヒントとして「読むときのポイント」が示されている。

4．答えましょう

ここでは「読むときのポイント」のタスクが的確に行われたかどうかを確認する。必要に応じて内容に関する細かな質問も用意されている。問題によっては「読むときのポイント」に書かれているヒントが参考になるだろう。

「答えましょう」の問題形式には、正解を選ばせる問題、書かせる問題、理由を問う問題などがある。問題の内容には次のようなものがある。

＜問題の内容＞
① 内容の大意を把握する
　　例：子どもたちはどんな絵をかきましたか。科学者にどんなイメージを持っていますか。（第８課4.2)）
② 内容を細かく理解する
　　例：マーク・トゥエインについてまとめたものです。話の順に番号を書いてくだ

さい。(第4課4.1))
③ 本文から求められる特定の情報を取り出す
　　例：畳の良い点を3つ書いてください。(第1課4.4))

5. チャレンジしましょう
「読み物」の内容に関連してアンケート調査をして発表したり、身近な出来事や体験などをまとめてスピーチしたりしてアウトプット（話す・書く）の力を養うことを目指す。

4) 問題

「問題」には「聞き取り（🔊 CDマークの箇所)」と「文法」「語彙・表現」を中心にした問題が用意されている。「聞き取り」は各課とも、1．「Q＆A」、2．「短い会話のやり取りを聞いて要点を把握する問題」が用意されており、その課で習った学習項目を応用し、聞き取りの力を強化する。「文法」の問題では各課の新出学習項目の理解を確認し、「語彙」の問題では特に機能語の定着と運用力を高める。

「問題」の「解答」は『中級Ⅰ』挟み込みの「別冊」にある（項目（4）参照）。

(2) 学習項目

「学習項目」一覧は各課とも言語技能を「話す・聞く」と「読む・書く」に分けて構成し、本文のタイトルに続けてそれぞれに＜目標＞を掲げた。また、学習の流れから「文法項目」を「話す・聞く」と「読む・書く」の活動に分けて出現順に配置した。これらの学習項目は『手引き』第Ⅱ部「各課の教え方」に関連している。

1) 話す・聞く
　　① 「会話」のタイトル
　　② 「目標（機能）」
　　③ 「会話」に提出された文法項目（文型)(42項目)
　　④ 補足項目は本冊では文法項目として取り上げてはいないが、学習者にとっては知識として必要な項目であり、『翻訳・文法解説』第2部で解説している（9項目）。

2) 読む・書く
　　① 「読み物」のタイトル
　　② 「目標（ストラテジー）」
　　③ 「読み物」に提出された文法項目（文型)(53項目)
　　④ 補足項目（8項目）

（3）索引

1）新出語（新出語彙約910語）

中級相当語彙と考えられる語彙を中心に、その他複合語などが含まれている。

2）会話表現（約50）

各課「話す・聞く」の「練習をしましょう」で扱う表現はゴシック体で示す。

3）漢字（常用漢字315字）

「索引」に収めた漢字の見出し（親字）315字は、各課「読む・書く」（読み物）に出現した常用漢字から初級相当漢字と考えられるものを除いたものである。

この索引では、「▲音・△訓」読み、送りがなの明示（ゴシック）、本冊での用例（提出課）を収めた。また親字の書体は、『初級』で用いた教科書体で、活字のサイズも大きくして学習者の書写の際にも判別しやすいように配慮した。

（4）解答

1. 解答　文法・練習　話す・聞く　読む・書く
   問題　（聞き取り問題スクリプト）

   ＊問題によっては学習者の背景によって様々な解答が存在する。ここでは一つの解答例を掲げる。

2. 話す・聞く　会話スクリプト

3. CDの内容

（5）CD

CDには①「話す・聞く」の「会話」、②「読む・書く」の「読み物」、③「問題」の「聞き取り」部分が収録されている。アクセントやイントネーションに注意して一語一句の発音を学ぶだけでなく、会話や練習では自然な速さの日本語に慣れ、会話の流れの中で要点を聞き取り、問題に対処できる力を養う。

「読む」という作業には、声に出さずにただ目で文章をたどっていく方法（黙読）と、声に出しながら読む方法（音読）が考えられるが、CDに音声表現も用意したのは後者（音読）も大切だと考えたからである。つまり、読むときに必要なのは文章のどの部分を丁寧に読んだり、簡単に流すように読んだりするのか、それにはどんなリズムがともなうかなどについても知ってもらいたいからである。それらを知ってできるようになることは、やがて学習者が自分の考えをまとめて話し、書いたりするときの基礎的な運用能力を身につける基本につながるはずである。書きことばと言っても沈黙の世界ではない。

［２］『みんなの日本語中級Ⅰ翻訳・文法解説（各国語版）』(別売)

『中級Ⅰ翻訳・文法解説（各国語版）』の各課は以下のような構成になっている。
第１部　「新出語とその訳」
　　　　「新出語」の提出は各課の提出順にしたがう。「会話表現」「固有名詞」も付した。
第２部　「文法解説」
１）文法項目（文型）
　　本冊各課で学習項目として取り上げられている文型である。
２）接続
　　学習者が自分で接続の形を確認できるように文型の接続の形を示してある。
３）文法解説（各国語）
　　文法項目の解説は学習者にとって必要最小限のものとし、例文によってその意味・機能をより明確にし、いつ・どこで実際の場面で使えるかを示す。
４）参照・補足項目
　　『初級』で学習した項目や関連事項を「参照」に示してある。また、本冊で学習項目として取り上げてはいないが、知識として参考になると思われるものには「補足項目」として説明を加えている。

［３］『みんなの日本語中級Ⅰ　教え方の手引き』第Ⅱ部について

　『手引き』第Ⅱ部には、各課ごとに、目標、学習項目、技能、言語材料、題材内容、活動などを包括する各課の具体的な教え方が下記＜各課の構成＞に沿って書かれている。実際の学習指導案作成に際しては、第Ⅱ部の各課の解説、授業の流れ、教え方の要点・留意点などがそれぞれ役に立つだろう。『中級Ⅰ』全体を俯瞰するものとしては表２「目標と学習項目」(P.13) 及び図１「学習項目の位置づけと学習の流れ」(P.22) が参考になるだろう。

　　＜『手引き』第Ⅱ部・各課の構成＞
　　　Ⅰ．目標
　　　Ⅱ．学習項目
　　　Ⅲ．文法・練習
　　　Ⅳ．話す・聞く
　　　Ⅴ．読む・書く

Ⅰ．目標・Ⅱ．学習項目

『手引き』各課の「目標」と「学習項目」は複合シラバスの教科書の特徴を示す。「話す・聞く」「読む・書く」を学習の柱に各課ごとに「目標」を掲げた。これらの運用を支える「学習項目」として、中級前期で学習される文法（文型）、新出語彙・表現、学習漢字を選択し、本冊の学習の流れに沿って配列した（表２「目標と学習項目」参照）。

なお、学習漢字は「読み物」に出現した常用漢字の中の初級相当漢字を除いたものであり、上級相当漢字については点線の下に示した。

これらは本冊巻末の「新出語索引」「会話表現索引」「漢字索引」を補うものである。中級以降の日本語運用力を高めるためにも、基本的な言語素材（語・語句・表現パターン・漢字など）そのものの活用の機会が大きく広がることを期待している。

Ⅲ．文法・練習

各課の「話す・聞く」（会話）、「読む・書く」（読み物）に含まれる文法（文型）５～８項目について、①文法項目（文型）、②接続、③文法解説、④練習の留意点とヒントが示されている。文型の導入や練習は学習者も『初級』で経験しているが、①文型の提示（意味・機能の確認）、②接続の導入とその段階での接続部分の反復、代入、変換などの単純な口ならしは中級段階においても必要である。③文法解説は『翻訳・文法解説（各国語版）』の解説の部分である。また「参照」として『初級』で既習の「関連項目」を示し、学習者の既習の知識を活性化する。さらに教師用として「参考」の解説を付した。課の学習には直接必要ないが、知っていれば中級教育文法の体系的な把握に役立つものである。④練習の留意点とヒントは学習計画の作成とその実施に当たっての参考となる（「参考」で取り挙げた文献は主に小社発行物に拠った）。

なお、教室で「文法・練習」に充てる時間を割愛したいという場合には、学習者は少なくとも『翻訳・文法解説（各国語版）』を予習として通読し、その理解の上に立ってクラスでは「練習」に集中する。練習はダイナミックに短時間で行うとよいだろう。

各課を通しての＜手順・留意点＞は次の通りである。

＜手順・留意点＞
① 本冊の新出文型（見出し）を提示する。
② 文型とその接続、意味・機能を『翻訳・文法解説（各国語版）』で確認する。
　　例：「～（た）がる」（☞『中級Ⅰ翻訳・文法解説』(p.62) 第４課 7. (1) 解説参照）

```
Vます -form ＋ たがる
いA  -い ⎫
       ⎬ ＋ がる
なA    ⎭
```

表2　目標と学習項目

I. 目　　標：課全体の目的として
　　　　　　＜話す・聞く＞　｝
　　　　　　＜読む・書く＞　　それぞれで習得すべき機能、ストラテジーを示す。
II. 学習項目：各課学習活動（技能の習得と運用）に必要な言語素材の全てを教科書に提出
　　　　　　される順序にしたがって掲げる。

第○課

	話す・聞く 「会話タイトル」	**読む・書く** 「読み物タイトル」
本文内容	「会話」の内容	「読み物」の内容
文法項目	「会話」で学習する 文法項目	「読み物」で学習する 文法項目
＊補足項目	産出・運用までを求め ない解説のみの項目	産出・運用までを求め ない解説のみの項目
新出語 ＊固有名詞	**文法・練習** 「会話」に関わる 「文法・練習」に出現する 新出語 **話す・聞く** 「話す・聞く」に 出現する新出語	**文法・練習** 「読み物」に関わる 「文法・練習」に出現する 新出語 **読む・書く** 「読む・書く」に 出現する新出語
会話表現	「話す・聞く」に 出現する会話表現	「読む・書く」に 出現する会話表現
学習漢字		「読み物」から 抽出した学習漢字

③ 導入された文型や表現がどのような場面・状況で用いられるか、本冊の例文で確認する。
　　例：第4課 7．例文
　　　　1）子どもは友達が持っているのと同じ物を欲しがります。
　　　　2）母は地震のニュースを聞くと、とても不安がります。
　　　　3）父は新しい製品が出ると、すぐに買いたがります。
　　　　4）最近、結婚したがらない若者が増えています。
④ 本冊の練習を行う。

Ⅳ．話す・聞く

【目標】

「話す・聞く」には各課ごとに「目標」が掲げられている。テーマである「交渉会話」のスキルに焦点を当て、それぞれの「場面・状況」における「会話」に必要なストラテジーが身につくように明確な「機能」が取り上げられ、学習の流れに沿って項目が記され、必要に応じてそのねらいと学習のポイントを解説する。

1．やってみましょう

学習者に、タスクの会話を考えさせる導入部分である。

＜手順・留意点＞
① 設問にしたがい、イラストで与えられた会話場面・状況に合わせて学習者自身のことばで話してみる。導入段階での学習者の運用能力を意識化する。
② 教科書で与えられた設定が学習環境に合わない場合は、学習者に合わせて工夫する。例えば「第2課」であれば、実際に地域で日ごろ配られる新聞の折り込みチラシやポストに投げ込まれるチラシを用いる。海外などであれば、学習者の興味を引く広告の内容をアレンジして使うのもよい。

2．聞いてみましょう

全体の流れを把握し、内容と表現を聞き取る。『手引き』ではその人間関係や待遇関係についても述べる。

＜手順・留意点＞
① イラストの会話登場人物を確認し、聞くポイント「1）内容を聞き取りましょう」の質問を参考に場面・状況を確認してからCDを聞く。解答は完全な文章で答えられなくても、ポイントを外していなければそれでよしとする。
② 「2）表現を聞き取りましょう」のポイントを読み、特に意識して聞く表現を確認した後、再度CDを聞く。答え合わせをして、おおよその表現が聞き取れていた

らそれでよしとする。完全な正しい答えが出るまで繰り返す必要はない。聞き取れた内容や流れの断片をメモするのもよい。
③ 「2．聞いてみましょう」は「3．もう一度聞きましょう」への布石である。やり方がつかめない、あるいはわからない部分が気になって通して聞くことができない学習者もいる。そのような場合でも途中でCDを止めず、通して聞かせたほうがよい。完全に聞き取れていない場合でも、そこで足踏みをしているよりは次の「3．もう一度聞きましょう」に進む。
④ 「2．聞いてみましょう（聴解タスク）」の解答は最後の段階でよく確認する。
⑤ 語彙訳リストで語彙の確認をする。
⑥ 学習者のレベルに応じて注意すべき新出語彙、会話表現、文法項目を確認し、説明・練習をする。

3．もう一度聞きましょう

「会話」の＿＿＿部分を聞きながら完成させる。『手引き』では、それらタスクの下線部分の機能、用法について解説する。

＜手順・留意点＞
① CDを聞きながら＿＿＿部分を埋め、会話を完成する。この段階でまだよく聞き取れない場合でも、小刻みな聞き取りはせずに会話全体を通して聞く。
② 一度目に「2．聞いてみましょう」を聞き、メモした表現や完成させた会話が「3．もう一度聞きましょう」と違っていたり、聞き取れなかったところがあれば確認する。最初は聞き取れなかった学習者も、聴解のタスクを重ねる中で聞き取りのコツをつかんでいく。
③ 語彙・表現は各課新出語彙訳（『翻訳・文法解説（各国語版）』）で確認する。また、学習者に応じて必要な説明・練習を補足する。
④ 学習者に応じて把握できていない文法項目の確認、説明をする。

4．言ってみましょう

CDを活用して話す速さや声のトーン、「間（ま）」などの言語以外の要素の伝達力にも注意を向ける。嬉しさ、楽しさ、落胆、同情、ためらい、共感などを聞き取る。最初は聞き取れなくても、CDを聞き、実際に言ってみることで聞き分けられるようになる。

＜留意点とヒント＞
① 発音やイントネーションに注意してCDの通りに言ってみる。言えない場合は一、二度下読みをする。
② CDを聞きながら会話のリズム、スピードの緩急、間、フィラーなどに関しても学習者自身の気づきを促す。

③ 学習者が音声の会話のスピードに合わせて言えているかどうかを観察する。母語の干渉による発音の不正確さがある場合でも、個々の音の矯正を無理に行うよりも「アクセントやイントネーションの全体の形を大切にすれば、発音の難点はカバーできる」と言って励ます。このように、教師には学習者の日本語によるコミュニケーションに自信を持たせる姿勢が大切である。

CDの会話には登場人物の個性も音声で表現されているが、学習者は聞いているだけでは把握しきれない。自分で「言う」ことが求められて初めて気づくという場合が多いので、「言ってみましょう」の活動も大切に扱いたい。

5．練習をしましょう

その課の会話から特に選んだ機能と表現の談話練習である。1）2）の項目は目的を達成するための鍵となる慣用的な表現、あるいは機能を含む表現である。○と●はそれぞれ人物と役を示す。本冊では簡単な場面・状況と○と●の役割が示されるだけだが、『手引き』では表現の果たす機能についても詳しく解説され、また練習する場合の手順や留意事項の解説がある。

＜留意点とヒント＞
① ○（学習者）は与えられた話題・場面・状況に関する説明を読んで理解し、●（相手）に対して発話しなければならない。学習者が適切な文を思いつかず、考えあぐねている場合には、ヒントを与えて手助けをする。
② ○（学習者）は下線部分を完成させて終わることなく、●（相手）との会話を口頭でやり取りする。その場合は●と○の立場（役）を交替して、どちらの役も言えるようにするとなおよい。
　例：第7課
　　相撲見物の招待を受ける（●：同僚）
　　●：相撲のチケットが2枚あるんですが、いっしょにいかがですか。
　　○：本当ですか。前から一度見たいと思ってたんです。ぜひお願いします。

6．会話をしましょう

①イラスト、②会話、③会話の流れ（機能）が示されている。会話全文が掲載されていることにより、この項のタスクは会話の寸分違わぬ復元だと勘違いをすることがあるかもしれないが、そうではない。①イラストだけでの再現、③会話の流れ（機能）だけでの再現、あるいは①③を用いての自由度のある再現があってもよいし、それは究極のねらいでもある。ただ学習者によっては発話につかえて時間ばかりかかり、欲求不満に陥る場合もあるので、学習者の様子を見ながら進める。

ここでは、学習者はイラストで示される場面・状況を生かし、そこに登場する

人物として会話をシミュレーションし、完成できればよいとする。全ての学習者が実際の生活場面で同じ状況に遭遇することは稀であっても、「1．やってみましょう（プレタスク）」から、即興ではない計画された練習の積み重ねによって、実際の場面で活用できるコミュニケーション・スキルを身につけ、会話の流暢さも養うことができる。

＜留意点とヒント＞
会話の応用として、会話に沿って人物（男女・人間関係）を変えた談話展開も可能である。状況の変化にともない待遇関係も変わるが、同一テーマなので難しい活動ではない。
　例1：第7課
　　　会話1．［午後3時ごろ　喫茶店で］→［朝　マンションのごみ置き場の前で］
　　　　　　［渡辺：クララ］→［野村：マリア］
　　　会話2．［昼休み　大学の食堂で］→［大学の図書館の前で］
　　　　　　［広田：タワポン］→［マイク・ミラー：イー・ジンジュ］
　例2：第11課
　　　会話　［土曜日　山田さん宅で］→［夏休み前　大学で］
　　　　　　［カリナ：山田一郎］→［タワポン：広田］

7．チャレンジしましょう

　与えられた状況と人間関係を把握しロールプレイを行う。『手引き』には学習者へのタスク、「ロールカードＡ」と「同Ｂ」、【会話例】【評価のポイント】が用意されている。

　1）ロールカードには次のような情報が記されている。

---

　　　①　場面・状況　　　　　　　　　　　　　　　　　ロールカードA/B
　　　②　Ａ：Ａの役割
　　　③　Ｂ：Ｂの役割
　　　　　＊①②③の情報はＡ、Ｂ共通情報である。
　　　④　あなたはＡです　／　あなたはＢです
　　　　　＊学習者は一定の場面・状況の登場人物として役割を与えられる。

　　　⑤　タスク

　ロールプレイでは、学習者に必要な情報、すなわち学習者がダレになって演じ、イツ、ナニを、ドウして、ドウ思い、ドウしたいのかの情報を、確実に与えられる必要がある。学習者がまさにＡでありＢであるという、この告知

が徹底すれば表現にだけとらわれることなく、大胆に楽しく「チャレンジしましょう」の意義と醍醐味を学習者自身が感じ取るだろう。
2）【会話例】はあくまでも参考である。
3）【評価のポイント】にはロールプレイのフィードバックを行う際に押さえるべき点が挙げられている。実際の評価では、活動の内容に関して学習者が意欲的であったか、何らかのヒントや手助けなしに乗り切れたか、学習者自身による評価ができたか、なども評価のポイントになる。これらは次の学習でフィードバックされるだろう。

> ＜留意点とヒント＞
> ① ロールカードの活用
> カードによって与えられた「場面・状況」とその場にいる「自分」を十分に把握し、課題にしたがって目標とする「交渉会話」を産出する。
> 　例：目上の人に頼みにくいことをお願いしましょう。断られても、何とかお願いして引き受けてもらってください。
> 　　　先生に結婚式のスピーチを頼む。（第1課）
> ② 同一機能、別テーマによる「応用会話」への発展
> 学習者にとって身近なテーマで学んだ機能を生かした会話をしたり、会話を作って書いたりするなど、学習者に応じて適宜発展的な表現活動を引き出す。
> ③ ロールプレイの配役
> 国、性別、その他の背景に対する配慮も必要だが、昨今の社会状況に鑑み、学習者もいろいろな立場、状況に立ち得るので、あえていろいろな役割で話せる機会を設ける。
> ④ ロールプレイへの手助け
> ロールプレイはシナリオを学習者自身に作らせていくが、場合によっては教師がロールプレイに参加するのもよい。また、うまく会話をつなげられないような学習者には、それとなく情報や表現のヒントを与え、進行を助けるのもよい。軽い手助けが望ましく、全体のコントロールは避ける。

V．読む・書く

【目標】
　「読む・書く」の目標が掲げられている。①②は「読む（読解）」のヒントであり、理解力を伸ばすストラテジーである。③④は「読む」活動に関連して本文の理解の上に「書く」「話す」の課題を与え、表現力を伸ばすものとしている。

1．考えてみましょう

　　読みに入る前の事前タスクである。タスクをさせる上での留意事項、事後の

チェックについても述べている。学習者の興味を喚起するための工夫やヒント、教室での有効な問答の形も紹介されている。

> <手順・留意点>
> ① テーマについて学習者がどのような関心を持ち内容を理解しているか、質問をしてみる。
> ② クラスの中で自由に発表や話し合いをさせてみる。「読み物」に関連する知識や経験が整理され、学習者が「読み物」を読みたいという気持ちが強まれば、この活動は、ほぼ成功したと言ってもよいだろう。
> ③ 海外での指導に当たっては、日本の事情一般を解説し理解を深めるとか、現地の事情に合わせて、場面・状況、人物などを設定して、クラス全体の活動を楽しめるように工夫したい。

2. ことばをチェックしましょう

語彙の指導に関して、「初級」段階と「中級」段階では大きく異なる。初級段階では、学ぶ範囲の単語の意味を教師が翻訳・絵などによってあらかじめ与えておくか、予習を前提にそれらを用いて効率よく活動することが求められた。中級段階では教室で教師が単語の意味をすぐに与えたりはしない。

> <手順・留意点>
> ① 「読み物」のキーワードとして選ばれた10語前後の単語には、既習(『初級』)の語彙が含まれている。これらの語には＊印を付す。
> ② 『初級』で学んだ語彙だけで書かれた例文を読み、例文の（　）の部分にどのようなことばや表現が入れば文の意味が完結するか考えてみる。
> ③ キーワードの活用や語形変化を外して単語の意味だけで例文に相応しい語彙、表現を選んでみる。
> ④ キーワード（動詞、形容詞、名詞、慣用表現など）は、本冊では文章の中の（　）で求められる語形で提出されている。したがって、例文の（　）の位置から、構文上から求められる品詞や語形を考えてキーワードを類推する。ただし、『手引き』ではキーワードを辞書形で示す。
>
> なお、このコーナーでチェックすることばの数は例文の空欄（　）の数と同じなので、まず「知っていることば」から始めれば作業はやりやすく、学習者同士が正解を競うゲーム性もある。全体としては、わからない単語があってもその意味を文章全体、文脈の中で類推しながら読むという訓練になり、その結果として新出語の定着もよく、ことば全体の運用力を高める。こうした学習の積み重ねを経て、新出語彙リスト(『翻訳・文法解説（各国語版）』各課）や電子辞書、さらには国語辞書などもより適切に活用されるようになり、語彙の自立的習得に効果を上げるだろう。意味がわからない場合でも、すぐに辞書や電子辞書に頼ることなく、まず文脈から推測することが重要である。

3．読みましょう / 4．答えましょう

　教科書では、「3．読みましょう」「4．答えましょう」を独立した項目でタスクを課しているが、これらは必ずしも学習の流れを忠実に示すものではない。『手引き』では、「読む」という理解・受容のスキルと「答える」というチェック作業によって確実にしようとするものである。『手引き』では、この2つのタスクを切り離さずに、教室で実際に反復しながら行われている一連の学習活動と位置づける。黙読により①概要をつかむ「読み」、②内容を細かく理解するための「読み」を段階的に進め、理解力を高める。次に、その指導の＜手順と留意点＞を示す。

＜手順・留意点＞

〔読みましょう〕

① 1回目の黙読（大意把握／おおまか読み）：「読むときのポイント」に注目し内容の概要、筆者の主張、意見がどこに書かれているかなどを意識して読む。

② 2回目の黙読（精読／こまか読み）：「読むときのポイント」のタスクにしたがい、段落、述部表現、指示語など、文章の記述の細部に注意して内容を読み取る。

〔答えましょう〕

③ 問題に答える。答えを確認する。正解が得られない場合はさらに本文を黙読する。
　　＊『手引き』各課には、黙読のための所要時間の目安が記載されている。
　段落を区切って内容をまとめながら読む指示をしてもよい。正解の場合でも、その理由を確認してみるのがよい。

〔読みましょう〕

④ 3回目の黙読

〔答えましょう〕

⑤ 答える。答えを確認する。正答の場合も誤答の場合も、その答えを選んだ根拠が述べられている本文の箇所を説明する。

〔音声CDの活用〕

⑥ 音声CDの活用には様々な使い方があるが、例えば次のような方法もある。「答えましょう」の活動が終わって最後に「読み物」本文のCDを聞き、その後「音読」の練習をする。

　「読む」という活動には、内容を理解する（速読・精読の）ための「黙読」と内容の理解を踏まえた「音読」の二つの方法があるが、ここでは後者も大切だと考えCDで具体的音声表現の実例を用意した。

　　例：第3課（CD11）「時間よ、止まれ！」（アンケート調査より）　＊報道
　　　　第7課（CD28）「まんじゅう、怖い」（古典落語より）　＊演芸・脚色
　　　　第11課（CD45）「白川郷の黄金伝説」（伝説より）　＊朗読

＜CD活用の留意点とヒント＞

① 「読み物」の内容を理解した上で本文を聞くときは、文章のジャンルによって異なる日本語の音声による多様な表現を意識化するために、文章の中のどの部分

がどう読まれているかに注意を集中する。
② 「読み物」の内容、書き手の描写あるいは登場人物によって、あるいは朗読者の解釈と表現で、音声にどのようなリズムや高さの変化がともなうかなどについても聞き分ける。
③ CDの音声表現を参考に自らの理解・解釈を「音読」によって表現してみる。またシャドウイングなどを行うこともできる。
④ こうしたことをどの程度詳しく扱うかは学習者のレベルに応じて判断し、柔軟に扱うべきであろう。例えば、内容の理解が簡単にできた場合にはCDを詳しく聞いて音読も丁寧にやってみるが、内容の理解が難しい場合にはCDを聞いて大まかな意味内容の把握にとどめるなどするとよいだろう。

5．チャレンジしましょう

「読む・書く」の3．4．で「読む」という理解・受容のスキルを学び、「5．チャレンジしましょう」では「書く」という表現・産出のスキルを強化する。『手引き』には、各課とも「読む・書く」(読み物)のトピックに関連する課題にしたがって、課題別の文章の形式（枠組み）と論旨展開のフローチャートを用意してある。よく使われる表現をレイアウトし、自国文化の紹介、筆者の意見に対する自分の意見の表明、調査結果の発表、将来の展望、手紙などの文章の流れと談話構造を示す。これらの活用に当たって『手引き』各課、各項目の【手順】を参考にすれば確実に学習効果が高まる。なお、ここに掲げてある文章のパターンは一つのサンプルである。学習者の能力に応じて使用してもよいし、説明だけにとどめてもよい。

<手順・留意点>
① アウトプットの前にタスクに合わせて適切な文章・談話の型を適宜用意する。
② タスクのテーマ、文章・談話の型、それに基づき必要な関連情報ともなる単語などを学習者自身に考えさせると学習者は課題がより明確になり、きちんとした表現ができるようになる。
③ テーマは「読み物」の関連や身近で具体的なテーマが扱いやすい。学習者によっては発展的なテーマを自発的に掲げて発表に意欲を見せる人もいる。
　例1：クラスで次のような（「待ち時間」の）アンケート調査をしてみましょう。そしてその結果をまとめて、クラスで発表しましょう。(第3課5.2))
　例2：スピーチ大会に出ることになりました。テーマは「科学技術と人間」です。科学技術の発展が人々の生活にダメージを与えないようにするためには、どうすればよいか、あなたの意見を述べてください。(第8課5.2))
④ 学習環境（海外など）によっては、日本人に直接質問できない場合もある。そのようなときは、日本へ行った経験のある人に質問するとか、インターネットなどで情報を入手するように指導する。

4．使い方

1．学習項目の位置づけと学習の流れ

　　各課の「学習項目の位置づけと学習の流れ」は次のようなものである。

　　『中級Ⅰ』は複合シラバスを採用している。「中級」のための文法のシラバスを作成し、語彙の拡張に関して機能語はもちろん、固有名詞の持つ文化面にも配慮した。また、「話す・聞く」（会話）の場面、話題、言語機能の選択や「読む・書く」（読み物）の技術とストラテジーの配分など、様々な観点から総合的に検討され、開発されたものである。

　　『中級Ⅰ』では既習の知識能力を活性化し、さらに新しい言語知識を積み上げ、各課の「話す・聞く」「読む・書く」の課題を遂行して、実践的な運用力を育む。それらの「学習項目の位置づけ」と「学習の流れ」は図１に示される通りである。「話す・聞く」と「読む・書く」の学習の柱は、それぞれ文法練習と語彙の基盤の上にしっかりと位置を占め、また「話す・聞く」と「読む・書く」活動の２本の柱は決して互いに他を排除するものではない。

　　図１に示される太い矢印（→）は、「話す・聞く」の学習が「読む・書く」の学習につながり、「読む・書く」の学習がまた「話す・聞く」の学習に刺激を与える学習の連鎖を意味するものである。図１は「学習項目の位置づけと学習の流れ（手順）」を示すとともに、複合シラバスの『中級Ⅰ』の構成の特徴も示す。

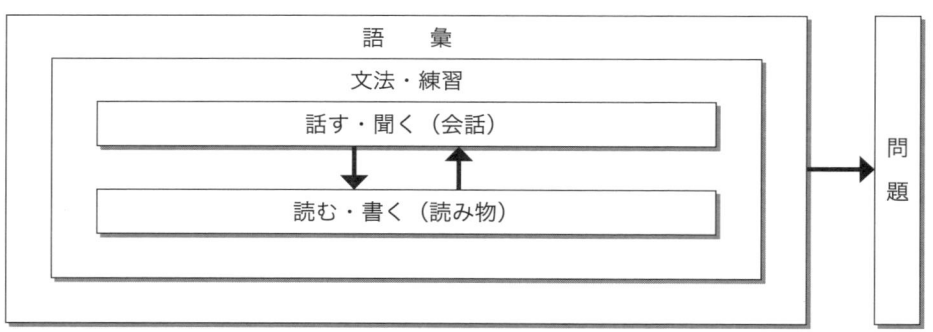

図１　学習項目の位置づけと学習の流れ

2．学習時間

　　『中級Ⅰ』はこのように体系的に開発された教材なので、当然のことながら、課の配列にしたがい、本冊１課当たりの時間配分を決め、一連の学習プログラムに基づいて「教科書どおりの学習展開」を実施することが可能である。

　　ただ、一般に「中級前期」の学習者の習熟度と学習のニーズは一定ではなく、

コースのあり方にも多様性が求められる。したがって、クラスによってはカリキュラムを学習者に合うように評価も踏まえて変更し、運営、実施することもありうる。『中級Ⅰ』の構成は、多様な学習者への対応と学習時間の調整に関して、その選択肢と構図を明確に示し、学習プログラムの選択によって柔軟な対応ができるものとなっている。

1）学習内容（カリキュラム）の選択・調整

　本冊を使う場合、進度と内容を決定する決め手は学習者と学習時間である。時間的制約は言うまでもないが、大切なのは学習者の習熟度、ニーズなどによって必ずといってよいほど、内容の取捨選択と運用の比重を変更せざるを得ない場合が生じる。状況を無視して推し進めると学習の成果が上がらない。むしろ学習者の背景と学習目的を十分把握した上で、学習時間をベースに、初めから図2に示すように、そのクラスに合うようなメリハリのある本冊の使い方を考えて、全体の授業計画を立てるべきであろう。

　下の図2の中で、「〈2〉学習内容の選択・調整」というのは、学習者によっては、③「読む・書く」は自習するから、教室ではぜひ②「話す・聞く」の活動を中心に学びたいとする学習者もいるだろうし、その逆もありうる。また、①「文法・練習」は『翻訳・文法解説』と「解答」があるから自習できるとして、②「話

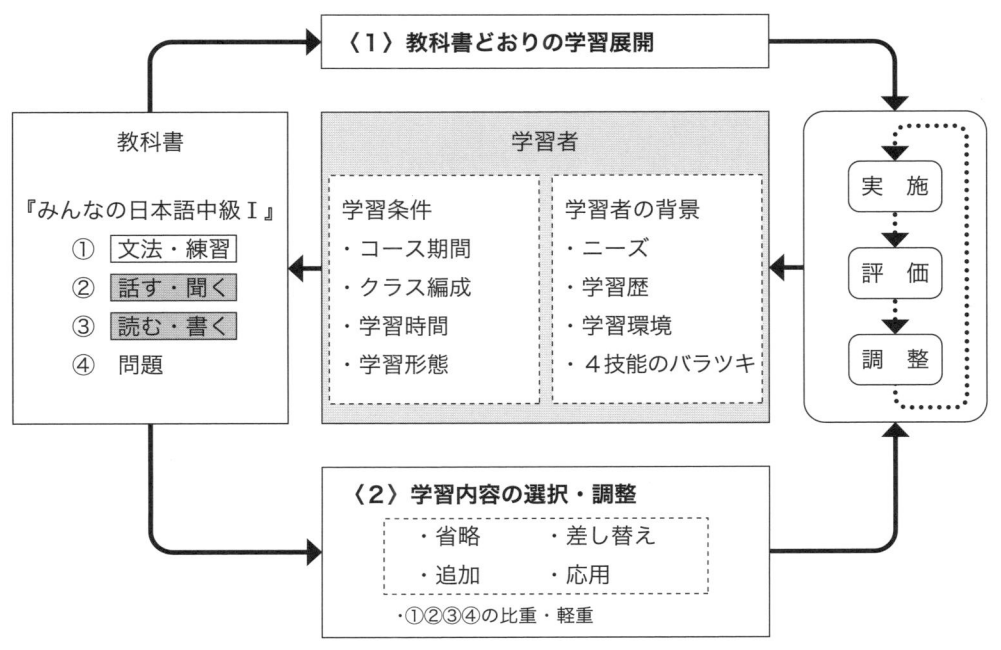

図2　学習内容（カリキュラム）の選択・調整

す・聞く」、③「読む・書く」をじっくり学びたいという要望が出る場合もある。しかし、①、②、③、④のどれを外すかという判断を誤ると学習のプログラム、技能の発達、運用能力がアンバランスになる。したがって、学習の柱を削るよりは練習問題や活動の量を省略、軽減するほうがよいだろう。

　このように、学習者に応じた授業計画と積極的に取り組むことは、また1課当たりに与えられる学習時間との調整を果たすことになる。これが「教科書を教えるのではなく、教科書で教える」ことであり、教科書の役割の真骨頂はここにある。

2）学習時間

　『中級Ⅰ（前期）』の学習時間としては1課当たり8時間～12時間、全体で復習時間を加えても約100～150時間を想定している。学習時間の制約は学習者の背景、ニーズにかかわらず「学習計画」全体を大きく支配する。しかも時間の制約は様々であるが、時間単位に加えて学習環境、例えばクラスの設置時間も含めて考慮の対象になる。

（1）単位時間

　　1時間以下、1時間、2時間、3時間以上

（2）クラス設置時間

　　①朝（始業前）

　　　個人レッスンなど

　　②午前、午後

　　　日本語学校、研修機関、地域ボランテイア教室など

　　③夜間（退勤後）

　　　日本語学校、地域ボランテイア教室など

それぞれ、学習者の背景・生活や勤務態様などにより学習の成否に関係してくる。

（3）期間（時間）

　　①100時間（6週間）

　　②200時間（3か月）

　　③60時間（週1回90分、1年）

　授業時間に関するこれらの状況は、学ぶ側も指導する側も自由に変更できない部分であるが、学校や教育機関の方針とコースの期間は事前に把握できることなので、実際に学習をどのように進めるか事前によく検討し、授業計画を設計し、実施と評価、修正を積み重ねながら学習活動を進めていくことになる。

学習進度は学校や教育機関の方針に加え、学習者のニーズと習熟度に配慮しなければならないが、一定の学習目標を達成するためには適切な学習項目の取捨選択とともに、期間を通し、あるいは1日の学習活動にメリハリをつけ、しかも全体の学習のリズムが保たれるだけの速さも必要である。

　本冊各課の構成は表1、表2、図1、図2に示されるように、多様な学習者と学習時間の調整に関しても対応できるものとなっている。

　『手引き』を参考にしながら、様々な現場で学習者と楽しく活発な学習が創造的に展開されることを期待している。

第Ⅱ部
『みんなの日本語中級Ⅰ』
各課の教え方

第1課

Ⅰ．目標

話す・聞く ・頼みにくいことを丁寧に頼む　・感謝の気持ちを表す

読む・書く ・ものの歴史と良さについてどこに書いてあるか探しながら読む

Ⅱ．学習項目

	話す・聞く 「お願いがあるんですが」	**読む・書く** 「畳」
本文内容	・レポートを書くために、知り合いに家の中を見せてほしいと頼む。	・日本の住まいのユニークな床材である畳の歴史とその良さ。
文法項目	1．〜てもらえませんか 　　〜ていただけませんか 　　〜てもらえないでしょうか 　　〜ていただけないでしょうか	2．〜のようだ・〜のような〜・ 　　〜のように…（比喩・例示） 3．〜ことは／が／を 4．〜を〜と言う 5．〜という〜 6．いつ／どこ／何／だれ／ 　　どんなに〜ても
＊補足項目	＊〜じゃなくて、〜	＊…のだ・…のではない ＊何人も、何回も、何枚も…
新出語 ＊固有名詞	**文法・練習**　どのように　迷う［道に〜］ 先輩 ＊村上春樹　『ノルウェイの森』　南太平洋 トンガ王国　バオバブ　マダガスカル **話す・聞く**　それで　お礼　ポイント 内容　聞き取る　表現　迷う［AかBか〜］ 部分　市民　会館　市民会館　伝統的［な］ 実際に　そういう　ふだん　何とか イントネーション　奨学金　推薦状 交流　司会　目上　断る　引き受ける	**文法・練習**　まるで　明るい［性格が〜］ 父親　湖　目指す　命　おせち料理　初詣で 畳　座布団　床　正座　おじぎ　作家 〜中［留守〜］　いっぱい　どんなに 立派［な］　欠点　〜過ぎ　似合う **読む・書く**　印象　チェックする ［お］住まい　たたむ　重ねる　板張り 素足　使い分ける　良さ　読み取る　旅行者 〜者　最も　非常に　それほど　代表する 全体　敷く　ちょうど　何枚も つける［名前を〜］　やまとことば　動かす 組み合わせる　客間　居間　仕事部屋 ワラ　イグサ　呼吸する　湿気 取る［湿気を〜］　快適［な］　清潔［な］ 本文　一戸建て　小学生　日常生活 ＊タタミゼ
会話表現	・あのう、〜ていただけないでしょうか。 ・何とかお願いできないでしょうか。 ・うちでよければどうぞ。 ・お役に立ててよかったです。 ・お預かりします。	
学習漢字		部　最　畳　床　材　非　常　珍　化　表 昔　全　板　張　客　置　座　布　団　枚 由　具　組　居　的　乾　呼　吸　湿　取 役　硬　柔　快　適　清 興　敷　派　素　潔

第Ⅱ部　第1課

Ⅲ．文法・練習

1. ～てもらえませんか・～ていただけませんか
　　～てもらえないでしょうか・～ていただけないでしょうか

　　Ｖて形　＋　｛ もらえませんか／いただけませんか
　　　　　　　　　もらえないでしょうか／いただけないでしょうか ｝

> 「～てもらえませんか・～ていただけませんか」は、聞き手に「～する」ことを丁重に頼むときに使います。
> 　① ちょっとペンを貸してもらえませんか。
> 　② コピー機の使い方を教えていただけませんか。
>
> 参照　「～ていただけませんか（丁寧な依頼表現）」：
> 　　・いい先生を紹介していただけませんか。　（☞『みんなの日本語初級Ⅱ』第26課）
>
> 「～てもらえないでしょうか・～ていただけないでしょうか」は、「～てもらえませんか・～ていただけませんか」よりさらに丁寧で柔らかい印象を与える表現です。
> 　・すみません、子どもが寝ているので、もう少し静かにしてもらえないでしょうか。
> 　・申し訳ございませんが、子どもを預っていただけないでしょうか。

【練習の留意点とヒント】
◇解答では、1）先生に「～ていただけないでしょうか」、2）先輩に「～てもらえませんか」、3）管理人に「～てもらえないでしょうか」を使っているが、待遇表現は話し手と聞き手の関係（上下、ウチ・ソト、親疎など）、場面や状況によって微妙に使い分けられるので、例えば学習者が2）の答えを「～てもらえないでしょうか」としても間違いではない。ここは「解答以外は不可」とせず、柔軟に対応する。

2. ～のようだ・～のような～・～のように…（比喩・例示）

　　Ｎの　＋　｛ ようだ
　　　　　　　　ようなＮ
　　　　　　　　ようにＶ／いＡ／なＡ ｝

> 「N₁はN₂のようだ」は、N₁の特徴を他のものN₂にたとえて示す場合に使われます（比喩）。

29

① あの病院はホテルのようだ。
② このお酒はジュースのようだ。

「N₂のようなN₁」の形で名詞を修飾する場合もあります。
③ 田中さんはホテルのような病院に入院している。
④ わたしはジュースのようなお酒しか飲まない。

また、「N₁はN₂のように」の形で動詞や形容詞の前に使うこともできます。
⑤ 田中さんが入院している病院はホテルのようにきれいだ。
⑥ このお酒はジュースのように甘い。

「N₂のようなN₁」は、N₂を例に挙げてN₁の特徴を述べるときにも使います（例示）。
⑦ 夫は、カレーのような簡単な料理しか作れません。
⑧ 「アポ」のような外来語は、外国人にはとても難しい。

参照　「…ようだ（状況からの判断）」：
・人が大勢集まっていますね。
　…事故のようですね。パトカーと救急車が来ていますよ。
(☞『みんなの日本語初級Ⅱ』第47課)

参考
『初級を教える人のための日本語文法ハンドブック』pp.129–130
「ようだ」は「比喩」と「状況からの判断」の両方に解釈できる場合があります。
・あの人は日本人のようだ。
話し手が「あの人」の国籍を知らない場合は状況からの判断の意味、「あの人」が日本人ではないことを知っている場合は比喩の意味になります。どちらの意味かをはっきりさせるためには副詞が役に立ちます。状況からの判断の場合は「どうやら」「どうも」などが、比喩の場合は「まるで」がいっしょに用いられることが多いです。
・あの人はどうやら日本人のようだ。
・あの人はまるで日本人のようだ。

【練習の留意点とヒント】

◇比喩の用法か例示の用法かは文脈や副詞との呼応によって判断されるが、はっきり分けられない場合もあるので、学習者に例文の1）〜5）がどちらの用法かを見分けさせる必要はない。

◇「練習1」2）はかわいさを'人形'に、3）はきれいなことを'絵'にたとえているが、比喩として理解できない学習者がいるかもしれない。その場合は、日本語ではよく使われる慣用的な表現であることを紹介するとよい。

◇比喩表現は文化圏や国によって違いがあるので、「練習1」の発展練習として自分

の国ではどのような比喩が使われるか発表させると楽しい。
　　例1：「色」「物の性質」「家」などテーマを決めて学習者の国ではどう言うか聞く。
　　　　　・（雪）のように白い／（空）のように青い
　　　　　・（石）のように硬い／（羽）のように軽い
　　　　　・（お城）のような家／（狭くて、うさぎ小屋）のようだ、など
　　例2：日本語の比喩を紹介して学習者の国ではどう言うか聞く。
　　　　　・りんごのように赤い頬
　　　　　・紅葉のような赤ちゃんの手、など

3. ～ことは／が／を

V辞書形　＋　こと　＋　は／が／を

> 「～こと」で名詞になります。
> 　① 朝早く起きることは健康にいい。
> 　② 田中さんは踊ることが好きです。
> 　③ 優勝することを目指しています。
>
> 参照　「V辞書形　＋　ことができます／ことです」：
> 　・わたしはピアノを弾くことができます。
> 　・わたしの趣味は映画を見ることです。　　　（☞『みんなの日本語初級Ⅰ』18課）

【練習の留意点とヒント】
◇名詞化の「こと」であるが、ここでは「Xは／が／をY」のXに名詞節が来る文を学ぶ。また、接続は動詞辞書形に接続する形だけを扱う。
◇「子どものとき」以外に「若いとき」や「独身のとき」、あるいは「日本で」経験しておけばいいと思うことについて話すとよい。

4. ～を～と言う

N₁ を N₂ と言う

> 物や事柄（N₁）の名前（N₂）を示す言い方です。
> 　① 1月1日を元日と言います。
> 　② 正月に神社やお寺に行くことを初詣でと言う。

【練習の留意点とヒント】

◇「練習1」と「練習2」の表現を使って自分の知りたいことばを日本人に聞き、語彙を増やす。クラスに多国籍の学生がいる場合は、お互いの国のことばを教え合うのも楽しいだろう。

例1：ご飯をお茶碗に入れるとき使う道具を何と言いますか。
　　　…「しゃもじ」と言います。

例2：「インターネット」は中国語で何と言いますか。
　　　…「互联网」と言います。

5. ～という～

N_1 という N_2

> 聞き手が知らないかもしれない物や人（N_1）を、会話や文章の中で取り上げるときの表現です。N_1 は名前などの固有名詞で、N_2 は普通名詞です。
> ① 夏目漱石という小説家を知っていますか。
> ② 昨日、「スター・ウォーズ」という映画を見ました。

【練習の留意点とヒント】

◇聞き手か話し手、あるいは両者が知らない人や物、または話し手が聞き手が知らないだろうと思う人や物の名前を言うときに使う表現であることを、次のような例で導入するとよい。

例：A：ご両親はどちらに住んでいらっしゃいますか。
　　B：○　タイのバンコクに住んでいます。
　　　　×　タイのバンコクという町に住んでいます。
　　　　○　タイのトランという町に住んでいます。

6. いつ／どこ／何／だれ／どんなに～ても

V て形
いA　ーい → くて　　＋ も
なA　　＋ で
N

> 「どんな場合もすべて」ということを表します。「いつ」「どこ」「何」「だれ」「どんなに」などの語のあとに「ても」の形を使います。
> 　①　世界中どこにいても家族のことを忘れません。
> 　②　何度聞いても同じことしか教えてくれない。
> 　③　だれが何と言っても考えを変えません。
> 　④　どんなに高くても買いたいです。
> 　名詞の場合は「どんなNでも」「どのNでも」「どんなに〜Nでも」になります。
> 　⑤　どんな人でも優しい心を持っているはずだ。
> 　⑥　正月になると、どの神社でも人がいっぱいだ。
> 　⑦　どんなに丈夫なかばんでも長く使えば、壊れてしまうこともある。
>
> 参照　「〜ても（逆接）」：
> 　　　・いくら考えても、わかりません。　　　　（☞『みんなの日本語初級Ⅰ』第25課）

【練習の留意点とヒント】

◇「どんなに〜ても」は「どんなに〔なA〕でも／どんなに〔いA〕くても」「どんなに〔なA・いA＋N〕でも」の形で練習する。

◇「どんなにVても」は動詞によって言える場合と言えない場合があるので、ここでは特に練習しなくてもよい。
　　○　どんなに泣いても、彼女はもう戻ってこない。
　　×　どんなにかけても、話し中だ。
　　×　どんなに試験を受けても、合格できない。

「どんなに」は程度を強調する副詞で、回数の多少は言えない。ただし、「いくら」はどちらにも使える。

学習者から質問があれば、次のような動詞を使って「どんなにVても」の例文を示すとよい。

　　使える動詞：泣く　謝る　頼む　考える　話す　説明する

◇この表現を使って、自分の信条や固い決意を述べる。
　　例：・どんなに忙しくても、残業はしません。家族といっしょにいる時間を大切にしたいですから。
　　　　・何度失敗しても、自分で決めたことは最後までやります。

【補足項目】

～じゃなくて、～ （話す・聞く）

「N₁じゃなくて、N₂」は、N₁を否定して代わりにN₂を示します。
① これはペンじゃなくて、チョコレートです。食べられますよ。
② 京都ではお寺を見ましょうか。
　　…お寺じゃなくて、若い人が行くようなにぎやかなところに行きたいです。

…のだ・…のではない （読む・書く）

$$\left.\begin{array}{l}V\\いA\end{array}\right\}普通形$$
$$\left.\begin{array}{l}なA\\N\end{array}\right\}\begin{array}{l}普通形\\—だ → な\end{array}$$ + $\left\{\begin{array}{l}のだ\\のではない\end{array}\right.$

「…のです」は、ある理由によって生じた結果や、ある根拠にもとづいた判断を示すときに、次のような形で使われることがあります。
① 3時の飛行機に乗らなければなりません。それで、わたしは急いでいるのです。
　　　（理由／根拠）　　　　　　（だから／それで）　　（結果／判断）
② 彼は日本に留学します。それで日本語を勉強しているのです。
「…のではない」は、文末以外の部分を否定するときに使います。例えば、③では「一人で」の部分が否定されています。
③ このレポートは一人で書いたのではありません。
　　　cf. ×このレポートは一人で書きませんでした。

何人も、何回も、何枚も… （読む・書く）

「何＋助数詞（人、回、枚…）＋も」は、数量が多いことを表します。
① マンションの前にパトカーが何台も止まっています。

Ⅳ. 話す・聞く 「お願いがあるんですが」
【目標】

> ① 頼みにくいことを上手に頼む。
>   断られても事情を話して、丁寧にお願いする。
> ② 無理を聞いてもらった人に感謝の気持ちを伝える。

- 『初級』でも'頼む'会話は練習しているが、ここでは初級のように何か頼んで快く引き受けてもらう、あるいは断られてそこで会話が終わるというのではなく、頼みにくいことを上手に頼んだり、承諾を躊躇している相手にもうひと押しして頼み込むという、よりレベルの高い依頼のスキルを身につける。
- 「伝統的な日本の家」について学習者の背景知識が乏しい場合は、写真等を用意して知識を補うとよい。

1. やってみましょう

学習者に、日本人に家の中を見学したいと頼んだらどのような反応があると思うか聞いてみる。

この課の会話は「家の中を見学させてもらうこと」が「頼みにくいこと」であるということが前提になっている。学習者には、日本人はうちに人を招くということをあまりせず、ごく親しい人でなければ家の中を（お客さん用の部屋以外を）見せることに抵抗感を持つ人が多いことを説明する。その上でタスクの会話を考えさせる。

2. 聞いてみましょう

登場人物：タワポン（さくら大学の学生、佐野さんとはあまり親しくないが知り合い）
　　　　　佐野（年配の主婦）
場　　面：市民会館のロビーで（イベントのあとでタワポンさんが佐野さんに声をかける）

3. もう一度聞きましょう

- 伝統的かどうかわかりませんが、～
    ここではプラスの評価をした相手のことばを受けて、謙遜する気持ちを表している。
    同様の用法例：
    - おいしいかどうかわかりませんが、どうぞ召し上がってください。
    - この仕事、いっしょにやっていただけませんか。
        …お役に立てるかどうかわかりませんが、お手伝いします。
- そういうところじゃなくて、～

「そういうN」の「そういう」は相手がNについて言ったことを指すときに使う。ここでは「AじゃなくてB」の形で、相手の言ったことを受けてそれを否定し、代わりにBだと述べている。

・うちでよければどうぞ

「Nで」で条件を限定して、「その条件でOKなら」ということを表す。「〜でよければ」を一つの表現として教える。

　　・ビールはありませんが、ジュースでよければありますよ。
　　・明日は忙しいですが、土曜日でよければお伺いします。

・先日はありがとうございました

日本では、物をもらったり、世話になったりしたときその場でお礼を言い、さらに日をおいて会ったときにも、もう一度お礼を言う習慣があることを紹介する。

4．言ってみましょう

・「わあ、すごいですね」と次の「あのう、実はお願いがあるんですが」のあいだの「間（ま）」と声のトーンの違いで、話題が変わることを伝えている。言語以外の要素の伝達力にも留意させる。

5．練習をしましょう

1）あのう、〜ていただけないでしょうか

・丁寧に頼むときの言い方。
・（1）（2）とも、「〜ので、〜ていただけないでしょうか」という言い方ではなく、頼んだあとに理由を言うようになっている。会話ではよくこのような倒置が使われるので、このような表現にも慣れさせたほうがよい。

　　例：○●近所の人同士
　（1）○学生　　●先生
　（2）○●近所の人同士

2）何とかお願いできないでしょうか

・頼みにくいことを頼むときや、返事を躊躇している相手にもうひと押しして頼み込むときに使う表現である。
・頼む → 応諾してもらえない → 理由を言ってもう一度頼む、という流れで練習する。理由は必ずしも例と同じように「〜んです」を使って言う必要はない。

　　例：○患者　　●歯医者の受付の人
　　　歯が痛くて診療時間外に歯科を訪れ、診察を頼む。
　（1）○客　　　●クリーニング屋
　（2）○後輩　　●先輩

6. 会話をしましょう

イラスト	会話 (ゴシック体は使ってほしい表現)		会話の流れ
[市民会館のロビーで] 1)	タワポン：	佐野さん、ちょっとお聞きしてもいいですか。	声をかける
	佐　野：	ええ。どうぞ。	
	タワポン：	佐野さんのお宅は、伝統的な日本の家だと聞いたんですが。	話を切り出す
	佐　野：	伝統的かどうかわかりませんが、古いうちですよ。 もう90年ぐらいになりますね。	
2)	タワポン：	わあ、すごいですね。 あのう、実はお願いがあるんですが……。	依頼を切り出す
	佐　野：	何でしょうか。	
	タワポン：	**あのう、ちょっとお宅を見せていただけないでしょうか。**	頼む
	佐　野：	えっ？　うちを？	〈とまどう〉
	タワポン：	ええ。日本の畳文化についてレポートを書こうと思っているんです。	依頼の理由を説明する
	佐　野：	畳文化ですか。	
	タワポン：	ええ。それで、一度実際に、畳の部屋がある家を見てみたいと思って……。	
3)	佐　野：	それなら、お寺とか旅館とか……。	〈依頼を受けるのを躊躇する〉
	タワポン：	そういうところじゃなくて、普通の人がふだん生活している部屋がいいんです。	さらに依頼の理由を言う
	佐　野：	そうですねえ……。	
	タワポン：	**何とかお願いできないでしょうか。**	もう一度頼む
	佐　野：	じゃ、いいですよ。うちでよければどうぞ。	〈依頼を受ける〉
	タワポン：	ありがとうございます。助かります。	お礼を言う
[1週間あとで] 4)	タワポン：	佐野さん、先日はありがとうございました。おかげさまで、いいレポートが書けました。	後日、改めてお礼を言う
	佐　野：	そうですか。お役に立ててよかったです。	〈お礼に応える〉

7. チャレンジしましょう

【ロールプレイ】

・柔道の練習が終わったあとで、柔道教室に来ている留学生が柔道の先生に結婚式でスピーチをしてほしいと頼む。

[柔道の練習が終わったところ]　　　　　　　　　　　　　　　　　ロールカードA

A：柔道を習っている留学生
B：柔道の先生
あなたはAです
来月結婚します。

・柔道の先生に、結婚式のパーティーでスピーチをしてもらいたいと頼んでください。もし断られても何とかお願いして、引き受けてもらってください。

[柔道の練習が終わったところ]　　　　　　　　　　　　　　　　　ロールカードB

A：柔道を習っている留学生
B：柔道の先生
あなたはBです

・柔道教室に来ている学生に何か頼まれても、理由を言って初めは断ってください。しかし、最後には引き受けてください。

【会話例】

A：　先生、あのう、ちょっとよろしいですか。
B：　ええ、どうぞ。
A：　ちょっとお願いがあるんですが……。
B：　何ですか。
A：　実は来月結婚するんです。
B：　へえ、そうなんですか。それはおめでとう。
A：　ありがとうございます。
　　　それで、結婚式のパーティーでスピーチをしていただけないでしょうか。
B：　スピーチですか。大勢の人の前で話すのはちょっとねえ……。スピーチなら大学の先生とか、クラブの先輩とか……。
A：　いえ、私が結婚するときはぜひ先生にパーティーに来ていただいて、スピーチをお願いしたいとずっと前から思っていたんです。
B：　いやあ、困ったな。そう言われると……。
A：　何とかお願いできないでしょうか。
B：　わかりました。いいですよ。わたしでよければ。

A： ありがとうございます。よろしくお願いします。

【評価のポイント】
・丁寧に頼めたかどうか。
　　例：〜ていただけないでしょうか
・断られた相手に、さらに頼むための説得力のある理由が言えたかどうか。
・返事を躊躇している相手に、もう一度上手に頼めたかどうか。
　　例：何とかお願いできないでしょうか

V．読む・書く 「畳」

【目標】

> ① 昔の畳の使用法、畳の良さを読み取る。
> ② 畳について現在のことと過去のことが記述されている文章の中から、キーワードやキーセンテンスを探しながら読む。
> ③ 身近にいる日本人に住まいについて質問する。
> ④ 自国または自分が居住する地域の住まいについて、改まった場面で説明する。

1．考えてみましょう

　学習環境（海外）によっては「床の間」を知らない、あるいは「ふすま」と「障子」の違いがわからない学習者もいるだろう。そんなときは、本冊イラストの他に写真等を用意して簡単に説明するとよい。
　本冊イラストにあるような典型的な「床の間」は、最近の一戸建ての家、マンション、アパートから消えつつあるのが現状である。しかし、洋風建築の家であっても、畳の部屋が一室だけはある場合が多い。

2．ことばをチェックしましょう

　［お］住まい、畳*、床*、たたむ、重ねる、板張り、素足、使い分ける

3．読みましょう／4．答えましょう

　畳の昔の使用法と、「たたみ」と言われるようになった由来、昔の畳の部屋の使用目的、畳の長所を読み取る。
【手順・留意点】
　1．答えましょう1）を見て、昔の部屋はどちらか想像させる。ここで答え合わせ

　　　　はしなくてもよい。
　２．読むときのポイント「昔、畳はどう使われていたか」「畳の良さは何か」に注意して読むように言い、黙読させる。時間は４分程度。
　３．答えましょう１）の答え合わせをする。
　４．「昔、畳はどう使われていたか」「畳の良さは何か」が書かれているところには＿＿＿を、「たたみ」と言われるようになった理由について述べているところに～～～を引くよう言い、再度黙読させる。

　　　＜昔の畳の使用法＞
　　　　畳は今のように部屋全体に敷くものではありませんでした
　　　　（どんなに立派な家でも部屋の床は板張りで、）お客さんが来たときだけ畳を置いていました
　　　　ちょうど今の座布団のように使われていたのです
　　　　畳は、自由に動かせる"家具"でしたから、いろいろ組み合わせたり、たたんだりして
　　　＜畳の良さが述べられているところ＞
　　　　今も、畳の部屋はいろいろな目的に使われています
　　　　（乾いたワラとイグサで作られる畳は呼吸するので、）部屋の湿気を取って、空気をきれいにしておく
　　　　（畳の床は硬すぎないし、柔らかすぎないし、）素足でいると快適です
　　　＜「たたみ」と言われるようになった理由＞
　　　　使わないときは、何枚も重ねて置いてあったので、「たたみ」という名前がつけられたと言われています

　５．答えましょう３）４）をし、答えを確認する。
　　　　畳の良さを３つ挙げる際に、「いろいろな目的に使用できる」という答えが出てこなければ第３段落を再度読むように指示し、畳の部屋が持つ多様な使用目的が長所の一つであることを文章全体から読み取れるように導く。
　６．答えましょう２）をし、答えを確認する。
　７．ＣＤを聞き、その後音読の練習をする。

５．チャレンジしましょう

１）身近にいる日本人に住まいについて質問することにより、現在の多様な日本の住宅形態を知ることがねらいである。
　　学習環境（海外）によっては日本人に直接質問できないこともあるだろう。その場合は、インターネットなどで情報を入手させたりするとよい。
２）説明用の原稿を書き、絵や写真も使って、改まった場面で一人で説明できるよう

になることを目標としている。

【手順】
1．小学校を訪問し、社会科の授業で小学生に自国の住まいについて説明しなければならなくなったという動機付けを行う。
2．自国の住まいについて調べるとともに、絵や写真を収集させる。
3．必要な新出語・表現を練習する。
　　絵や写真を示しながら説明するときの表現：
　　　　このように
　　　　この絵／写真のように　　｝……………………。
4．下記のような流れで原稿を書かせる。聞き手が小学生であっても、学校の授業のような改まった場面で、かつ初対面の場合には「です・ます体」が使用されることを説明し、原稿の文体も「です・ます体」で書くように指示する。
5．発表させる。

挨拶
↓
自分の国／地域の住まい
に共通する特徴
↓
具体例
↓
日本の住まいとの比較
↓
まとめ
↓
説明が終わったことを告げる
質問を受ける
↓
最後の挨拶

みなさん、はじめまして。__(所属／国名)__の__(氏名)__です。よろしくお願いします。これから、わたしの国_(国名／地域名)_の住まいについて、説明します。

　_(国名／地域名)_の家は、ふつう、_____。

例えば、_____。

日本の家と比べると、_____。

このように、_____。

　これで、説明を終わります。
　何か質問はありませんか。

　どうもありがとうございました。

第2課

I. 目標

話す・聞く　・わからないことばの意味を聞いて、どうすればいいか確認する

読む・書く　・例と意見を探す

II. 学習項目

	話す・聞く 「何のことですか」	読む・書く 「外来語」
本文内容	・宅配便の「不在連絡票」が何であるか、どうしたらいいかを尋ねる。	・外来語に対するアメリカ人の悩みと意見。
文法項目	1.（1）〜たら、〜た（出現） 　（2）〜たら、〜た（発見） 2.〜というのは〜のことだ 　〜というのは…ということだ 3.…という〜 4.…ように言う／注意する／伝える／頼む	5.〜みたいだ・〜みたいな〜・〜みたいに…（比喩・例示）
*補足項目	*〜ところ	
新出語	**文法・練習**　ふく［ガラスを〜］　結果　外来語　守る［地球を〜］　ソフトウェア　メール　郵便　Eメール　プレイガイド　栄養　カロリー　エコ　環境　アポ　省エネ　学習する　記事　分ける［ごみを〜］　うわさ　辺り　アドバイス　事件　奪う　干す　以外　つく［うそを〜］ **話す・聞く**　話しかける　不在連絡票　〜宅　工事　休日　断水	**文法・練習**　ロボット　本物　飛ぶ［空を〜］　オレンジ　パジャマ　四角い　腕　つける［腕に〜］　ふるさと **読む・書く**　リモコン　ロボコン　苦手［な］　紛らわしい　正確［な］　バランス　引く［線を〜］　筆者　いまだに　とんでもない　宇宙人　全く　別の　〜自身　友人　また　ライス　アドレス　メールアドレス　プレゼン　アイデンティティ　コンプライアンス　例えば　ポリシー　場合　％(パーセント)　普通に　いまさら　必要　なくてはならない　取る［バランスを〜］　文章　比べる
会話表現	・お忙しいところ、……。 ・それで……。	・僕自身もそうだけど、……。 ・何が何だかわからない。
学習漢字		苦　簡　単　宇　宙　身　違　複　雑　初　相　例　確　反　対　普　変　必　要 僕　紛

Ⅲ. 文法・練習

1.（1）（2）　～たら、～た

Vたら、{V・A} た

> （1）「Xたら、Yた」は、動作Xの結果、Yが生じたという意味を表します。
> 　① 薬を飲んだら、元気になりました。
> 　② カーテンを変えたら、部屋が明るくなった。
> （2）次のように、動作Xの結果、Yを発見したという意味を表す場合もあります。
> 　③ 家に帰ったら、猫がいなかった。
> 　④ かばんを開けたら、財布がなくなっていた。
> 　⑤ 50年前の古いお酒を飲んでみたら、おいしかった。
> 「Xと、Yた」でも（1）（2）の意味を表すことができます。
> 　⑥ 薬を飲むと、元気になりました。
> 　⑦ 家に帰ると、猫がいなかった。
>
> 参照　「～たら（仮定）」：お金があったら、旅行します。
> 　　　「～たら（完了）」：10時になったら、出かけましょう。
>
> （☞『みんなの日本語初級Ⅰ』第25課）

【練習の留意点とヒント】

◇（1）の導入には、「ダイエットをしたら、やせた」などの経験談や、実際に教室のエアコンをつけて涼しくなったことを確認し、「エアコンをつけたら、涼しくなった」などの状況を提示するとわかりやすい。また、「練習」で文を作らせる際に、後件には意志的な動作を表す表現を使わないことに注意する。

◇（2）の後件には、存在動詞・形容詞の過去形、「自動詞て形＋いました」など、発見した状態を示す表現が使われる。

◇「練習1」1）は「道を歩いたら」ではなく、「道を歩いていたら」になることに注意。前件が常に瞬間的な動作とは限らず、歩く、走る、散歩するなど移動の途中に何かを発見した場合は「～ていたら」になる。

◇「練習2」では、「生の魚はまずいと思っていたが、すしを食べてみたら、おいしかった」「日本へ来る前には着物を着ている人がたくさんいると思っていたが、来てみたら、全然いなかった」など、学習者のいろいろな経験が引き出せる。

2. ～というのは～のことだ・～というのは…ということだ

Nというのは { Nの / 文 普通形 という } ＋ ことだ

>「Xというのは～のことだ」「Xというのは…ということだ」は、あることば（X）の意味を説明するときの表現です。
> ① ３Kというのは汚い、きつい、危険な仕事のことだ。
> ② PCというのはパソコンのことです。
> ③ 禁煙というのはたばこを吸ってはいけないということです。
> ④ 駐車違反というのは車を止めてはいけない場所に車を止めたということです。

【練習の留意点とヒント】

◇『初級Ⅱ』第33課では「～は…という意味です」でことばの意味を説明する表現を学習したが、ここでは話題にすることば、あるいは物・事柄を「～というのは」で取り上げ、「～のこと／…ということ」でその実体や定義を説明する表現を学ぶ。「～は」より「～というのは」を使ったほうが主題として取り上げる話者の気持ちが強く示される。

◇「練習1」の応用として、漢字圏の学習者には「手紙（トイレットペーパー）」「愛人（夫・妻）」(括弧内は中国語の意味)など、非漢字圏の学習者には「ベビーカー（小さい車）」「シュークリーム（靴墨）」(括弧内は英語の意味)など自国語の意味とは違うもの、あるいは「かわいそう」など、学習者が思い違いをしている（「可愛く見える」と思っている場合がある）ことの多い表現などを取り上げてもよい。

◇「練習2」には身近に見たり聞いたりするかたかな語を挙げたが、広告、新聞、雑誌などから学習者自身にことばを拾わせ、その意味を辞書で調べたり、周りの日本人に聞いてみたりするなどのタスクに広げることもできる。

3. …という～

文 普通形 ＋ というN（発話や思考を表す名詞）

>「話、うわさ、考え、意見、意志、批判、ニュース」など、発話や思考を表す名詞の内容を示すときは「…という～」という形を使います。
> ① 昔ここは海だったという話を知っていますか。
> ② 田中さんがもうすぐ会社を辞めるといううわさを聞きました。
> ③ カリナさんは、研究室は禁煙にしたほうがいいという意見を持っている。

> |参考| 『初級を教える人のための日本語文法ハンドブック』pp.187–189
> 形式名詞の「こと」を使って「ということ」という形になることもあります。
> ・昔ここは海だったということを知っていますか。

【練習の留意点とヒント】

◇導入例には、話題になっているニュースなどを引用するとわかりやすい。

◇本冊 P.29「問題」6. に、N の前に「という」を入れるかどうかを判断させる問題がある。『初級Ⅰ』で学んだ名詞修飾節との違いを整理するためのものである。

 例1：<u>彼が書いた</u>レポートを読んだ。
   → 彼が<u>レポート</u>を書いた。<u>そのレポート</u>を読んだ。
  <u>離婚が増えているという</u>レポートを読んだ。
   → <u>レポート</u>を読んだ。<u>その内容</u>は離婚が増えているということだ。
 例2：私は<u>ミラーさんが言った</u>意見に賛成だ。
   → ミラーさんが<u>意見</u>を言った。私は<u>その意見</u>に賛成だ。
  ミラーさんは<u>若い人のアイディアが必要だという</u>意見を言った。
   → ミラーさんは<u>意見</u>を言った。<u>その内容</u>は若い人のアイディアが必要だということだ。

N の前の下線部分が既習の名詞修飾節（N とその前の部分が述語と補語の関係にある。『初級Ⅰ』第22課）の場合は「という」は不要だが、N の内容を説明する節の場合は「という」を入れなければならないことを確認しておく。

◇「練習2」では、現在のことだけではなく「昔／〜年前まで…という規則／法律／習慣があった」など、歴史的なことに広げることもできる。

4. …ように言う／注意する／伝える／頼む

V辞書形
Vない形　−ない　｝ ように ＋ V（言う、注意する、伝える、頼む）

> 指示や依頼の内容を間接的に引用するときに使います。指示や依頼の内容を直接引用すると、「〜なさい」や「〜てはいけません」「〜てください」の文になります。
> ① 学生に図書館で物を食べないように注意しました。
> → 学生に「図書館で物を食べてはいけません」と注意しました。
> ② この仕事を今日中にやるように頼まれました。
> →「この仕事を今日中にやってください」と頼まれました。
> ③ 子どもたちに早く寝るように言いました。
> → 子どもたちに「早く寝なさい」と言いました。

なお、 ~なさい は指示・命令の表現です。親が子どもに言うときなど、限られた場合に使われます。試験の指示文などにも使われます。

【練習の留意点とヒント】
◇導入の際には、教師がある学生に指示を出し、指示を出された学生がその内容を他の学生に教えるという形にするとわかりやすい。
　　例：T ：S₁さん、明日までにレポートを出してください。
　　　　S₁：はい、わかりました。
　　　　S₂：先生は何と言いましたか。
　　　　S₁：先生はわたしに明日までにレポートを出すように言いました。
　例文3)の「…ように伝えてください」は伝言の表現としてよく使われるが、導入にこの場面を使うと、誰が何をするかが把握できなくて混乱することがある。第4課の電話の会話でも練習できるので、ここでは深入りしない。

◇「AがBに…ように言った」はBがすべき行為「…」をAがBに言ったことを表す。Bの立場から、Aから指示や命令を受けた場合には「BはAに…ように言われた」と表現する。「…ように言った」「…ように言われた」で混乱する学習者が出てくる場合があるので、主語はAとBのどちらなのかを明確にして練習する。「～は（わたしに）…ように言いました」で十分練習したあと、「練習1」「(わたしは) ～に…ように言われました」に移る。

◇「練習1」はいろいろな指示表現を聞いて、その内容を辞書形、「～ない」の形に変換して言う練習だが、意味の抽象化ができず、うまくできない学習者もいる。
　　例：「お酒をやめたほうがいいです」
　　　→ × 「お酒をやめたほうがいいように言われました」
したがって、「～てください」だけではなく、いろいろなバリエーションの指示表現を使って十分練習するとよい。
　　例：～て（ください）・～てくれ・～なさい・～しろ・～たらいい・
　　　　～たほうがいい　→　辞書形＋ように
　　　　～ないで（ください）・～ないでくれ・～するな・～てはいけない・
　　　　～ないほうがいい　→　～ない＋ように

◇この文型は定着しにくく、いつまでも「してください／しろ／してくれと言われました」などと言う学習者が多いので十分な練習が必要である。

5. ～みたいだ・～みたいな～・～みたいに…（比喩・例示）

N ｛ みたいだ
　　みたいなN
　　みたいにV／いA／なA ｝

> 「～ようだ」と「～みたいだ」の意味に違いはありませんが、「～みたいだ」のほうがくだけた文体で用いられます。
> ① わあ、このお酒、ジュースみたいだね。
> ② わたしはジュースみたいなお酒しか飲まない。
> ③ このお酒はジュースみたいに甘いよ。
> ④ 夫は、カレーみたいな簡単な料理しか作れません。
>
> 参照　「～のようだ・～のような～・～のように…」：
> 　・あの病院はホテルのようだ。　　　　　（☞『みんなの日本語中級Ⅰ』第1課）

【練習の留意点とヒント】

◇例文3）「子どものころから鳥みたいに空を飛びたいと思っていた」は「～みたい」が動詞にかかる場合に「～みたいに」となることを示している。「～みたいな＋名詞」「～みたいに＋動詞・形容詞」だが、その規則を単純に応用して「鳥みたいな空を飛びたい」などとしてしまう学習者がいるので、「～みたい」がどの部分にかかっているか、文脈から理解する練習が必要な場合もある。

　　例：「みたいな」「みたいに」のどちらが適切か、（　　）に入れさせる。
　　　① この車は船（　　　　　）海の上を走るそうだ。
　　　② 彼は子ども（　　　　　）旅行を楽しみにしていた。
　　　③ 彼女は母親（　　　　　）話し方をする。
　　　④ 彼は教師（　　　　　）説明がうまい。

◇「練習2」では、「パジャマみたいに楽な服」と「パジャマみたいな楽な服」とどう違うかなどという質問が出るかもしれない。ここでは「楽な」「四角い」「小さい」などの程度を「～みたいに」で説明していることを理解させる。

【補足項目】

~ところ （話す・聞く）

「~とき」という意味ですが、「お忙しいところ」「お休みのところ」「お急ぎのところ」「お疲れのところ」など限られたことばでだけ使われます。人に何かを頼んだり、お礼を言ったりするときに使われます。
　① お忙しいところ、すみません。ちょっとお願いがあるんですが。
　② お休みのところ、手伝ってくださって、ありがとうございました。

Ⅳ. 話す・聞く 「何のことですか」
【目標】

① わからないことばを見たり聞いたりしたとき、その意味を尋ね、どうすればいいか確認する。

- 初級ではことばの読み方や意味を尋ねる表現を学んだが、ここではその情報に加え、それへの対処の方法など、より詳しい情報を得ることができることを目指す。
- 宅配便の不在連絡票、公共料金の通知書、地域の行事のお知らせなどを準備するとよい。

1. やってみましょう

- 学習の前に、学習者の住んでいる地域で生活に関する情報はどのような方法で入手できるかクラスで確かめておくとよい。さらに、日本の地域社会では回覧板あるいは掲示板など、住民に必要な情報を知らせるためのシステムがあることも伝えておく。
- 「周りの人に質問します」とあるが、学習者同士でお知らせの内容を教え合うのが難しいと判断される場合には、学習者から教師に質問させる。また、漢字圏の学習者には読み方はわからなくても意味がわかることが多いので、そのようなクラスでは学習者同士で会話させ、知っていることばで説明させるというタスクにしてもよい。

2. 聞いてみましょう

登場人物：マリア（ブラジル人、主婦）
　　　　　山田（日本人、銀行員、マリアの隣人）
場　面：夕方　アパートの山田さん宅の玄関で

3．もう一度聞きましょう

- 頼めばいいんです

　『初級』ではアドバイスの表現として「～たらいい」を学習したが、同様の意味で「～ばいい」を使うことができる。『初級Ⅱ』第35課では、助言を求める表現として「疑問詞＋～ばいいですか」の形で練習している。

4．言ってみましょう

- 「こんなもの」「この番号に」を言うときには、実際に目の前にあるものを指し示して言うようにする。

5．練習をしましょう

1）～ところ

　相手の状況をおもんぱかって話しかけるときに、その状況に相応しいものを選んで使えるように練習する。ここでは、練習として「お休みのところ」「お出かけのところ／お急ぎのところ」を挙げてある。なお、仕事をしている相手には「お仕事のところ」とは言わず、「お忙しいところ」を使う。

2）それで

　『初級Ⅱ』第28課では「～。それで～。」の形で、前件が理由となり、後件が結論や結果となる使い方を学習した。ここでは、会話の中で相手の発言を受け、相手から新しい関連情報を得るために、質問を付け加えるときに使われる。「それで？」だけでも、相手に話はまだ終わっていない、もっと聞きたいことがあるという合図を送り、話を促すことになる。

　例：（1）（2）　○●　（隣人同士）

6．会話をしましょう

イラスト	会話 （ゴシック体は使ってほしい表現）	会話の流れ
[夕方　アパートの山田さん宅の玄関で] 1）	マリア：　ごめんください。 山田　：　はい。 マリア：　マリアです。 山田　：　あ、ちょっとお待ちください。 　　　　　…………	呼びかける 名乗る
2）	マリア：　**お忙しいところ、**すみません。ちょっと教えていただけませんか。 山田　：　ええ、何ですか。 マリア：　さっきうちへ帰って来たら、こんなものが入っていたんですが。 山田　：　ああ、これは不在連絡票です。	話を切り出す 話題のものを見せる 〈教える〉
3）	マリア：　「ふざいれんらく…」？何のことですか。 山田　：　マリアさんがいないときに、荷物を届けに来たというお知らせのことですよ。 マリア：　ああ、そうですか。**それで、**何と書いてあるんですか。 山田　：　都合がいい日と時間を連絡するように書いてあります。	意味を聞く 内容を尋ねる
4）	マリア：　そうですか。じゃ、この番号に電話すればいいんですね。 山田　：　ええ、マリアさんがうちにいるときに、持ってくるように頼めばいいんですよ。 マリア：　わかりました。どうもありがとうございました。 山田　：　いいえ。	必要な措置を確認する お礼を言う

7. チャレンジしましょう

- 学習者にチラシやお知らせなどを準備させるのが難しい場合は、教師が数種類準備しておく。また、教室内や校内にある掲示やお知らせなども利用できる。
- 内容を説明する役（B）は原則として教師が演じる。学習者に演じてもらう場合は、使う資料の漢字語彙の読み方、意味をあらかじめ手当てする。漢字圏学習者の場合は「日本語で何と読むかわからないんですが、意味は〜ということです／読み方はわからないんですが、〜と書いてあります」と意味内容を説明させるタスクとしてもよい。

【ロールプレイ】

- ポストに入っていた通知の内容について隣人に聞きに行く。
- 下記の水道料金納入通知書を使って行う。

ロールカードA

[夕方6時ごろ、Bの家の玄関で]
A：アパートに1か月前に引っ越してきた外国人
B：Aの隣人の日本人
あなたはAです
留守中にポストにお知らせの紙が入っていました。

- お知らせの内容がわからないので、隣のBさんに聞きに行ってください。

ロールカードB

[夕方6時ごろ、Bの家の玄関で]
A：アパートに1か月前に引っ越してきた外国人
B：Aの隣人の日本人
あなたはBです
Aさんがあなたの家へ来ました。

- Aさんの質問を聞いて、いろいろ教えてください。

例）水道料金納入通知書
　　納入期限までに指定の金融機関でお支払いください。
　　納入期限　　平成22年4月25日
　　22年4月分（2月5日〜4月5日）
　　使用水量　　　　20 m³
　　水道使用料　　2500円
　　下水道使用料　1100円
　　水道料金合計　3600円

【会話例】
　　A：　ごめんください。
　　B：　はい、どちら様ですか。
　　A：　隣の○○です。
　　B：　ちょっとお待ちください。
　　　　　　　　・・・・・
　　A：　お忙しいところ、すみません。あのう、ちょっと教えていただけませんか。
　　B：　ええ、何でしょうか。
　　A：　さっき帰って来たら、こんなものが入っていたんです。これは何ですか。
　　B：　ああ、これは水道料金の納入通知書ですよ。
　　A：　えっ、何のことですか。
　　B：　水道料金を払ってくださいというお知らせのことです。
　　A：　ああ、そうですか。それで、どうすればいいんですか。
　　B：　4月25日までに銀行か郵便局で払うように書いてありますよ。
　　A：　そうですか。じゃ、この料金を払えばいいんですね。
　　B：　ええ、そうです。
　　A：　わかりました。どうもありがとうございました。
　　B：　いいえ、どういたしまして。

【評価のポイント】
・相手の状況を考慮して話しかけたか。
　　例：〜ところ、すみません
・丁寧な依頼表現が使えたか。
　　例：〜ていただけませんか
・よくわからないものや事柄について確かな情報を取ることができたか。
　　例：何のことですか／どういう意味ですか／〜ということですか
・やり方について質問ができ、確認できたか。
　　例：どうすればいいんですか／〜ばいいんですね
・「あのう」「実は」「それで」「じゃ」「そうですか」「わかりました」など、会話をスムーズに進めるための表現を適切に使っていたか。

V．読む・書く　「外来語」

【目標】

> ①　外来語に対する筆者の意見と主張を読み取る。
> ②　例と意見を区別して読む。
> ③　筆者の意見に対して、まとまった文章で自分の意見を書く。

第Ⅱ部　第２課

> ④　自国における外来語の使用について日本と比較しながら紹介する。

1．考えてみましょう
　タスクをさせてから、元の英語表現はどのようなものか類推させたり、コンビニ、デジカメなど身近なカタカナ語彙を示し、似たような縮約表現を知っているか尋ねてみたりするとよい。なお、リモコン、ロボコンは新出語である。
　　例：リモコン＝リモートコントロール　＝ remote control
　　　　パソコン＝パーソナルコンピューター　＝ personal computer
　　　　エアコン＝エアコンディショナー　＝ air conditioner
　　　　ロボコン＝ロボットコンテスト　＝ robot contest

2．ことばをチェックしましょう
　外来語＊、苦手［な］、紛らわしい、使い分け＊、正確［な］、バランス

3．読みましょう／4．答えましょう
　日本人の外来語に対する考えに異論のあるアメリカ人が外来語使用に関して書いた文章である。おおまかな読みとしてここでは、日本で使われている外来語に対する筆者の意見、それを裏付ける具体例、筆者の主張の３つを読み取る。
　なお、かたかなで表記される語には、外来語、擬音（擬態）語、動植物名、強調される語などがある。

【手順・留意点】
　1．読むときのポイントの外来語の例、それに対する筆者の意見がどこに書かれているかを意識しながら大意把握のための黙読をさせる。時間は３分程度。
　2．読むときのポイントのタスクにしたがい、筆者が挙げた外来語の例には＿＿＿を、筆者の意見には～～～を引きながら再度黙読する。筆者の意見を探すときには、次のような述部表現に気をつけながら読むようにヒントを与えておくのもよい。
　　　述部表現：思う、わかる、問題だ、もちろん…かもしれない、とんでもない、
　　　　　　　　紛らわしい、など
　なお、第２段落と第３段落は、意見 → その具体例の順で構成されているが、第４段落は、具体例 → それに対する意見、意見 → その具体例となっている。
　3．答えましょう1）をし、答えを確認する。正答が得られなかった場合は、本文を再度読ませる。

4. ＿＿＿を引いた筆者の意見の中で筆者がいちばん言いたいこと（主張）は何かを考えたあと、**答えましょう２）**をして答えを確認する。単なる答え合わせをするのではなく、正答の場合も誤答の場合も、それを選んだ根拠が述べられている本文の箇所を示すよう促す。

　　筆者が挙げた外来語の例＿＿＿＿＿　　　筆者の意見〜〜〜〜〜

　僕はアメリカから日本へ来て、もう５年になる。しかし、いまだに外来語が苦手だ。カタカナのことばは僕みたいな外国人には簡単だと思っている人がいるが、とんでもない。まるで宇宙人のことばのようだ。
　まず、発音が紛らわしい。日本人は英語と同じだと思っているかもしれないが、全く別のことばとしか思えない。僕自身もそうだけど、ほかの国の友人の中にはコーヒーとコピーの違いがわからない人もいる。
　また、使い分けも複雑でよくわからない。初めて日本へ来たころ、レストランで「ご飯、ください」と言ったら、「ライスですね」と言われた。「アドレスは？」と聞かれて、住所を教えたら、相手がびっくりしたこともある。「アドレス」は日本語では「メールアドレス」の意味なんだそうだ。それに「アポ」とか「プレゼン」のようなことばになると、何が何だかわからない。
　最近は「アイデンティティ」とか「コンプライアンス」などのことばも使われている。日本語でうまく言えないから、使われるのかもしれない。しかし、日本語で言えるのに、外来語を使うのは問題だ。例えば、よく「ポリシー」と言う人がいるが、「考え方」とか「やり方」と言ったほうがずっと正確でわかりやすい場合が多い。
　もちろん、僕は外来語に100％反対なのではない。だれでも普通に使っている「シャツ」や「パソコン」などをいまさら変える必要はないと思う。
　外来語は日本語になくてはならないものだが、使いすぎはよくない。「バランス」が取れた使い方を考えなければならないと思う。

5．CDを聞き、その後音読の練習をする。

5. チャレンジしましょう

1）ある意見に対して、理由を挙げながら、賛成または反対の意見が書けるようになることを目的とする。

【手順】
　1．筆者の意見に賛成か反対か、考える。

2．そう考える理由を3つ考え、メモする。
3．下記のような流れで「です・ます体」で書く。読み手は同じ学習者仲間とする。
4．時間的な余裕があれば、学習者仲間と作文を交換して読み、さらに意見交換もするとよい。

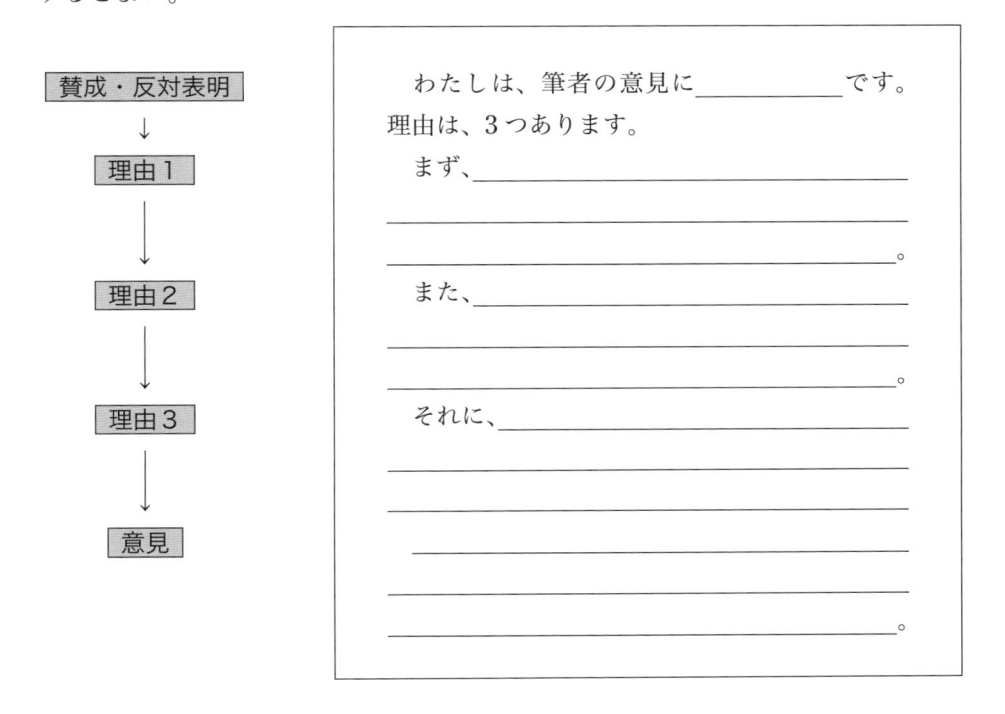

```
賛成・反対表明
    ↓
  理由1
    ↓
  理由2
    ↓
  理由3
    ↓
   意見
```

　　わたしは、筆者の意見に＿＿＿＿＿です。
理由は、3つあります。
　まず、＿＿＿＿＿＿＿＿＿＿＿＿＿＿＿＿
＿＿＿＿＿＿＿＿＿＿＿＿＿＿＿＿＿＿＿＿
＿＿＿＿＿＿＿＿＿＿＿＿＿＿＿＿＿＿＿。
　また、＿＿＿＿＿＿＿＿＿＿＿＿＿＿＿＿
＿＿＿＿＿＿＿＿＿＿＿＿＿＿＿＿＿＿＿＿
＿＿＿＿＿＿＿＿＿＿＿＿＿＿＿＿＿＿＿。
　それに、＿＿＿＿＿＿＿＿＿＿＿＿＿＿＿
＿＿＿＿＿＿＿＿＿＿＿＿＿＿＿＿＿＿＿＿
＿＿＿＿＿＿＿＿＿＿＿＿＿＿＿＿＿＿＿＿
＿＿＿＿＿＿＿＿＿＿＿＿＿＿＿＿＿＿＿。

2）日本と比較しながら、自国で外来語がどのように使われているかを紹介し合うタスクである。

【手順】
1．自国の外来語について調べてくる。
2．調べてわかったことをグループで話し合う。話し合う前に次の表現などを紹介しておくとよい。
　　・今から、(国名等)の外来語について紹介します。
　　・(国名等)は、日本と比べると、(＿＿＿が)………。
　　・(国名等)は、日本と同じで、(＿＿＿が)………。
　　・例えば、…………。
　　・このように、…………。
3．グループ内で紹介し合ったことを箇条書きにして一つにまとめ、紙に書いたり板書させたりして発表することにより、クラス全体で理解し合う。

第3課

I. 目標

話す・聞く ・事情を説明して丁寧に謝る　・丁寧に変更をお願いする

読む・書く ・グラフから文章の内容を想像する

II. 学習項目

	話す・聞く 「遅れそうなんです」	**読む・書く** 「時間よ、止まれ！」
本文内容	・教授との約束に遅れそうなので、日時を変更してもらう。	・「時間が止まってほしいと思う瞬間」のアンケート結果。
文法項目	1．〜（さ）せてもらえませんか 　　〜（さ）せていただけませんか 　　〜（さ）せてもらえないでしょうか 　　〜（さ）せていただけないでしょうか 2．（1）…ことにする 　　（2）…ことにしている 3．（1）…ことになる 　　（2）…ことになっている	4．〜てほしい・〜ないでほしい 5．（1）〜そうな〜・〜そうに…（予想・外観） 　　（2）〜なさそう 　　（3）〜そうもない
＊補足項目	＊〜たあと、…	
新出語 ＊固有名詞	**文法・練習**　インタビューする　担当する　アルバイト先　〜先　店長　研修　話し合う　通勤する　これまで　減らす　引っ越す　〜か国　家庭　事情　幼稚園　昼寝する　帰国する　来社　新製品　新〜　発表会 ＊東北 **話す・聞く**　切る［電話を〜］　秘書　教授　わざわざ　取る［時間を〜］　できれば　変更する　急用　気にする　取引先　学生用　〜用［学生〜］　コンピューター室　〜室　渋滞	**文法・練習**　いつまでも　景気　これ以上　森　受ける［インタビューを］　要望　本当は　おとなしい　声［市民の〜］　しゃべる　振る［彼女を〜］　Tシャツ　数 **読む・書く**　瞬間　意識　アンケート　調査　傾向　避ける　悲観的［な］　グラフ　時　最高に　もう一つ　あいだ　前者　後者　やはり　恋　幸せ　感じる　寝坊する　危険　寝顔
会話表現	・お電話、代わりました。 ・どうかしましたか。 ・**わざわざ〜ていただいたのに、…。** 　**申し訳ありませんでした。** ・困りましたね。 ・**できれば、〜ていただけないでしょうか。** ・おいでください。	
学習漢字		歳　性　識　調　査　傾　向　幸　失　敗 悲　観　位　恋　季　節　成　寝　感　忙 命　坊　遅　刻　達　危　険　戦　争　過 瞬　避　懸

Ⅲ．文法・練習

1. ～（さ）せてもらえませんか・～（さ）せていただけませんか
　　～（さ）せてもらえないでしょうか・～（さ）せていただけないでしょうか

V（さ）せて ＋ { もらえませんか／いただけませんか
　　　　　　　　もらえないでしょうか／いただけないでしょうか

> 話し手が「～すること」の許可を聞き手に求めるときに使う表現です。
> 　① すみません。このパンフレットをコピーさせてもらえませんか。
> 　② 月曜日の店長会議で報告させていただけませんか。
> 　③ 一度、工場を見学させていただけないでしょうか。
> 「～させてもらえませんか」より「～させていただけませんか」のほうがより丁寧です。「～させていただけませんか」より「～させていただけないでしょうか」のほうがより丁寧です。
>
> 参照　「～させていただけませんか（丁寧な依頼表現）」：
> 　　　・しばらくここに車を止めさせていただけませんか。
> 　　　　　　　　　　　　　　　　　　　（☞『みんなの日本語初級Ⅱ』第48課）

【練習の留意点とヒント】

◇学習者が「～（さ）せてもらえませんか」と「～てもらえませんか」（「第1課」1．）を混同しないように留意する。
　「～てもらえませんか」＝依頼の表現（動作をするのは聞き手）
　「～（さ）せてもらえませんか」＝許可を求める表現（動作をするのは話し手）
それぞれの文を提示して、だれがその動作をするか学習者に聞き、理解を確認する。

2.（1） …ことにする

V辞書形
Vない形　－ない　｝ ＋ ことにする

> 「Vする／Vしないことにする」で、「Vすること／Vしないことを決める」という意味を表します。
> 　① 来年結婚することにしました。
> 　② 今晩は外で食事をすることにしよう。

【練習の留意点とヒント】

◇発話の時点で決めたことは「…ことにします」、発話の時点より以前に決めたこと

を言うときは「…ことにしました」を使う。「練習1」は前者、「練習2」は後者の練習。

◇あるトピックについてグループで相談して決め、それを「…ことにしました」を使って報告する練習もできる。

例：旅行の計画を立てる
・わたしたちのグループは沖縄へ行くことにしました。
・沖縄では車を借りることにしました。

2.（2） …ことにしている

V辞書形
Vない形　−ない ｝ ＋　ことにしている

「Vする／Vしないことにしている」は、以前に決めて継続して守っている習慣を表します。
① 毎週日曜日の夜は外で食事をすることにしている。
② ダイエットしているので、お菓子を食べないことにしている。

【練習の留意点とヒント】

◇「決めて守っていること」をそう決めた経緯を説明して導入すると意味が理解しやすい。学習者が共感できる話題を選ぶ。

例：失敗した経験を話す。
時間に遅れそうなのでタクシーに乗りました。ところが、道が込んでいて、遅刻しました。
→わたしは急ぐときは、タクシーではなく、電車で行くことにしています。

また、「…ようにしている」（『初級Ⅱ』第36課）との対比で「…ことにしている」が「継続して守っている習慣」であることを説明してもよい。

例：ダイエットしているので、お菓子を食べないようにしている。
→努力している。努力しているが守れないこともある。
ダイエットしているので、お菓子を食べないことにしている。
→固い決心。食べないことが習慣となっていて、お菓子を食べることはない。

◇テキストの練習のほかに「お金を貯めるために」「漢字を覚えるために」などのトピックで、自分で決めていることを言わせるとよい。

3．(1) …ことになる

V辞書形
Vない形 －ない
＋ ことになる

「Vする／Vしないことになる」は、「Vする／Vしないことが決まる」という意味を表します。「ことにする」が自分で決めたことを表すのに対し、「ことになる」は自分の意志以外で決まったことを表します。
① 来月アメリカへ出張することになりました。
② 中国へは田中さんが行くことになるでしょう。

ただし、実際には自分が決めたことであっても、自分の意志を前面に出すことを避けるために「ことになる」を使うこともあります。
③ 部長、実は、今年の秋に結婚することになりました。結婚式に出席していただけないでしょうか。

【練習の留意点とヒント】
◇見出しは「…ことになる」であるが、「練習」は「…ことになりました（ことになった）」の形で練習する。
◇「…ことが／もある」は結果を表す用法（第10課で学ぶ）もあるが、ここでは「自分の意志以外で決まったこと」に限定して練習する。

3．(2) …ことになっている

V辞書形
Vない形 －ない
＋ ことになっている

「Vする／Vしないことになっている」の形では、予定や規則として決まっていることを表します。
① あしたの朝9時から試験を行うことになっています。
② うちでは夜9時以降はテレビをつけないことになっている。

【練習の留意点とヒント】
◇「練習2」は学習者に合わせていろいろなトピックで練習するとよい。
　例：学習者の国の結婚式の習慣／家族間の約束事／職場のルールなど
　・ギリシャでは結婚式を行う前に、新聞で結婚を知らせることになっています。
　・うちでは日曜日の晩ご飯は父が作ることになっている。

4. ～てほしい・～ないでほしい

Ｖて形
Ｖない形 －ないで ｝ ＋ ほしい

> （1）「ＮにＶてほしい」で、「Ｎ（他の人）がＶすることを望む」という意味を表します。
>   ① わたしは息子に優しい人になってほしいです。
> Ｎがだれかわかっているときは、「Ｎに」は省略されます。
>   ② このごろ自転車を利用する人が多いが、規則を守って乗ってほしい。
> 「Ｖしないことを望む」場合は、否定の形「Ｖないでほしい」で表します。
>   ③ こんなところにごみを捨てないでほしい。
> 相手の行為について用いると依頼・指示の表現になりますが、そのままでは直接的すぎるので、「のですが／んですが」などをつけて使われることが多いです。
>   ④ すみません、ちょっと手伝ってほしいんですが。
> （2）人の行為以外の事柄についても用いることができます。その場合は「Ｎに」ではなく、「Ｎが」を使います。
>   ⑤ 早く春が来てほしい。
>   ⑥ あしたは雨が降らないでほしい
>
> 参考　　　　　　　　　　　『初級を教える人のための日本語文法ハンドブック』p.141
> 「～に～てほしい」の代わりに「～に～てもらいたい」でも、ほぼ同じ意味を表すことができます。
> ・わたしは息子に優しい人になってもらいたい。
> ・こんなところにごみを捨てないでもらいたい。
> ・すみません、ちょっと手伝ってもらいたいんですが。

【練習の留意点とヒント】

◇上記文法説明（1）に「相手の行為について用いると依頼・指示の表現になりますが、そのままでは直接的すぎるので、『のですが／んですが』などをつけて使われることが多いです」とあるが、目上の人や敬意を払うべき人に対して直接使うと、押しつけがましく聞こえたり、失礼な感じを与えたりする。

　　不適切な例：
　　　先生に「すみません。ちょっとレポートを見てほしいんですが…」
　　　先輩に「僕の机の上にかばんを置かないでほしいんですが…」
　テキストの「練習」は要望する相手が目の前にいない場面・状況に限っている。

5．(1)　～そうな～・～そうに…

```
Ｖます形  ⎫       ⎧ そうなＮ
いＡ　－い ⎬  ＋  ⎨
なＡ      ⎭       ⎩ そうにＶ
```

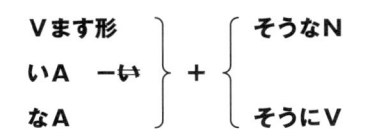

> 動詞につく「Ｖます形そうだ」と形容詞につく「Ａそうだ」で意味が異なります。「Ｖそうだ」では、Ｖが起こる可能性が高いという予想やＶが起こる兆候を表します。
> 　①　ミラーさん、シャツのボタンが取れそうですよ。
> 　②　雨が降りそうなときは、洗濯しません。
> 「Ａそうだ」では、「外観がＡに見える」という意味を表します。
> 　③　ワンさんの隣にいる学生はまじめそうですね。
> 　④　このケーキはおいしそうですね。
> 　⑤　子どもたちが楽しそうに遊んでいます。
> 兆候・予想を表す「Ｖそうだ」、外観を表す「Ａそうだ」は、名詞を修飾するときは「そうなＮ」の形になります。また、動詞を修飾するときは「そうにＶ」の形になります。
> 　⑥　雨が降りそうなときは、洗濯しません。
> 　⑦　おいしそうなケーキがありますね。
> 　⑧　子どもたちが楽しそうに遊んでいます。
>
> 参照　「～そうだ（予想、外観）」：
> 　・今にも雨が降りそうです。
> 　・この料理は辛そうです。
> 　・ミラーさんはうれしそうです。
> 　　　　　　　　　　　　　　　　　（☞『みんなの日本語初級Ⅱ』第43課）

【練習の留意点とヒント】

◇「いいです」が「よさそうです」に、「ありません」が「なさそうです」になることは初級で学んでいるが、ここでもう一度復習しておくとよい。
　・赤ちゃんが気持ちよさそうに寝ていますね。
　・問題がなさそうな家庭でも、必ず何か心配なことがありますよ。

◇人の性格や性質を表す言葉（『初級Ⅱ　翻訳文法解説』第43課参考語彙）を紹介して次のような練習もできる。
　Ａ：昨日初めて彼女のお父さんに会いました。
　Ｂ：そうですか。どんな方でしたか。
　Ａ：ちょっと頑固そうなお父さんでした。

5.（2） ～なさそう

いA ーい → く
なA　ーだ → では
N　　　　　（じゃ）　＋　なさそう

> 「Aそうだ」の否定の形です。「外観がAではなく見える・思える」という意味を表します。
> ① あの映画はあまりおもしろくなさそうですね。
> ② この機械はそんなに複雑じゃ（では）なさそうです。
> ③ 彼は学生ではなさそうです。
>
> 参考　　『初級を教える人のための日本語文法ハンドブック』pp.128–129
> 「Aそうだ」の否定の形には、「～なさそうだ」の他に「～そうではない（そうじゃありません）」の形もあります。両者の意味に大きな違いはありません。
> ・あの映画はあまりおもしろそうじゃありませんね。
> ・この機械はそんなに複雑そうではない。

5.（3） ～そうもない

Vます形　＋　そうもない

> 「Vそうだ」の否定の形で、「Vが起こることはない」という予想を表します。
> ① 今日は仕事がたくさんあるので、5時に帰れそうもありません。
> ② この雨はまだやみそうもないですね。
>
> 参考　　『初級を教える人のための日本語文法ハンドブック』p.129
> 「そうにもない」「そうにない」という形もあります。意味の違いはほとんどありません。
> ・5時に帰れそうにもありません。
> ・5時に帰れそうにありません。

【練習の留意点とヒント】
◇友達同士の普通体の会話で、次のようなパターンで悲観的な予想を述べる練習をするとよい。教師から会話をスタートさせるとスムーズに練習できる。
　　例1：T：いっしょに帰らない？　仕事、終わりそう？
　　　　　S：ちょっと終わりそうもないんだ。先に帰って。
　　例2：T：もしもし、今どこ？　映画に間に合いそう？

S：間に合いそうもないな。道が込んでるから。

【補足項目】

~たあと、…　（話す・聞く）

Vたあと、…

> 「Vたあと、…」はVの次に「…」という状態や事柄が続くことを表します。
> ①　じゃ、来週の月曜日会議が終わった{あと／あとで}、お会いしましょうか。
> 「…」に「いる」「ある」などがくる場合、「あとで」が使いにくくなります。
> ②　日曜日は朝食を食べた{○あと／×あとで}、どこへも行かず家でテレビを見ていました。
> ③　授業が終わった{○あと／×あとで}、学生が2、3人教室に残っていました。

Ⅳ．話す・聞く　「遅れそうなんです」

【目標】

> ①　約束の日時を違えざるをえない状況になったとき、その事情を説明し丁寧に謝る。
> ②　約束の変更をお願いし、新たな約束を取り付ける。

・日本では、ビジネスでも個人的な付き合いでも、決められた時間や約束の時間を守ることがマナーとされている。特にビジネスでは時間にルーズであったり、遅れたりすることはマイナスに評価される。やむなく時間に遅れる場合は必ず相手に連絡することが必要である。

1．やってみましょう

学習者に合わせて電話の相手の設定を変える。
　例：・取引先の人と仕事の打ち合わせの約束がある
　　　・結婚相手の両親と初めて会う約束がある
　　　・就職活動で同じ大学出身の先輩の会社を訪ねて話を聞く約束がある

2．聞いてみましょう

登場人物：秘書（森教授の秘書）
　　　　　イー（AKCの研究者）

　　　　　森教授（さくら大学教授）
場　　面：午後12時40分ごろ　電話で（イーさんから森研究室に電話がかかってくる）

3．もう一度聞きましょう
・お電話、代わりました
　　取次ぎの電話に出たときの決まり文句。
・先日お電話しましたイーです
　　電話で名乗る場合、初級では「MTCのミラーです」のように「(所属先)の〜」という形が多かったが、ここでは連体修飾を使って自分の立場や電話相手との関係を述べて名乗る言い方に着目させる。
・どうかしましたか
　　相手に何か不都合なこと、困ったことが起きたのではないかと思って問いかけるときの表現。
・授業が終わったあと、〜
　　初級では「〜あとで」と「で」のついた形を学習したが、ここは「〜あとで」でも「〜あと」でもよく、意味は変わらない。

4．言ってみましょう
・「あのう、今日1時に、…」の「あのう」と「あのう、論文のことで…」の「あのう」は声のトーンが異なる。後者は遠慮がちに、やや言いよどむ感じで言う。

5．練習をしましょう
1）わざわざ〜ていただいたのに、……。申し訳ありませんでした
　・「わざわざ」はここでは相手に負担や手間をかけたという話し手の気持ちを表す。相手の気持ちを配慮し、その負担や手間に応えられなかったことを謝る言い方である。
　　　例：　○後輩　　●先輩
　　（1）○学生　　●教授
　　（2）○会社員　　●取引先の人
　　　　「会社へ来てもらったが○が病気で休んでいた」のは以前のことである。状況がわかりにくい場合は説明する。

2）できれば～ていただけないでしょうか
・「できれば」を付け加えることで遠慮の気持ちを表し、より丁寧になる。

　　　例：　○学生　　●教授
　（1）○●隣人同士
　（2）○部下　　●課長

6．会話をしましょう

イラスト	会話 （ゴシック体は使ってほしい表現）	会話の流れ
[午後12時40分ごろ　電話で] 1）	秘書：　はい、森研究室です。 イー：　イーと申しますが、森先生、お願いします。 秘書：　はい、お待ちください。 ……………	電話をかけて、取次ぎを頼む
2）	森　：　お電話、代わりました。森です。 イー：　先日お電話しましたイーです。 森　：　ああ、イーさん。 イー：　あのう、今日1時に、そちらに伺うことになっていたんですが……。 森　：　ええ。どうかしましたか。	〈電話に出る〉 名乗る 用件を切り出す 〈話を促す〉
3）	イー：　はい。乗る電車を間違えてしまって、30分ぐらい遅れそうなんです。 森　：　そうですか。わたしは2時半から授業なんですが……。 イー：　**申し訳ありません。わざわざ**お時間をとっ**ていただいたのに**、……。 森　：　困りましたね。	理由を言って遅れることを伝える 〈不都合があることを言う〉 謝る
4）	イー：　あのう、論文のことでいろいろご相談したいので、**できれば、先生のご都合のよい日に変更させていただけないでしょうか。** 森　：　そうですねえ……。じゃ、来週の月曜日、授業が終わったあと、お会いすることにしましょう。午後6時ごろおいでください。 イー：　ありがとうございます。今日は本当に申し訳ありませんでした。 森　：　はい。じゃ、月曜日に。 イー：　失礼いたします。	変更を頼む 〈変更を受け入れる〉 もう一度謝って、電話を切る

7. チャレンジしましょう

【ロールプレイ】

・A（IMCの社員）がいろは商会へ向かう車の中から、B（いろは商会部長）に電話をして約束の時間に遅れることを伝える。

[午後2時ごろ　車の中]　　　　　　　　　　　　　　　　　　　　　ロールカードA

A：IMCの社員
B：いろは商会　部長
C：いろは商会　受付の係り

あなたはAです

今日午後2時半に、取引先（いろは商会）の部長に会うことになっています。今、いろは商会へ向かう車の中にいますが、渋滞で約束の時間に間に合いそうもありません。

・Bさんに電話して、遅れることを伝えてください。もし今日会えなければ、日時の変更を頼んでください。

[午後2時ごろ　会社の事務所]　　　　　　　　　　　　　　　　　　ロールカードB

A：IMCの社員
B：いろは商会　部長
C：いろは商会　受付の係り

あなたはBです

Aさんが午後2時半に会いに来ることになっています。
Aさんと会ったあと、用事があるので3時半には会社を出なければなりません。

・受付のCさんからの電話に出てください。

[午後2時ごろ　会社の受付]　　　　　　　　　　　　　　　　　　　ロールカードC

A：IMCの社員
B：いろは商会　部長
C：いろは商会　受付の係り

あなたはCです

・かかってきた電話に出てください。

【会話例】

C： はい、いろは商会です。
A： いつもお世話になっています。IMCのAと申しますが、○○部長、お願いします。
C： はい、お待ちください。
　　………

B： お電話、代わりました。Bです。
A： 先日お電話いたしましたIMCのAです。
B： ああ、Aさん。
A： あのう、今日2時半に、そちらに伺うことになっていたんですが……。
B： ええ。どうかなさいましたか。
A： はい。今、車でそちらへ向かっているんですが、事故があったようでひどい渋滞なんです。30分ぐらい遅れそうなんですが……。
B： そうですか。今日はちょっと用事があって3時半には会社を出なければならないんですが……。
A： 申し訳ありません。わざわざお時間をとっていただいたのに……。
B： どうしましょうか。
A： 新製品のデザインについてご相談したいので、できれば、部長のご都合のよい日に変更させていただけないでしょうか。
B： そうですねえ……。じゃ、来週月曜日にお会いすることしましょう。2時半ごろおいでください。
A： ありがとうございます。今日は本当に申し訳ありませんでした。
B： いいえ。じゃ、月曜日に。
A： 失礼いたします。

【評価のポイント】
・遅れる理由と、どのぐらい遅れるかを伝えたかどうか。
　　　例：～んです
　　　　　～分ぐらい遅れそうなんですが
・丁寧に謝ったかどうか。
　　　例：申し訳ありません。わざわざ～のに
・約束の変更を丁寧に頼んだかどうか。
　　　例：できれば～させていただけないでしょうか
・最後にもう一度お詫びのことばを言ったかどうか。
　　　例：本当に申し訳ありませんでした

V．読む・書く　「時間よ、止まれ！」
【目標】

① 時間の感じ方の違いを理解する。
② グラフから得られる情報を参照しながら、文章の内容を読み取る。
③ 時間の長さの感じ方について、自分の経験を交えて話す。
④ アンケート調査を行い、その結果を分析して発表する。

1. 考えてみましょう

　学習者からランダムに出てきた意見を教師は「楽しいとき系」と「困ったとき系」に分けて板書しておくとよい。イラストのイメージから「楽しいとき」ばかり出てくるようであれば、教師が自分の経験として「困ったとき」の例を出してもよい。

　本文を読んだあとで、二十歳の日本人のアンケート結果と自分たちの感じ方が同じだったかとか、国ごとの違いはあるか、などを話し合う材料として使えば、単にテキストの内容を読み取るだけの受身的な読みではなく、読み手自身が内容とかかわりを持って読むという読解活動ができるだろう。

2. ことばをチェックしましょう

　瞬間、意識、アンケート調査、傾向、幸せ［な］*、失敗する*、避ける、悲観的［な］

3. 読みましょう／4. 答えましょう

　時間に関して新成人に行ったアンケート調査について述べた文章である。本文の文字情報の大部分はグラフ情報について説明したものである。したがって、グラフ情報を読み取れれば、文字情報の内容もおおよそ理解できる。

　学習者は、グラフ情報が提示されていても、文字情報から読み始める傾向にあるが、本課の読解を通して、まずグラフを見てから読むことが、速く正確に理解する秘訣であることに気づかせる。

【手順・留意点】
1. グラフの見方を確認する。何についてのグラフか、縦軸、横軸は何を表すかなどを質問しながら押さえる。
2. 文章を読まずにグラフだけからどんなことがわかるか、発表させ板書する。
　　ただし、グラフ部分には本文冒頭の質問（時間が止まってほしいと思う瞬間はどんなときですか）が書かれていないので、「時間よ、止まれ！」というタイトルに着目させてどんなことがわかるか考えさせる。
3. 本文を黙読する。時間は3分程度。黙読後、理解を確認するため、次の2つの作業をする。
　　1）答えましょう2）の答えを確認する。
　　2）第2段落に書かれていることを簡潔に一文で表すとどうなるか聞く。小見出しをつけるよう指示してもよい。
　　　　例：「調査結果の全体的傾向」「調査結果の2つの傾向」
4. 今度は本文とグラフを対照させながら読むように言い、本文の「幸せだから時間が止まってほしいと思う瞬間」「よくないことを避けるために時間が止まってほしいと思う瞬間」がグラフのどの項目（番号）にあたるかメモさせる。

1）「幸せだから時間が止まってほしいと思う瞬間」
　　　　　グラフ項目　①恋人といるとき　②寝ているとき　③幸せを感じるとき
　　　　　　　　　　　⑦好きなことを一生懸命しているとき　⑨友達といるとき
　　　2）「よくないことを避けるために時間が止まってほしいと思う瞬間」
　　　　　グラフ項目　⑤試験をしているとき　⑥死にそうに忙しいとき
　　　　　　　　　　　⑧寝坊をして遅刻しそうなとき　⑩危険を感じたとき
　５．答えましょう１）をする。答え合わせをしながら、①〜⑤がグラフあるいは本
　　　文のどこからわかったか質問し、内容が正確に読み取れているか確認する。
　　　　①②＝本文からわかる
　　　　③④＝グラフからわかる
　　　　⑤　＝グラフと本文からわかる
　６．答えましょう３）をする。
　７．CDを聞き、その後音読の練習をする。

5．チャレンジしましょう

　１）グループで、あるいはペアで自由に話させる。その後、下記のような表現を使っ
　　　て発言させるとよい。
　　　　わたしは、………とき、１時間をとても短く感じます。
　　　　そう感じるのは、……からです。
　　　　しかし、………ときは、１時間がとても長く感じられます。
　　　　そう思うのは、……からだと思います。
　２）クラス全体のプロジェクトワークとして簡単なアンケート調査をし、待ち時間に
　　　対するいろいろな考え方を知るとともに、その調査結果を発表する。
【手順】
　１．クラスをいくつかのグループに分け（１つのグループが２、３人でもよい）、ど
　　　のような人にアンケートするか相談する。同世代の国籍別にアンケートする
　　　か、国籍に関係なく世代別に調査するかなど、調査対象者を決めてグループご
　　　とに分担して調査する。
　２．グループごとに回収したアンケートの結果を集計させ、まとめさせる。
　３．グループごとにアンケートの中間結果を発表するための原稿を作成させ、発表
　　　させる。

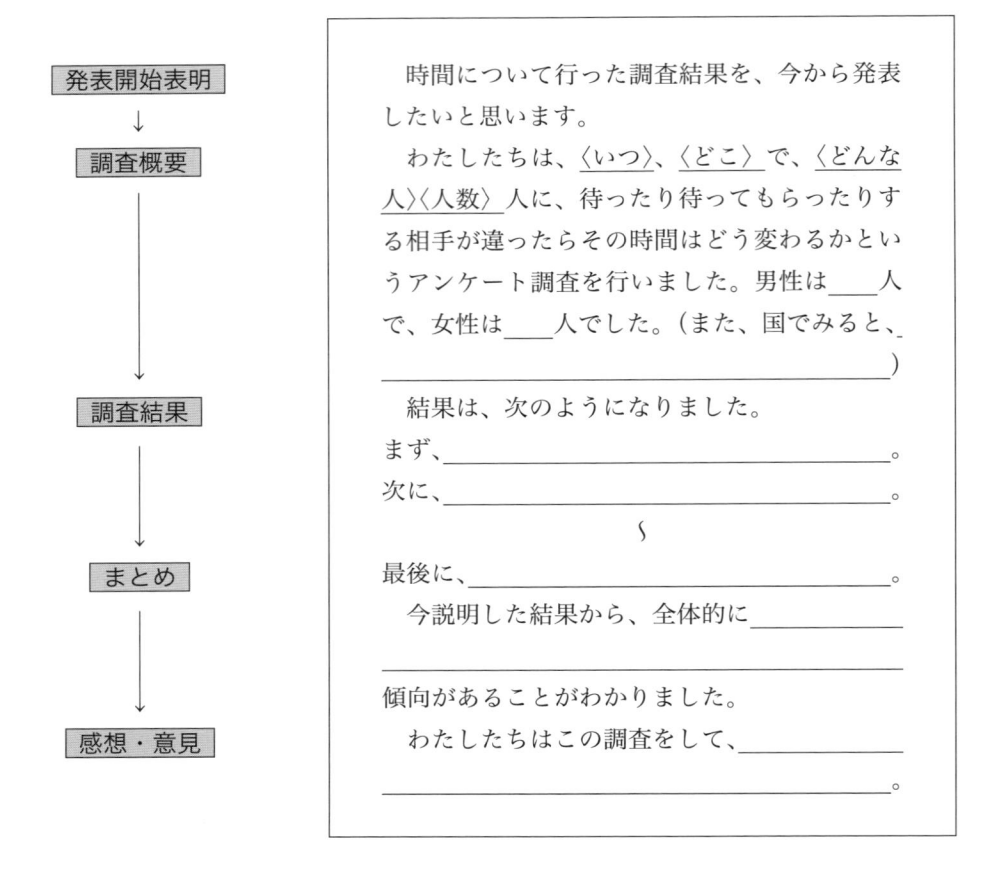

発表開始表明
↓
調査概要
↓
調査結果
↓
まとめ
↓
感想・意見

　　時間について行った調査結果を、今から発表したいと思います。
　　わたしたちは、〈いつ〉、〈どこ〉で、〈どんな人〉〈人数〉＿＿人に、待ったり待ってもらったりする相手が違ったらその時間はどう変わるかというアンケート調査を行いました。男性は＿＿人で、女性は＿＿人でした。(また、国でみると、＿＿＿＿＿＿＿＿＿＿＿＿＿＿＿＿＿＿＿＿＿)
　　結果は、次のようになりました。
まず、＿＿＿＿＿＿＿＿＿＿＿＿＿＿＿＿＿＿＿。
次に、＿＿＿＿＿＿＿＿＿＿＿＿＿＿＿＿＿＿＿。
　　　　　　〜
最後に、＿＿＿＿＿＿＿＿＿＿＿＿＿＿＿＿＿。
　　今説明した結果から、全体的に＿＿＿＿＿＿
＿＿＿＿＿＿＿＿＿＿＿＿＿＿＿＿＿＿＿＿＿＿
傾向があることがわかりました。
　　わたしたちはこの調査をして、＿＿＿＿＿＿
＿＿＿＿＿＿＿＿＿＿＿＿＿＿＿＿＿＿＿＿＿。

4．全体の集計をさせ、まとめさせる。その後、3．と同様に発表原稿を作成させ、発表させる。

第4課

I．目標

話す・聞く ・伝言を頼む、受ける ・留守番電話に伝言を残す

読む・書く ・気持ちの変化を考えながら読む

II．学習項目

	話す・聞く 「伝言、お願いできますか」	読む・書く 「電話嫌い」
本文内容	・取引先の人に電話をしたが、不在なので伝言を頼む。 ・留守番電話に家族へのメッセージを残す。	・電話嫌いの作家マーク・トゥエインと電話を発明したグラハム・ベルの間のエピソード。
文法項目 ＊補足項目	1．…ということだ（伝聞） 2．…の・…の？ 3．〜ちゃう・〜とく・〜てる（縮約） ＊〜の〜（同格） ＊〜ましたら、…・〜まして、…	4．〜（さ）せられる・〜される（使役受身） 5．〜である（である体） 6．〜ます、〜ます、…・〜くも、〜くも…（中止形） 7．（1）〜（た）がる 　（2）〜（た）がっている 8．…こと・…ということ
新出語 ＊固有名詞	**文法・練習** 検査する 明日 能力 バザー マスク スーツケース 目が覚める ＊日本語能力試験 **話す・聞く** 伝言 留守番電話 メッセージ 受ける［伝言を〜］ 入れる ［メッセージを〜］ 差し上げる［電話を〜］ そのように 出る［電話に〜］ 急［な］ 入る［仕事が〜］ 取り消す 来客中 食パン 売り切れ バーゲンセール 案内状 〜状［招待］ 遠い［電話が〜］	**文法・練習** 朝礼 校歌 敬語 感想文 運動場 いたずら 美しい 世紀 平和［な］ 人々 願う 文 書き換える 合わせる もともと 若者 〜湖 深い さまざま［な］ 苦しい［生活が〜］ 性格 人気者 多く 不安［な］ 出る［製品が〜］ 雷 うち 残念［な］ 認める 現実 愛する 首都 ＊摩周湖 **読む・書く** 〜嫌い 時代 順に 失礼［な］ 勧める 腹を立てる 味わう つなぐ エピソード 大嫌い 大〜［好き／嫌い］ しつこい 全員 数日 親せき 接続する 申し出る 結局 早速 そば［ベッドの〜］ 取り付ける 出席者 料金 ＊夏目漱石 マーク・トゥエイン 　H.G.ウェルズ グラハム・ベル 　ハートフォード
会話表現	・いつもお世話になっております。 ・**あいにく……。** ・**恐れ入りますが、……。** ・このままでよろしければ ・ただいまのメッセージをお預かりしました。 ・ごめん。	
学習漢字		彼 利 礼 機 械 断 腹 絶 数 亡 届 式 席 残 念 接 続 申 結 局 無 速 付 払 構 嫌 勧 葬

Ⅲ．文法・練習

1. …ということだ（伝聞）

文 普通形 ＋ ということだ

> （1）「Xということだ」は「Xそうだ」と似た伝聞の表現で、他の人や一般の人が言っている内容Xを伝えるときに使います。
> 　① 山田さんから電話があったのですが、約束の時間に少し遅れるということです。
> 　② 近くにいた人の話によると、トラックから急に荷物が落ちたということです。
> 「とのことです」という形もありますが、やや書きことば的です。
> 　③ （手紙文）先日、ワンさんに会いました。ワンさんから先生によろしくとのことです。
> （2）「Xということですね」は、今相手から聞いた内容を繰り返して確認するときに使われることがあります。
> 　④ A：部長に30分ほど遅れると伝えてください。
> 　　B：はい、わかりました。30分ほど遅れるということですね。
>
> |参考| 『中上級を教える人のための日本語文法ハンドブック』p.216
> 「ということだ」は「そうだ」と異なり、「ということだった」の形になり、過去に聞いた事柄であることを明示できるのが特徴です。
> 　・昨日山本さんの家に電話したら、彼は旅行中だ｛〇ということだった／×そうだった｝。

【練習の留意点とヒント】
◇次の流れで学習するとよい。
　　例文１）→「練習１」(人が言った内容を伝える)
　　例文２）→「練習２」(聞いた内容を確認する)
◇例文１）(伝聞) 導入の際は、『初級Ⅱ』第47課で既習の「普通形＋そうです」を引き出し、伝聞であることを確認した後、別の伝聞の言い方として導入する。「普通形＋そうです」より多少改まった事柄について使われることが多い。
◇本冊では「…とのことです」は扱っていない。
◇「練習２」(伝言の確認)
　　伝言の内容によって、時、場所、動作の方向や親疎上下など、伝言を頼んだ人と伝えられる人との関係で変更しなければならない場合があることに注意する。

例：　そちらへ　→　こちらへ
　　　行く　→　来られる／いらっしゃる

2. …の・…の？

文 普通形 ＋ { の / の？ }

> 「…のですか」のくだけた言い方です。親しい人との会話で使います。
> ① どこへ行くの？
> 　…ちょっと郵便局へ。
> ② 元気がないね。先生にしかられたの？
> 　…うん。
> ③ どうしたの？
> 　…お母さんがいないの。
>
> 参照　「…のです／んです」：原因・理由・根拠等の説明を強く述べる表現。話しことばの「…んです」に対して書きことばで「…のです」がある。
>
> （☞『みんなの日本語初級Ⅱ』第26課）

【練習の留意点とヒント】

◇『初級Ⅰ』第20課「会話」で「国へ帰るの？」「どうするの？」を丸ごとの訳をつけて学習している。

◇導入では『初級Ⅱ』第26課で学習した「どこで買ったんですか」を引き出し、その普通体であることを言う。それが『初級Ⅰ』第20課で丸ごと覚えていたセリフとつながる。

◇「練習」の前段階として、『初級Ⅱ』第26課「練習C」1を普通体に置き換える練習をするとよい。ただし、大人の場合、応答文に男女差が現れることに注意。

　A：　パーティーはどうでしたか。
　B：　とても楽しかったです。
　　　　どうして参加しなかったんですか。
　A：　忙しかったんです。
　↓
　A：　パーティーはどうだった？
　B：　とても楽しかったよ。
　　　　どうして参加しなかったの？
　A：　忙しかったの［女］。／忙しかったんだ［男／女］。

3. ～ちゃう・～とく・～てる

〈形の作り方〉

　　Ｖてしまう　→　Ｖちゃう
　　Ｖておく　　→　Ｖとく
　　Ｖている　　→　Ｖてる

（1）「～てしまう」は、話しことばでは「～ちゃう」になります。
　　① 行ってしまいます　→　行っちゃいます
　　② 読んでしまった　　→　読んじゃった
　　③ 見てしまった　　　→　見ちゃった

（2）「～ておく」は、話しことばでは「～とく」になります。
　　④ 見ておきます　　　　　→　見ときます
　　⑤ 作っておこう　　　　　→　作っとこう
　　⑥ 読んでおいてください　→　読んどいてください

（3）「～ている」は、話しことばでは「～てる」になります。
　　⑦ 走っている　→　走ってる
　　⑧ 読んでいる　→　読んでる
　　⑨ 見ていない　→　見てない

【練習の留意点とヒント】

◇音の変化を一つ一つ確認し、パターン練習することを勧める。

◇Ｖちゃう　「練習」(☞『初級Ⅱ』第29課練習Ｃ－3)

　Ａ：　すみません。けさ、電車にパソコンを
　　　　忘れてしまったんですが……
　　　　→忘れちゃったんですが……
　Ｂ：　パソコンですか。
　Ａ：　ええ。黒くて、このくらいのです。
　Ｂ：　これですか。
　Ａ：　あ、それです。ああ、よかった。

◇Ｖとく　「練習」(☞『初級Ⅱ』第30課練習Ｃ－3)

　Ａ：　この本を片付けてもいいですか。
　Ｂ：　いいえ、そのままにしておいてください。
　　　　　　　　　　　→しといてください。
　　　　あとで使いますから。

◇Vてる 「練習」(☞『初級Ⅱ』第29課練習C-1)
　A：　あのう……。
　B：　はい。
　A：　かばんが開いていますよ。　→開いてますよ。
　B：　えっ。あ、どうもすみません。

4. ～(さ)せられる・～される（使役受身）

〈形の作り方〉（第Ⅲ部 資料編1.「使役受身の作り方」(p.223) 参照）
Ⅴ Ⅰ ：　ない形 ＋ せられる／される
Ⅴ Ⅱ ：　ない形 ＋ させられる
Ⅴ Ⅲ ：　する → させられる
　　　　　来る → 来させられる

> （1）使役と受身が組み合わさった表現です。
> 　①　太郎君は掃除をしました。
> 　　→　先生は太郎君に掃除をさせました。（使役の文）
> 　　→　太郎君は先生に掃除をさせられました。（使役受身の文）
> （2）このように使役受身は「N₁はN₂にVさせられる」という文型が基本ですが、「N₂に」が明示されない場合もあります。どちらの場合も、N₁が自分の意志ではなく他の人からの指示によってVするという意味になります。
> 　②　昨日の忘年会ではカラオケを{歌わせられた／歌わされた}。
> 　③　この会議では毎月新しい問題について研究したことを発表させられます。
>
> |参考|　　　　　『中上級を教える人のための日本語文法ハンドブック』pp.134-135
> 使役受身と関連する表現に「～させてもらう」があります。
> 　①　田中さんは部長に海外へ出張させられた。
> 　②　田中さんは部長に海外へ出張させてもらった。
> ①も②もN₁（田中さん）が「海外へ出張する」ことをN₂（部長）がさせたという意味を持ちますが、①はN₁がN₂に強制されて不本意ながら「出張する」、②ではN₁が望むことをN₂が許容して「出張する」ことを表しています。

【練習の留意点とヒント】
◇強制的にさせられて嫌だと感じることを例として導入する。だれが何をするか、だれがしろと言っているかの確認が大切。
◇このレベルになっても使役動詞の形が確かではない人もいる。

一応「使役＋受身」を新しいフォームとしてフォーム変換表を準備し、使役受身の形を含め書き込ませて確認したほうがよい（「第Ⅲ部・資料編」参照）。
◇「練習3」「子どものとき、規則を守らなかったり、いたずらをしたりしたら、だれにどんなことをさせられましたか」に対して次のような解答例があった。
　　　例：学校からまっすぐ帰らなかったら、お菓子を食べさせられませんでした。
これは上記「参考」にあるように、「学校からまっすぐ帰らなかったら、好きなお菓子を食べさせてもらえませんでした」の誤りで、使役受身の場合の使役は許可、容認ではない強制の使役であり、受身では「されて嫌だったこと」であることが理解されていないからである。導入の時点で「強制的にさせられて嫌だったこと」をしっかりと押さえる。

5. ～である（である体）

N ┐
なA ┘ ＋ である

～ている ＋ のである

> 意味は「～だ」と同じですが、硬い文体です。書きことば、それも論説文などの文章でよく使われます。
> 　① 失敗は成功の母である。
> 　② このような事件を起こしたことは非常に残念である。
> 　③ ここは去年まで山であった。
> 「である体」では「～のだ」は「～のである」になります。
> 　④ 世界中の人々が地球の平和を願っているのである。

【練習の留意点とヒント】
◇「～である」の中止形、仮定形、て形などの接続の形「～であり」「～であれば」「～であって」に注意する。
◇「練習」の中に6．の連用中止形が含まれているが、6．が終わってから再度読ませ、連用中止の部分を確認させるとよい。

6. ～ます、～ます、…・～くて、～くて、…（中止形）

〈形の作り方〉

V ：Vます形　－ます（います → おり）
いA：いA　－い → く
なA：なA　－で
N ：N　　－で

>（1）動詞の中止形（ます形と同じ形）は「V₁（ます形）、V₂」のように用いて、「V₁（て形）、V₂」と同じく出来事の継起や並立を表します。
>　　① 朝起きたら、まず顔を洗い、コーヒーを飲み、新聞を読みます。
>　　② 彼とは学生時代、よく遊び、よく話し、よく飲んだ。
>（2）「いる」の中止形は「おり」です。
>　　③ 兄は東京におり、姉は大阪にいます。
>（3）形容詞や名詞の中止形は、それぞれの語で表される意味の並立を表します。
>　　④ マリアさんは、優しく、頭がよく、すばらしい女性だ。
>
> 参考　　　　　『中上級を教える人のための日本語文法ハンドブック』pp.439-440
> このような中止形と「～て」の間に意味の違いはありませんが、中止形のほうが書きことば的です。また、次のように文が長く続く場合、「～て」ばかりや中止形ばかりが連続する口調の悪さを避けるため、両者を混ぜて使うということも行われます。
>　　・太郎は右を見て車が来ていないことを確認し、手を上げて道をわたった。

【練習の留意点とヒント】

◇「います」の中止形「おり、～」を、謙譲の「おります」の中止形だととる学習者もいるので注意する。

◇「ない」の中止形は「～なく、～」になる。

　　例文4）若いころはお金も仕事もなく、生活は苦しかった。しかし、夢があった。

◇ここでは書き換え練習のみになっているが、中止形を含む「である体」の文を準備し、連用中止形および「である」の部分に下線を引かせ、文体の違い（書きことば）を確認する練習をするとよい。

　　例：初めて小川良子さんを知ったのは、わたしが雑誌の会社に就職したばかりのころ<u>であった</u>。小川さんはすでにキャリアウーマンとして活躍して<u>おり</u>、年齢的にも人生経験でもずっと大先輩<u>であった</u>。緊張して入っていくと、小川さんはすっと<u>立ち上がり</u>、まるで古い友人のように迎えてくれた。年齢よりずっと<u>若く</u>、温かい印象の人<u>であった</u>。

7.（1） ～(た)がる

Vます形　＋　たがる

いA　－い　｜
なA　　　 ｜＋　がる

> 「Nが～(た)がる」の形で感情を表す形容詞につき、N（他の人）の感情が表情や行動に現れているという意味を表します。「～たい」という希望の場合は「～たがる」の形になります。
> ① 太郎君は友達のおもちゃを欲しがる。
> ② このチームが負けると、息子はすごく悔しがる。
> ③ このごろの若者は、難しい本を読みたがらない。

7.（2） ～(た)がっている

Vます形　＋　たがっている

いA　－い　｜
なA　　　 ｜＋　がっている

> 「～(た)がる」は、いつも感情や希望を表す行動をするという傾向を表します。今そのような行動をしているということを表す場合は「～(た)がっている」の形を使います。
> ① 太郎君は友達のおもちゃを欲しがっている。
> ② 好きなチームが負けて、息子はすごく悔しがっている。

【練習の留意点とヒント】

◇導入は、（2）「（今）～たがっています」（今の様子を言う）から入り、（1）「（いつも）～がります」（人が持つ傾向を表す）の順序のほうが学習しやすいだろう。
（2）息子は車を欲しがっています。→（1）息子は車を見ると、いつも欲しがります。

◇（2）「～(た)がっている」の導入は、「わたしは～が欲しいです」「[あなたは]～が欲しいですか」を復習。「ミラーさん（第三者）は～が欲しいです」は使わないことを確認し、第三者の感情、感覚、願望などを述べるときは①②③④⑤のような表現があることを紹介する。
　① ミラーさんは辞書が欲しいんです。
　② ミラーさんは辞書が欲しいそうだ。／欲しいと言っている。
　③ ミラーさんは辞書が欲しそうだ。

④　ミラーさんは辞書が欲しいようだ／（欲しいらしい）。
⑤　ミラーさんは辞書を欲しがっている。
①②③④は初級で既習であるので、ここでは⑤を学習する。
◇ちなみに、自分の願望に関する傾向を表すときは次のようになる。
　　わたしは車が欲しいです。→　わたしは車を見ると、いつも欲しくなります。
◇「欲しい」が「欲しがる」「欲しがっている」になると、その対象は「が」ではなく「を」で示される。
（1）例文1）子どもは友達が持っているのと同じ物を欲しがります。
（2）例文3）息子は新しい電子辞書を欲しがっています。
◇この表現は目上の人については使わないほうがよい。もっぱら、家族、身内、子ども、ペットなどについて使う。「先生は新しい辞書を欲しがっています」よりも「先生は新しい辞書が欲しいとおっしゃっています」を使うほうがよい。

8. ┃…こと・…ということ┃

文 普通形　＋　［という］こと　＋　格助詞
なA　＋　なこと／であること

> （1）文に格助詞などをつけるとき、名詞化するために「…こと＋格助詞」の形を使います。「…こと」の前は普通形になります。
> 　①　田中さんが結婚したことを知っていますか。
> 　②　これは田中さんの辞書ではないことがわかりました。
> な形容詞で終わる文のときは「な形容詞＋なこと」、または「な形容詞＋であること」になります。
> 　③　世界中でこの漫画が有名 {な／である} ことを知っていますか。
> （2）長く複雑な文である場合、それをまとめて名詞化するために「こと」の前に「という」が必要になります。「～ということ」は普通形に接続します。
> 　④　二十歳になればだれでも結婚できるということを知っていますか？
> 　⑤　日本に来てから、家族はとても大切 {だ／である} ということに初めて気がついた。
> 　⑥　この辺りは昔、海 {だった／であった} ということは、あまり知られていない。
>
> 参照　「こと」：朝早く起きることは健康にいい。（☞『みんなの日本語中級Ⅰ』第1課）
> ・東京へ行っても、大阪のことを忘れないでくださいね。
> 　　　　　　　　　　　　　　　　　　　　（☞『みんなの日本語初級Ⅰ』第25課）

【練習の留意点とヒント】
◇「こと」と「ということ」への接続の形をしっかり分けて整理する。例文だけではすべての形が示されていないので、補って練習をさせる。
◇名詞で終わる文が「こと」に接続する場合、「名詞＋だこと」ではなく、「名詞＋であること」になることに注意する。

【補足項目】

| ～の～（同格） | （話す・聞く）

N_1 と N_2 が同じものであることを表します。N_1 は N_2 の属性を表す名詞で、N_2 を詳しく説明します。N_1 である N_2 とも言い換えられます。
　① 部長の田中をご紹介します。
　② あさっての金曜日はご都合いかがですか。

| ～ましたら、…・～まして、… | （話す・聞く）

V丁寧形　＋　{たら・て}、…

「たら」や「て形」は丁寧形になることができます。
　① 会議が終わりましたら、こちらからお電話させていただきます。
　② 本日は遠くから来てくださいまして、ありがとうございました。

Ⅳ．話す・聞く　「伝言、お願いできますか」
【目標】

> ① 相手との距離、親疎上下関係をわきまえて、伝言を頼んだり受けたりする。
> ② 留守番電話にメッセージを残す。

・伝言の方法は『初級Ⅱ』第33課で既に学習しているが、それは「ウチ」の関係の人同士で伝言を頼み、受け、伝えるというものであった。ここでは、人間関係がいわゆる「ソト」の関係の人に伝言を依頼し、伝言された人は「ウチ」だが上下関係のある人にそれを伝えるというレベルを学習する。
・敬語が多く使われているので、会話本文に使われている範囲で敬語表現を復習してから入ると学習しやすい。
・この課は会話が２つある。１）会社に電話をかけて伝言を頼む、２）家族の携帯の

留守番電話にメッセージを残す。それぞれ関連するものごとに学習するのがよい。
　　例：「やってみましょう」1）→「聞いてみましょう」会話1
　　　　→「もう一度聞きましょう」会話1→「練習をしましょう」1）2）
　　　　→「チャレンジしましょう」1）
・会話2「聞いてみましょう」では、留守番電話に録音されたいろいろなテープまたはCDを準備し、聞かせるとよい。
　　例：① 国へ帰るので、帰国する前に会いたい。
　　　　② 急用ができたので、明日の約束を取り消したい。
　　　　③ 相談したいことがあるので、ぜひ会いたい。

1．やってみましょう
　学習者によって伝言の内容を変えてみる。
　　例：1）（会話1）電車の事故で20分ほど遅れる
　　　　2）（会話2）途中でケーキを買ってきてほしい

2．聞いてみましょう
　登場人物：佐藤（IMC社員）
　　　　　　シュミット（パワー電気のエンジニア、パワー電気はIMCの顧客）
　場　　面：昼間　会社で（電話）

3．もう一度聞きましょう
・いつもお世話になっております
　　取引のある会社の人同士の挨拶、または家族のだれかが関係している人への挨拶。
・そのようにお伝えいただけますか
　　自分の言ったことを「そのように」でまとめて、伝言をお願いする。
・敬語の整理
　　尊敬：お ＋ ます形 ＋ になります
　　　　　いらっしゃいます
　　謙譲：お ＋ ます形 ＋ します
　　　　　申します、おります、差し上げます、いたします

4．言ってみましょう
・依頼の会話なので、文末をゆっくりと余韻を残した抑揚で丁寧さを出す。

5．練習をしましょう

1）あいにく

相手の期待に応えられなくて申し訳ないという気持ちを表す。

　　例：〇社員（山田の同僚）　　●部長

（1）〇パン屋店員　　●客

（2）〇●友達同士（普通体で）

2）恐れ入りますが

接客など、相手にサービスを提供する側がサービスを受ける側に何かお願いするときに用いる。

　　例：〇レストラン従業員　　●客

（1）〇デパートの店員　　●客

　　この設定での理由が思いつきにくいようなので、ヒントを出して手助けをする。

（2）〇会社社員　　●取引先の人

6. 会話をしましょう

イラスト	会話 （ゴシック体は使ってほしい表現）		会話の流れ
[昼間　会社で] 1）	佐　　藤：	IMCでございます。	〈電話を受ける〉 名乗る、取り次ぎを頼む
	シュミット：	パワー電気のシュミットと申しますが、松本部長はいらっしゃいますか。	
2）	佐　　藤：	あ、いつもお世話になっております。**あいにく**、松本は出張しておりますが。	〈いないことを伝える〉
	シュミット：	そうですか。いつごろお帰りになりますか。	いつ帰るか尋ねる
	佐　　藤：	明日の午後の予定です。戻りましたら、こちらからお電話差し上げましょうか。	〈コールバックを申し出る〉
3）	シュミット：	いえ。あのう、**恐れ入りますが**、伝言、お願いできますか。	伝言を依頼する
	佐　　藤：	はい。どうぞ。	
	シュミット：	私、あさっての金曜日、部長にお会いすることになっていましたが、都合で急に1週間ほど帰国することになりまして……。	伝言を伝える
	佐　　藤：	はい。	
	シュミット：	申し訳ありませんが、そのようにお伝えいただけますか。	
4）	佐　　藤：	はい。あさっての金曜日はご都合が悪くなったということですね。	〈伝言を確認する〉
	シュミット：	はい。	
	佐　　藤：	かしこまりました。	
	シュミット：	よろしくお願いいたします。失礼します。	電話を切る
	佐　　藤：	失礼いたします。	

7. チャレンジしましょう

会話1

【ロールプレイ】
- 電話での会話なので、電話機など小道具を用意するとよい。
- B役の人には、伝言のメモを取り、後で佐藤先生にそれを伝える、というタスクを与えるとよい。

```
[学校の始業前の時間　8時ごろ]                              ロールカードA
 A：山田太郎の母
 B：ひまわり小学校（山田太郎の小学校）の事務員
 あなたはAです
 息子の太郎がけさから熱があるので学校を休ませることにします。

 ・担任の佐藤先生に電話してください。
 ・もし先生がいなかったら、伝言を頼んでください。
```

```
[学校の始業前の時間　8時ごろ]                              ロールカードB
 A：山田太郎の母
 B：ひまわり小学校（山田太郎の小学校）の事務員
 あなたはBです
 佐藤先生はまだ学校に来ていません。

 ・電話に出てください。
```

【会話例】
- A： もしもし、（4年1組の）山田太郎の母ですが、佐藤先生はいらっしゃいますか。
- B： 佐藤先生はまだですが。
- A： そうですか。じゃ、すみませんが、伝言をお願いできますか。
- B： ええ。どうぞ。
- A： あのう、太郎が昨日から熱を出しまして、今日は休ませたいと思いますので…そのようにお伝えいただけますか。
- B： はい。山田太郎君がきょう欠席するということですね。
- A： はい。よろしくお願いします。
- B： わかりました。どうぞお大事に。

【評価のポイント】
- 丁寧に自分を名乗り、話したい相手をきちんと伝えているかどうか。
  - 例：〜の〜と申しますが、〜さん、いらっしゃいますか
- 伝言を依頼したい旨はっきり伝えているかどうか。

例：伝言をお願いできますか
・伝言の内容を簡潔に伝えているかどうか。
例：〜、そのようにお伝えいただけますか
・確認後、丁寧に挨拶をして終わっているかどうか。
例：よろしくお願いします

会話2
【ロールプレイ】
・夫／妻から妻／夫の携帯にメッセージを入れる。
・テープに録音して、後で聞くようにするとよい。

あなたは夫／妻です
午後5時ごろ、急に残業が入り、今晩遅くなることになりました。
・妻／夫の留守番電話にメッセージを入れてください。

【会話例】
夫：　慶子？　僕。今晩急に残業することになったので、晩ご飯はいらない。
　　　ごめん。よろしく。

【評価のポイント】
・かけた相手を確認しているか。
・自分を名乗っているか。
・用件を簡潔に述べているか。

V. 読む・書く　「電話嫌い」

【目標】

① あるエピソードの中で人物の心理が時間の推移とともに変化するのを読み取る。
② ・登場人物が主語として表されている箇所を探しながら読む。
　　・省略された文の主語を前文などと関連づけて補いながら読む。
　　・時系列に生起した物事（だれが、だれに、何をして、どうなったか）を意識しながら読む。
③ 電話がない生活について話し合った結果をまとめて書く。
④ 電話にまつわる経験を話す。

1．考えてみましょう

1) 電話機の古い順が正確に答えられなくてもかまわない。各電話機に関する詳しい説明などはしなくてもよい。今後どんな形に進化していくか想像させてみるのもおもしろいだろう。

　［参考情報］
　　① 1897年初めての卓上型電話機
　　② 1878年に日本で初めて生産された電話機
　　③ 携帯電話、1987年に登場
　　④ 1933年の3号自動式卓上電話機
　　⑤ 1876年ベルによって発明された電話

2) 一億総携帯ともいえる時代に「電話が嫌い」と言う人は少ないだろう。そこをあえて携帯電話を持っているがゆえの不便さ、不快さ、被った不利益を考えさせてみる。チャレンジしましょう1）につながる。

2．ことばをチェックしましょう

失礼［な］、断る*、勧める、腹を立てる、便利さ*、味わう、つなぐ

3．読みましょう／4．答えましょう

　小説家マーク・トゥエイン（Mark Twain, 1835-1910）と物理学者で発明家でもあるグラハム・ベル（Alexander Graham Bell, 1847-1922）との電話にまつわるエピソードを記した文章である。

　電話嫌いのマーク・トゥエインと自分が発明した電話をトゥエインに使用してほしいベルとの心理変化を時間の推移とともに的確に読み取る練習をする。

【手順・留意点】
1．読むときのポイントのタスクに示されている「トゥエインは」「ベルは」という表現が含まれる文を探し、そこに＿＿＿を引くように言い、文章全体の黙読をさせる。時間は5分程度。
2．「トゥエインは」「ベルは」の各部分に呼応する述部（何をしてどうなった、どうだった、どうした等）に＿＿＿を引く。つまり、1．2．で主部と述部の確認を行う。
3．「トゥエインは～に」「ベルは～に」の～部分が記述されている箇所に＿＿＿を引かせる。なお、下記例文のように、「だれが」「だれに」が書かれていない箇所がいくつかある。このような場合には、前後の文脈からそれらを読み取るよう促す。

　　第3段落：「（わたしは＝トゥエインは）ハートフォードの市民には、いつも

のとおり、全員にクリスマスカードを送るが、ベルにだけは絶対に送らない」

第4段落：「トゥエインは（ベルに）なかなか『うん』と言わなかったが、結局、（ベルが）無料だというので、（ベルに電話で家と教会を）つないでもらうことにした」

だれが、のところには＿＿＿
だれに、のところには～～～
＿＿＿に対応している述部には……

　電話嫌いと言われる人がいる。日本の作家、夏目漱石、アメリカの作家、マーク・トゥエイン、イギリスのH.G.ウェルズなども電話が嫌いだったようだ。電話を発明したグラハム・ベルと作家マーク・トゥエインの間にはおもしろいエピソードがある。
　ベルは、彼が発明した電話をトゥエインにも利用してもらいたいと思ったが、トゥエインは電話が大嫌い。聞きたくもない音を聞かされ、話したくもないときに、話したくもない人と話させられる。失礼な機械である。
　いくら断っても、しつこく勧めるベルに腹を立て、トゥエインはある文を新聞に発表した。「ハートフォードの市民には、いつものとおり、全員にクリスマスカードを送るが、ベルにだけは絶対に送らない」と。
　それから数日後、トゥエインが病気になって、寝ているところに、親戚の人が亡くなったという知らせが届いた。トゥエインが葬式に出席できないのを残念がっていることを知ったベルは、すぐに、トゥエインの家と葬式が行われる教会を電話で接続しようと申し出た。トゥエインはなかなか「うん」と言わなかったが、結局、無料だというので、つないでもらうことにした。
　早速、電話機がトゥエインのベッドのそばに取り付けられ、トゥエインは教会にいる出席者と話すことができ、電話の便利さを味わった。「電話料は払わせてください」とトゥエインが申し出ると、ベルは「料金は結構ですから、わたしにもクリスマスカードをください」と答えた。

4．1～3で下線を引いた部分を見ながら、**答えましょう1）2）**をする。
5．**答えましょう3）4）**をし、答え合わせをする。そのとき、その答えの根拠となる本文を確認するとよい。
6．CDを聞き、その後音読の練習をする。

5．チャレンジしましょう

1）本文の話題について学習者自身の生活に引き寄せて考え、意見を述べ、話し合いの中で出た複数の意見を書いてまとめることにより、意見の要約能力を高めることを目指す。

【手順】
1．注意事項を伝える。
    ① 意見は例を挙げながら述べること
    ② 話し合っているときはメモを取ること
2．クラス人数が多い場合は、学習者全員に発言の機会が持てるように小グループに分ける。
3．電話がなくなったときの良い点、困る点を自由に話し合う。時間は10分程度。
4．出た意見を似たもの、異なるものに分類する。
5．各自で下記のシートにまとめる。
6．グループ内で、あるいはグループ外の人と交換して読む。

```
書き出し
  ↓
良い点
  ↓
具体例
  ↓
困る点
  ↓
具体例
  ↓
まとめ
```

電話がない生活は＿＿＿＿＿＿＿＿
　　　　　　　氏名＿＿＿＿＿＿

　今の生活から電話がなくなった場合について話し合った結果は、次のとおりである。
　いいことは、＿＿＿＿＿＿＿＿＿＿＿＿。
まず、＿＿＿＿＿＿＿＿＿＿＿＿＿＿＿。
つぎに、＿＿＿＿＿＿＿＿＿＿＿＿＿＿
＿＿＿＿＿＿＿。そして、＿＿＿＿＿＿
＿＿＿＿＿＿＿＿＿＿＿＿＿＿＿＿＿＿。
　しかし、困ることもある。まず、＿＿＿
＿＿＿＿＿＿＿＿＿＿＿＿＿。次に、＿＿
＿＿＿＿＿＿＿＿＿＿＿＿＿＿＿＿＿＿。
そして、＿＿＿＿＿＿＿＿＿＿＿＿＿＿
＿＿＿＿＿＿＿＿＿＿＿＿＿＿＿＿＿＿。
　このようなことから、わたしは電話は＿＿
＿＿＿＿＿＿＿＿＿＿＿＿＿＿＿＿＿＿
と思う。

2）電話にまつわる経験を話せるようになることを目指す。短時間では思い出せなかったり、まとめるのが不得意な学習者もいるかもしれないので宿題とし、次回の授業で話させるとよい。他の学習者には、発表者が話しているあいだ集中して聞くように、次のようなタスクシートを用意しておくと効果的である。

話した人	さん		さん	
どんな話	電話で	失敗したこと 助かったこと 経験したおもしろいこと その他（　　　　）	電話で	失敗したこと 助かったこと 経験したおもしろいこと その他（　　　　）
聞いてわかったこと				

第5課

Ⅰ．目標

話す・聞く ・行き方を尋ねる、教える　・道順を尋ねる、教える

読む・書く ・理由を考えながら読む

Ⅱ．学習項目

	話す・聞く 「どう行ったらいいでしょうか」	**読む・書く** 「地図」
本文内容	・同僚に芸術センターへの行き方を尋ねる。 ・通行人に道順を尋ねる。	・「南北を逆にした地図」から「位置の平等」を考える。
文法項目	1．（1）あ～・そ～（文脈指示（会話）） 　　（2）そ～（文脈指示（文章）） 2．…んじゃない？ 3．～たところに／で	4．（1）～（よ）う［意向形］とする 　　（2）～（よ）う［意向形］とする／しない 5．…のだろうか 6．～との／での／からの／までの／への～ 7．…だろう・…だろうと思う（推量）
＊補足項目	＊…から、～てください（依頼や指示の前提）	＊が／の
新出語	**文法・練習** 教科書　居酒屋　やきとり　画面　俳優　そっくり　コンビニ　改札［口］　運転手 **話す・聞く** 沿う［川に～］　大通り　出る［大通りに～］　横断歩道　突き当たり　線路　向こう側　踏切　分かれる［道が～］　芸術　道順　通行人　通り　川沿い　～沿い　流れる　～先［100メートル～］　～方［右の～］	**文法・練習** かかってくる［電話が～］　切れる［電話が～］　挙げる［例を～］　未来　なくす［戦争を～］　不思議［な］　増やす　今ごろ　観光客 **読む・書く** 南北　逆　南半球　北半球　常識　差別　平等［な］　位置　人間　観察する　面　中央　自然に　努力する　そこで　普通　経緯度　無意識に　表れ　上下　左右　少なくとも　文句　わざと　経度　緯度　使用する　東西
＊固有名詞	＊函館　東京タワー	＊アラビア語　マッカーサー　アフリカ　南アメリカ
会話表現	・～から、～てください。	
学習漢字		師　逆　留　察　面　央　然　努　球　忘　経　慣　実　差　平　等　難 緯　句

Ⅲ. 文法・練習

1. (1) あ～・そ～（文脈指示（会話））

> 「あ～」「そ～」などの指示詞には、その場にあるものを指す用法のほかに、会話や文章の中に出てくるものを指す用法があります。
> 会話では、話し手も聞き手も直接知っているものは「あ（あれ、あの、あそこ…）」で指します。話し手は知っているが聞き手は知らないものや、聞き手は知っているが話し手は知らないものは「そ（それ、その、そこ）」で指します。
> ① さっき、山本さんに会ったよ。
>   …え、あの人、今日本にいるんですか。
> ② さっき、図書館でマリアさんという人に会ったんだけどね。その人、この学校で日本語を勉強したんだって。
>   …そうですか。その人は何歳ぐらいですか。
>
> 参考 文脈指示（会話） 『中上級を教える人のための日本語文法ハンドブック』pp.3-4
> 聞き手が存在する対話における文脈指示ではアとソの使い分けが主に問題になります。コはあまり使われませんが、次のように、話し手が直接知っていて聞き手は知らない場合には通常コも使えます。
>   ・友人に田中という男がいるんですが、こいつは面白い男なんですよ。

【練習の留意点とヒント】
◇ここでは前後の文を読んで、「あ・そ」の使い分けを考える練習問題になっている。さらに口頭で練習する際には学習者が明らかに知っている、あるいは全く知らないと思われるような物や事柄を話題にし、「あ・そ」を判断して答えさせるとよい。
　　例：（インドネシアの学習者に）
　　　T： 先月バリへ行ったんですけど、本当にきれいなところですね。
　　　S： ええ、あそこはインドネシアで外国人にいちばん人気があるところです。

　　　T： 昨日、さくら大学の西野さんに会ったんです。
　　　S： その方、大学の先生ですか。
◇なかなか適切に使えるようにならないので、この段階では使い分けを意識化させ、今後の会話練習の際に正しい運用ができるようその都度注意していく。

(2) そ〜（文脈指示（文章））

> 文章では、前の文に出たものを指示するのに「そ（それ、その、そこ…）」を使います。
> ① 会社を出たあと、駅のレストランで夕食を食べました。そのとき，財布を落としたんだと思います。
> ② イギリスの人気小説が日本語に翻訳されました。それが今年日本でベストセラーになりました。
>
> 参考　文脈指示（文章）　『中上級を教える人のための日本語文法ハンドブック』pp.5-7
> 文章における文脈指示ではアは使われません。したがって、文章における文脈指示ではコとソの使い分けが問題となりますが、基本的にはソが使われます。
> （1）「これ」は次のように、「これは〜ためだ／からだ」の文型で、指すものの原因・理由を詳しく述べるときに使われます。
> 　・今日は午後の授業が全部休みになった。{これは／？それは} 大きな台風が近づいているためである。
> （2）「この」は指すものが前の文（連続）の内容や発言そのものであるときや、指すものを言い換えて受けるときに使われます。
> 　・「天は人の上に人をつくらず。人の下に人をつくらず」{この／×その} ことばは福沢という人のものである。
> 　・私はコーヒーが好きだ。{この／×その} 飲み物はいつも疲れを忘れさせてくれる。

【練習の留意点とヒント】
◇直前に述べたことを「そ〜」で受ける練習。これも、ここの「練習」で意識化を行い、今後の作文練習、一人語りなどで運用させていく。

2. …んじゃない？

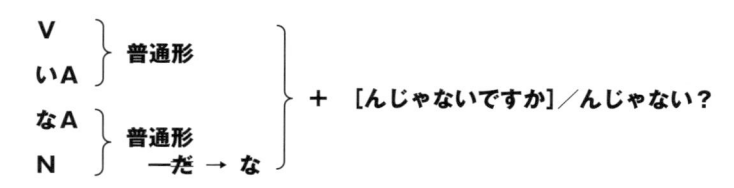

```
V  ┐
いA ┘ 普通形
              ┐
なA ┐ 普通形   ├ ＋ [んじゃないですか]／んじゃない？
N  ┘ ―だ → な ┘
```

> 「…んじゃないですか」は「…のではありませんか」のくだけた形です。くだけた会話で、話し手の考えを述べるときに使います。
> ① 元気がないですね。何か困っていることがあるんじゃないですか。
> …ええ、実は……。

「んじゃないですか」は親しい人に対して使うとき、「んじゃない」になることがあります。改まった会話では「のではないでしょうか」になります。
　②　タワポンさん、少し太ったんじゃない。
　　　…わかりますか。

参考　「のではないか」　『中上級を教える人のための日本語文法ハンドブック』
　　　　　　　　　　pp.208, 266-267
「Xのではないか（んじゃないか）」は命題Xの真偽が不確かであることを述べるものですが、Xが正しいという見込みがある場合に使われ、聞き手に尋ねる形をとっているため、話し手の主張を押しつけることなく、控えめに、また丁寧に話し手の考えを述べる表現になります。イントネーションはいずれも上昇調です。
　・明日は雨が降るんじゃないか？

【練習の留意点とヒント】
◇練習の際は必ず上昇イントネーションで相手に問いかけるように言うことに注意する。
◇「練習2」ではAとBとの関係によって丁寧体、普通体の使い分けを意識させる。相手にもよるが、より丁寧に言うときには「…んじゃないですか」より「…んじゃないでしょうか」を使うほうが望ましい。
◇この表現は練習例にあるように、提案をする、あるいは相手を慰めたり安心させたりする（例文1「心配ないんじゃないですか。何かあったら連絡がありますよ」）、相手とは違う考えを控えめに言うとき（例：「それはちょっと違うんじゃないでしょうか」）などに使われることが多いので、そのような状況設定をして、やり取りの練習を広げるとよい。

3. ～たところに／で

V（移動動詞）た形　＋　ところ

「行く、渡る、曲がる、出る」などの移動を表す動詞を用いて「Vた形＋ところ」の形で、その移動後の地点を表します。
　①　あの信号を左へ曲がったところに、郵便局があります。
　②　改札を出て、階段を上ったところで、待っていてください。

【練習の留意点とヒント】
◇練習ではタクシーを止める場所を指示しているが、待ち合わせの場所などを決めさせてもよい。

4．(1)(2) 〜(よ)う（意向形）とする／しない

V（よ）う ＋ とする／しない

> （1）「V（よ）う（意向形）とする／しない」はVする直前であることを表します。したがって「Vする」は実現しません。この用法では普通、「〜とき」「〜たら」などの中で使われます。
> 　① 家を出ようとしたとき、電話がかかってきた。
> 　② 雨がやんだので、桜を撮ろうとしたら、カメラの電池が切れてしまった。
> （2）また、Vするために努力していることを表す場合もあります。
> 　③ 父は健康のためにたばこをやめようとしています。
> 　④ あの日のことは、忘れようとしても忘れることができません。
> （3）「V（意向形）としない」はVする意志がないことを表します。普通、自分以外の人のことを述べるときに使います。
> 　⑤ 妻は紅茶が好きで、お茶やコーヒーを飲もうとしない。
> 　⑥ 人の話を聞こうとしない人は、いつまでたっても自分の考えを変えることができません。

【練習の留意点とヒント】

◇（1）では、「食べようとしたら、落としてしまった」「電車に乗ろうとしたとき、ドアが閉まってしまった」など、しようとした行為が何らかの出来事で中断される場面を実際に動作で示したり、思い出してもらったり、またドラマや映画などの場面を見せるなどするとわかりやすい。
　なお、「〜ようとしている」という形で、人や動物が何かを行おうとしている様子を表すことがある（例：猫が鳥を捕まえようとしている）。しかし、生物の生態を描写説明するときなど特殊な場合に使われることが多いので、ここでは扱わない。

◇（2）の例文1）「彼女のことを忘れようとしたが、忘れられない」は話者自身がいくら頑張ってもできない（できなかった）ことを表し、「練習1」へとつなげる。その他の導入例として、「朝早く起きようとしても、起きられない」「頑張って勉強しようとしたけど、寝てしまった」などが挙げられる。
　なお、上記文法説明（2）-③「父は健康のためにたばこをやめようとしています」のように、「〜ようとしている」の形で努力を示すこともあるが、例文を作らせると「彼は野菜を食べようとしています」「運動しようとしています」等、不適切かつ直前の様子を表す用法との違いが不明確な例文が出て学習者が混乱する恐れがあるので触れない。

◇（2）の例文2）「彼はほかの人の意見を聞こうとしない」は第三者がする意志がな

いことを表し、「練習2」へとつなげる。「おいしいと言っても、彼は絶対にすしを食べようとしない」「祖母は病院が嫌いだと言って、絶対に行こうとしない」など、いくら勧めても、それを受け入れようとしない頑固な人の例などを挙げるとわかりやすい。

なお、話者自身のことを言うときには「～(よ)うとは思わない」を使う。
　　例：いくらおいしくても、(わたしは)絶対にすしを食べようとは思わない。

5. …のだろうか

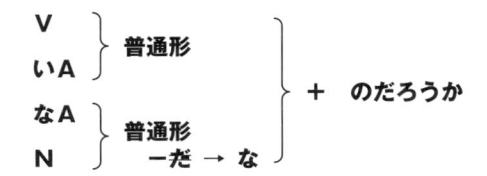

V 　　　｝普通形
いA
なA 　｝普通形
N　　　　 －だ→な 　　　＋　のだろうか

> 「Xのだろうか」でXが正しいかどうか自分に問いかけるときに使います。「どう」「何」「いつ」などの疑問詞といっしょに使って、その答えを自問することもあります。
> 　①　この店ではクレジットカードが使えるのだろうか。
> 　②　大学院に入るためには、どうすればいいのだろうか。
> 相手に対して質問するときにも使われますが、「Xのですか」に比べると「Xのでしょうか」のほうが答えを強要しない柔らかい尋ね方になります。
> 　③　すみません。この店ではクレジットカードが使えるのでしょうか。
> 疑問詞がない「Xのだろうか」の形では、「Xが正しくない・Xとは思わない」ということを言いたい場合にも使われます。
> 　④　このクラスでは日本語で話すチャンスがとても少ない。こんな勉強で会話が上手になるのだろうか。

【練習の留意点とヒント】
◇例文1) 2)、「練習1」は疑問詞を使って問題提起をする練習、例文3)、「練習2」はそうではないということを言いたい場合の反語的な表現の練習である。
◇「…のだろうか」は書きことば、「…のでしょうか」は改まったスピーチなどで使われることが多い。特にレポートや発表のテーマを最初に提示するときなどによく使われる。
　　例：「日本は子どもの数がどんどん減っています。少子化が続くと、日本の社会はどうなるのでしょうか。このまま少子化が続いていってもよいのでしょうか。日本の人々はどう考えているのでしょうか。この問題について、次のような調査をしてみました。…」

「練習」では単発的に文を作ることしかできないが、余裕があればテーマ（例：50年後の社会）を与え、この表現を使って話題提示を行い、さらに7．で学ぶ予測表現「…だろうと思う」なども使って短いレポートなどにまとめさせるとよい練習になる。

6. ～との／での／からの／までの／への～

N ＋ {格助詞 ＋ の} ＋ N

> 「と、で、から、まで、へ」などの格助詞がついたことばが名詞を修飾するとき、格助詞の後ろに「の」をつけます。なお「に」の後ろには「の」はつきません。その場合は、「に」を「へ」に変えて「への」とします。
> ① 友達との北海道旅行は、とても楽しかったです。
> ② 日本での研究はいかがでしたか。
> ③ 国の両親からの手紙を読んで、泣いてしまった。
> ④ 先生へのお土産は何がいいでしょうか。
> 「が」「を」の後ろにも「の」はつかず、「の」としなければなりません。
> ⑤ 田中さんが欠席する→田中さんの欠席（×田中さんがの欠席）
> ⑥ 医学を研究する→医学の研究（×医学をの研究）

【練習の留意点とヒント】
◇この表現は修飾する部分を短く簡潔にすることによって、修飾される名詞を際立たせることができるので、話題として取り上げる際などに使われることが多い。したがって、練習を広げるときは、「ご家族との旅行はいかがでしたか」「○○さんからのプレゼントは気に入りましたか」など、取り上げた事柄についての感想や評価を問う質問文を作らせるとよい。

◇テキストの例文、「練習」以外にもいろいろな例文が作れるが、全ての場合にこの言い方ができるとは限らない。ときどき耳にする間違いで「（私は）中国からの張です」という表現がある。不自然な使い方をしてしまう場合があるので、注意を要する。

7. …だろう・…だろうと思う（推量）

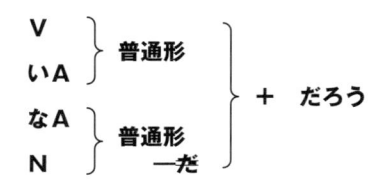

V
いA ｝普通形
なA ｝普通形
N   ─だ
｝＋ だろう

（1）「…だろう」は「…でしょう」の普通形で、普通体の文章で使われます。話し手が自分の考えを断定せず、推量する述べ方です。
　　① アジアの経済はこれからますます発展するだろう。
　　② マリアさんの話を聞いて、ご両親もきっとびっくりされただろう。
（2）会話では、「と思う」をつけて「…だろうと思う」の形で使うのが普通です。
　　③ 鈴木君はいい教師になるだろうと思います。
　　④ この実験にはあと2、3週間はかかるだろうと思います。

参照　「〜でしょう？（確認）」：7月に京都でお祭りがあるでしょう？
　　　　　　　　　　　　　　　　　　　　　（☞『みんなの日本語初級Ⅰ』第21課）
　　　「〜でしょう（推量）」：あしたは雪が降るでしょう。
　　　　　　　　　　　　　　　　　　　　　（☞『みんなの日本語初級Ⅱ』第32課）

参考　「だろう」「と思う」「だろうと思う」
　　　　　　　　『初級を教える人のための日本語文法ハンドブック』pp.123-124
　　　　　　　　『中上級を教える人のための日本語文法ハンドブック』p.207

「だろう」は話し手の考えを断定しない（非断定）で述べるときに使います。
　・あの人は山田さんの奥さんだろう。
「と思う」は「だろう」とほぼ同じ意味で使えますが、丁寧形にはつきません。
　・あの人は山田さんの奥さん｛だ／×です｝と思う。
「と思う」は話し手の個人的・主観的な考えを明示するための表現なので、客観的な情報を示す必要がある場合や論文などには適しません。このような場合には「と思われる」が使われますが、「自然にそういう結論になる」というニュアンスが表されます。
　・（天気予報で）×明日は大雪になると｛×思います／思われます｝。
　・（論文で）以上のことから、実験の方法は正しかったと｛？思う／思われる｝。
「だろう」と「と思う」をいっしょに用いると、表現をより控えめにする効果があります。
　・この計画はうまく行くだろうと思います。
他に「と思う」は「かもしれない」「のではないか」といっしょに使われて、「かもしれないと思う」「のではないかと思う」という使い方もできます。しかし「ようだと思う」「みたいだと思う」「そうだと思う」「らしいと思う」という使い方はできません。

【練習の留意点とヒント】
◇レポートなどで使う書きことばとしての「…だろう」、予測を述べる話しことばとして「…だろうと思う」が使えるように練習する。論文や解説で使われる「…だろうと思われる」はここでは扱わない。

◇『初級Ⅱ』第32課で学習した「…でしょう」は気象予報官や専門家等、その予測判断の裏づけとなる根拠を説明できる者が使う場合が多く、使える立場に制限があるが、「…だろうと思います」はそのような制限がない。
　　　例：今度の選挙はどうなると思いますか。（インタビューで）
　　　　　…かんばる党が勝つでしょう。（評論家）
　　　　　…がんばる党が勝つだろうと思います。（一般人）
　したがって、いろいろな話題で未来予測を述べる活動が行える。

【補足項目】

　…から、〜てください（話す・聞く）
　V丁寧形　＋　から、Vてください

> この場合の「…から」は理由を表すものではありません。後ろにくる依頼や指示の前提になる情報を示す「…から」です。
> ① お金を入れるとボタンに電気がつきますから、それを押してください。
> ② 10分ぐらいで戻ってきますから、ここで待っていてくれますか。

　が／の（読む・書く）

> 名詞を説明する節の中の主語の「が」は「の」になることがあります。
> ① 留学生｛が／の｝かいた絵を見ました。
> ② 田中さん｛が／の｝作ったケーキはとてもおいしかった。

Ⅳ．話す・聞く　「どう行ったらいいでしょうか」
【目標】

> ① ある場所への行き方を尋ねる、教える。
> ② ある場所への道順を尋ねる、教える。

・『初級』でも「道を聞く」会話を学習しているが、ここではより複雑な道順を理解、あるいは説明できるようになることを目指す。
・日本では住所がわかっても、通りの名前、建物の番号表示がなく、ブロックごとの住所表示のため、地図を見てそこへ行き着くことは結構難しい。したがって、道を聞くこと、行き方の確認等は大切なスキルである。
・学習者の居住地域、あるいは近辺の地図、路線図などを準備するとよい。また、学

習者が行きたがるような有名な場所や観光地への行き方、地図などもあるとよい。

1. やってみましょう
- これまでに習った語彙・表現を使ってイラストに示された場所を言い表してみる。
- 2）に示されている言い方だけでなく、辞書を引いた学習者などから他の表現が出てくる場合もある（例：1．川沿いの道　2．三叉路　等）。そのような表現も可とする。

2. 聞いてみましょう
1）登場人物：サントス（ブラジルエアーの社員）　池田（同僚）
　　場　　面：昼休み　会社で
2）登場人物：サントス　通行人
　　場　　面：午前10時ごろ　駅を出たところで（目的地へ行く途中）

3. もう一度聞きましょう
- 「どうやって」と「どう」
  この会話には行き方を聞く表現として「どうやって行けばいい」と「どう行ったらいい」が提出されている。「どうやって」は乗り物等の手段を聞くときに使われ、「どう」は道順を聞くときに使われる。
- 地下鉄で行くといい
  「どう行けばいい？」の質問に対する答えとしてはいろいろな表現があるが、ここでは「～ばいい」と同じ形を繰り返さずに「～といい」を使っている。『初級Ⅱ』で学習した「～たらいい」「～ばいい」と同様の意味。ただし、質問文には「疑問詞＋～といい」は使えない。
    例：　どうやって行ったらいいですか／行けばいいですか。
　　　　　×どうやって行くといいですか。
- 道が2つに分かれていますから、右の方へ行ってください
  この「から」は理由ではなく、前件と後件の指示文をつなぐために使われている。
- 10分ぐらいで行けます
  この「で」は時間の範囲を限定する。『初級Ⅱ』第32課で金額の範囲（例文2）、時間の範囲（「練習Ｂ」5－例）で学習済み。

4. 言ってみましょう
- 「すみません。川沿い……？」「あの、川に沿って行くんですね」の聞きなおし、確

認の表現は相手のことばを遮って言っているので、タイミングに気をつけて、せりふのやり取りが間延びしないようにする。

5．練習をしましょう

・～から、～てください

　ここでは「～から」の部分を例のように「この道を行くと、～から」に固定して言わせるようにする。そうしないと（1）「大通りの左にありますから、あの角を左へ曲がってください」、（2）「コンビニの近くにありますから、あの角を右へ曲がってください」など、次のせりふと合わない不自然な文が出てくる恐れがある。

　　例：（1）（2）〇通行人（目的地への行き方が分からない人）
　　　　　　　　●通行人（通りがかりの人）

6．会話をしましょう

イラスト	会話 （ゴシック体は使ってほしい表現）		会話の流れ
[昼休み　会社で] 1）	サントス：	池田さん、あした、さくら芸術センターへ行こうと思っているんだけど、どうやって行けばいい？	行き方を聞く
	池　田：	あそこだったら、地下鉄で行くといいよ。 千里で乗り換えて、西千里で降りればいいんじゃない。	〈行き方を説明する〉
	サントス：	千里で乗り換えて、西千里、ね。	確認する
	池　田：	そう。	
	サントス：	どうも。	
[午前10時ごろ　駅を出たところで] 2）	サントス：	あのう、さくら芸術センターへ行きたいんですが、どう行ったらいいでしょうか。	道順を聞く
	通行人：	ああ、芸術センターですね。この通りをまっすぐ行くと、川に出ます。そこを右へ曲がって、川沿いに行くと……。	〈道順を説明する〉
	サントス：	すみません。川沿い……？	聞き返す
	通行人：	ええ、道の横を川が流れているんです。その川に沿って行くと……。	〈説明を続ける〉
	サントス：	あの、川に沿って行くんですね。	確認する
3）	通行人：	ええ。100メートルぐらい先で道が2つに分かれていますから、右の方へ行ってください。	〈説明を続ける〉
	サントス：	右ですね。	確認する
4）	通行人：	ええ。しばらく行くと、突き当たりに公園があります。	〈説明を続ける〉
	サントス：	右の道を行くと、突き当たりに公園ですね。	確認する
	通行人：	ええ。その公園の入り口を入ったところにあります。10分ぐらいで行けますよ。	〈説明を終える〉
	サントス：	そうですか。どうもありがとうございました。	お礼を言う
	通行人：	いいえ。	

7. チャレンジしましょう

- 電車やバスなどの路線図や地図を用意する。説明する役割の学習者には乗り降りの場所や行き方を書き込んだものを与え、質問する役割の学習者はその説明を聞いて、路線図や白地図に必要な情報を書き込む。
- 現物を準備するのが難しい場合は、架空の地図や路線図を準備してもよい。
- 理解の速いクラスでは質問する側の学習者には路線図や地図を与えず、駅名を含めて行き方、道順をメモさせ、あとで説明者の説明と合っているかどうか確かめるほうが実際的でよい。

【ロールプレイ】
- 行きたいところへの行き方を尋ねる／教える。
- 行き方を尋ね、説明するタスクなので、現在いる場所を必ず設定して行う。

```
[新宿にある学校で　昼食の後]                          ロールカードA
A：Bの後輩
B：Aの先輩
あなたはAです
週末に東京タワーへ行きたいと思っています。
・先輩のBさんに行き方を尋ねてください。
```

```
[新宿にある学校で　昼食の後]                          ロールカードB
A：Bの後輩
B：Aの先輩
あなたはBです
・Aさんが尋ねたことに答えてください。
```

【会話例】
A：　あのう、Bさん、ちょっとすみません。今度の日曜日に東京タワーへ行きたいと思っているんですが、どうやって行けばいいでしょうか。
B：　東京タワー？　ええと、ここからなら、地下鉄がいちばん便利だと思うよ。丸の内線に乗って、霞ヶ関で日比谷線に乗り換えて…。
A：　すみません。霞ヶ関で乗り換えるんですね。
B：　そう、日比谷線に。それから、神谷町で降りれば、すぐだよ。
A：　神谷町ですね。
B：　うん。地下道の1番出口を出れば、すぐ見えるよ。
A：　1番出口を出るんですね。
B：　うん、歩いて5分ぐらいかな。
A：　わかりました。どうもありがとうございました。
B：　いいえ。

【評価のポイント】
・「すみません。～はどこですか」というように突然場所を聞くのではなく、「～んですが」を使って、まず自分がどこへ行きたいかを明示してから、丁寧に行き方を聞いているかどうか。
・わかりにくい部分の聞きなおしや確認ができているかどうか。
　　例：相手のことばを繰り返し、語尾を上げる／～ですね
・相手の説明を中断して確認するとき、「すみません」「あのう」などの表現を使えているかどうか。

V．読む・書く　「地図」
【目標】

> ① 位置の捉え方が異なる様々な世界地図を通して、「常識」について考えを深める。
> ② 対比して述べられている2つの地図の作成経緯を読み取る。
> ③ 地図の解説を読んで、それについて意見を書く。
> ④ 自分では常識だと思っていたことが他人からみればそうでなかったことを体験談として語る。

1．考えてみましょう
　本コーナーに掲載されている地図の他に、普段の生活では目にすることの少ない地図を準備して、クイズ形式で答えを言い当てるなどの活動も行うとよい。

2．ことばをチェックしましょう
　南北、逆、世界地図*、南半球、北半球、常識、差別、平等［な］、位置

3．読みましょう／4．答えましょう
　南北が逆になっている世界地図と南北を左右に置いた世界地図の作成経緯が述べられている文章を読むことにより、地図に関する「常識」とは何かを考える。そして、その「常識」を生み出す背景を理解する。
【手順・留意点】
　1．本文の下の「地図A」と「地図B」を見て、それぞれどのような地図であるか説明を求める。
　2．読むときのポイントを確認し、「地図A」と「地図B」について書かれていること、およびその作成理由を考えながら、文章全体を黙読するように言う。

　　　　時間は 5 分程度。
　　　　地図 A について書かれていること：本文 1 段落の内容。
　　　　地図 A の作成理由：彼は日本留学中に、アメリカ人留学生のかいた世界地図
　　　　　　　　　　　　　を見て、びっくりした。その地図にはオーストラリアが
　　　　　　　　　　　　　なかったのである。
　　　　地図 B について書かれていること：本文 3 段落の初めから「しかし、アフリ
　　　　　　　　　　　　　　　　　　　　カと南アメリカはどうだろうか」までの
　　　　　　　　　　　　　　　　　　　　内容。
　　　　地図 B の作成理由：北が上という常識は、実は北半球の国の人々が無意識に
　　　　　　　　　　　　　持っている差別の表れかもしれない。これなら、少なく
　　　　　　　　　　　　　とも、北半球の人々も南半球の人々も文句は言わないだ
　　　　　　　　　　　　　ろう。
　 3．答えましょう 2）をし、確認する。その後、アメリカ人留学生のかいた世界地
　　　図にオーストラリアがかかれていなかった理由もこれによるものであることを
　　　再確認する。
　 4．文章で筆者の意見が最も現れている箇所に下線を引き、筆者がそう思う理由も
　　　考えさせる。
　　　　筆者の意見が最も現れている箇所：「位置の平等」は難しい。
　　　　筆者がそう思う理由：本文下から 4 行目「北が上という常識は、実は北半球の
　　　　　　　　　　　　　国の人々が……」から、下から 2 ～ 1 行目「しかし、
　　　　　　　　　　　　　アフリカと南アメリカはどうだろうか」の内容をもと
　　　　　　　　　　　　　に、地図にはどんなに工夫しても上下左右が存在するこ
　　　　　　　　　　　　　とを導く。
　 5．答えましょう 3）をし、答えを確認する。
　 6．答えましょう 1）をし、答えを確認する。正答の場合も誤答の場合も、その根
　　　拠となる本文を言わせるとよい。
　 7．CD を聞き、その後音読の練習をする。

5．チャレンジしましょう
　 1）2 つの地図に関する自分の意見を明確に書き表すことができるようになることを
　　　目的とする。
　　【手順】
　　　 1．地図 A についてどう思うか、なぜそう思うか、メモする。
　　　 2．地図 B についても同様に考え、メモする。
　　　 3．両方の地図から結論的にはどう思うか、メモする。

4．メモを見ながら下記の文章の型にもとづいて第4課で学んだ「である体」を用いて書く。

| 地図Aに対する意見・感想 |
| ↓ |
| 理　由 |
| ↓ |
| 地図Bに対する意見・感想 |
| ↓ |
| 理　由 |
| ↓ |
| 結　論 |

　地図Aは（地図Aを見て）、＿＿＿＿＿＿＿
＿＿＿＿＿＿＿＿＿＿＿＿＿＿＿＿＿＿＿。
　そう思うのは、＿＿＿＿＿＿＿＿＿＿＿＿
＿＿＿＿＿＿＿＿＿＿＿＿＿＿＿＿＿＿＿
からである。
　地図Bは（地図Bを見て）、＿＿＿＿＿＿＿
＿＿＿＿＿＿＿＿＿＿＿＿＿＿＿＿＿＿＿。
　そう思うのは、＿＿＿＿＿＿＿＿＿＿＿＿
＿＿＿＿＿＿＿＿＿＿＿＿＿＿＿＿＿＿＿
からである。
　このように、＿＿＿＿＿＿＿＿＿＿＿＿＿
＿＿＿＿＿＿＿＿＿＿＿＿＿＿＿＿＿＿＿
＿＿＿＿＿＿＿＿＿＿＿＿＿＿＿＿＿＿＿。

2）自分では常識だと思っていたことが他人から見ればそうではなかったということを紹介し合うことによって、常識の多様性を知ることが目的である。
　少人数のグループに分け、紹介し合うようにする。その際、下記の表現を使って発言するように言う。
・わたしは、……（ということ）は、常識だと思っていました。
・そう思っていたのは、……からです。
・しかし、〈いつ〉、〈だれに〉、……と言われ、常識ではないのかもしれないと思うようになりました。
・わたしが思っていた……という考え方（こと）は、皆さんにとっては常識ですか。

第6課

I．目標

話す・聞く　・許可を得たいと申し出る　・交渉して許可を得る

読む・書く　・「こそあど」が何を指すか考えながら読む

II．学習項目

	話す・聞く 「行かせていただきたいんですが」	**読む・書く** 「メンタルトレーニング」
本文内容	・ミラーさんが課長に日本語学校へ行く許可を申し出る。	・イメージした将来の理想の自分から、現在の自分を見るというメンタルトレーニングの手法の紹介。
文法項目	1．（1）…て…・…って…（引用） 　　（2）〜って…（主題）	2．（1）〜つもりはない（否定の意志） 　　（2）〜つもりだった（過去の意志） 　　（3）〜たつもり・〜ているつもり 3．〜てばかりいる・〜ばかり〜ている 4．…とか… 5．〜てくる（事態の出現） 6．〜てくる（近づく）・〜ていく（離れる）
*補足項目		*こ〜（文脈指示）
新出語 *固有名詞	**文法・練習**　一期一会　フクロウ　学ぶ *「ちょうちょ」　スバル **話す・聞く**　ビジネスマナー　セミナー　案内　費用　交渉する　条件　制度　メンタルトレーニング　取り入れる　ビジネス　レベル　週　全額　半額　出す［費用を〜］　それでは　期間　日時　授業料　〜料　日にち　担当者　延期する　買い換える　講演会　〜会［講演〜］　上司　つかむ	**文法・練習**　一生　店員　就職する　自分では　ゲーム　うがい　ビタミンC　とる［ビタミンを〜］　遠く　太鼓　けいこ　サケ　着陸する　振る［手を〜］　タラップ　ようこそ *日本留学試験　羽田空港 **読む・書く**　そのような　想像する　イメージする　具体的［な］　理想　近づく　こそあど　指す　記者会見　記者　会見　〜ごっこ　キャベツ　暗い［気持ちが〜］　世の中　アホ　見える［アホに〜］　ビジネスマン　同じような　閉じる　トレーニング　つまり　過去　向き合う　そうすれば　現在　そこから　解決する　プラン　立てる［プランを〜］　順番
会話表現	・いやあ、……。 ・今ちょっとよろしいでしょうか。 ・**実は〜のことなんですが、……。** ・ふうん。 ・**もし〜が無理なら、……。**	
学習漢字		将　記　誌　議　迷　夢　静　閉　想　現 在　解　決 功

Ⅲ. 文法・練習

1．(1) …て…・…って…（引用）

文 普通形 ＋ て／って…

> 話しことばでは、引用の「と」が「て」「って」になることがあります。
> ① 田中さんは昨日何て言っていましたか。　←「と」
> 　…今日は休むって言っていました。　←「と」
> ② 店の前に「本日休業」って書いてありました。　←「と」
> 「～という名前を持つ人／もの／ところ」の「という」も「って」になります。
> ③ 昨日、田山って人が来ましたよ。　←「という」

【練習の留意点とヒント】

◇『初級』では、以下の課で「と」を学習している。
　・第21課「…と思う」「…と言う」
　・第33課「…と読む」「…と書く」「…と聞く」「…と伝える」

◇『中級Ⅰ』では、以下の課で「という」を学習している。
　・第1課「～という～」　例：「村上春樹という作家」
　・第2課「…という～」　例：「彼が会社を辞めたといううわさ」

◇「村上春樹という作家」は、①「村上春樹っていう作家」②「村上春樹って作家」の両方可能である。①「…っていう～」の「いう」が省略されると②「…って～」になる。「彼が会社を辞めたといううわさ」は①「彼が会社を辞めたっていううわさ」、②「彼が会社を辞めたってうわさ」のどちらも可能であるが、①より②はより口語的である。

◇「練習2」に入る前に、『中級Ⅰ』第1課と第2課の「練習」の「という」部分を「っていう」「って」に変えるパターン練習をしておくとよい。
　例：第1課5．（「練習1」例）
　　　留守中に、電話がありましたか。（岡田さん）
　　　…はい。岡田さんて（←と）いう方から電話がありました。
　　　…はい。岡田さんて（←と）［いう省略］方から電話がありました。
　例：第2課3．（「練習1」例）
　　　田中さんに話を聞きました・この辺りは昔、海でした
　　　→　田中さんにどんな話を聞いたんですか。
　　　　…この辺りは昔、海だったっていう話を聞きました。
　　　　…この辺りは昔、海だったって話を聞きました。

◇「〜て」「〜って」は公の場での発表やスピーチなどでは使われない。

1．(2) ～って…（主題）

文　普通形　　　　｝＋　って…
N普通形　－だ

> 「Xって」は、話し手がよく知らないXについて質問する場合や、話し手がXの性質や特徴を述べる場合に使います。
> ①　ねえ、函館って、どんな町？
> ②　メンタルトレーニングっておもしろい！

【練習の留意点とヒント】

◇『中級Ⅰ』第2課2．「～というのは…ということです」（主題として取り上げる話者の気持ちが強く示される）の文型を利用して練習するとよい。

　練習1．例：今おっしゃったソフトというのは柔らかいということですか。
　　　　　　　→　今おっしゃったソフトって、柔らかいってことですか。

　逆の練習もよい。
　　　　　　例：今おっしゃったソフトって、柔らかいってことですか。
　　　　　　　→　今おっしゃったソフトというのは柔らかいということですか。

◇引用の「て／って」、主題の「って」、「て形」接続の「て」など、たくさんの「て」が文の中に並ぶと文構造が見えにくくなる。文の構造を把握するためにそれらを含む練習をするとよい。

　　例：　日本の歌って、会って、別れて、泣いて、って歌が多いのはどうしてって聞かれたんですけど、どうしてですか。

◇「練習」のほかに目につく標語や注意を取り上げ、読み方や意味を聞くのもよい。

　　例：「注意一秒　怪我一生」
　　A：　これ、何て読むんですか。
　　B：　ちゅういいちびょう　けがいっしょうって読みます。
　　A：　ちゅういいちびょう　けがいっしょう　ってどういう意味ですか。
　　B：　ちょっとの注意で、けがをしない一生が送れるって意味です。
　　A：　そうですか。注意って大切なんですね。

2.（1） ～つもりはない（否定の意志）

V辞書形 ＋ つもりはない

> （1）「～つもりはない」は「～つもりだ」の否定の形で、「～という意志はない」という意味です。
> 　　① 卒業後は就職するつもりです。大学院に行くつもりはありません。
> 　　② 仕事が忙しいので、今夜のパーティーに出るつもりはない。
> 「Vつもりはない」は、Vの指す内容がわかっていれば「そのつもりはない」に変えることができます。
> 　　③ A：1週間くらい休みを取ったらどうですか。
> 　　　　B：いえ、そのつもりはありません。
> （2）「～つもりだ」の否定には、「～つもりはない」「～ないつもりだ」の2通りがあります。「～つもりはない」のほうが強い否定で、相手の発言を強く拒否するときなどに用いられます。
> 　　④ 新しいコンピューターが発売されました。いかがですか。
> 　　　　…コンピューターは持っているから｛○買うつもりはない／×買わないつもりだよ。｝

【練習の留意点とヒント】

◇学習者自身の将来についてQ＆Aをし、自分の強い意志を表明する練習をする。「いいえ」の場合、理由もつけて「どんなに～ても、～つもりはない」で答える。
　　例：いい条件の会社に誘われたら会社を変わる
　　　　A：将来、もしいい条件の会社に誘われたら、会社を変わりますか。
　　　　B：いいえ、どんなにいい条件（給料）で誘われても、会社を変わるつもりはありません。今の仕事が好きですから。
他に「できれば日本に永住する」「転勤になったら、単身赴任する」などの条件を与えて練習させるとよい。

◇強い意志表明なので、話す相手、話す事柄を吟味して使うよう、また話す調子によってはつっけんどんになりやすいので注意を促す。

2.（2） ～つもりだった（過去の意志）

V辞書形
Vない形　－ない ｝ ＋ **つもりだった**

> （1）「～つもりだった」は「～つもりだ」の過去の形で、「～という意志だった」ことを表します。

　　　　　① 電話するつもりでしたが、忘れてしまいました。すみません。
（2）そのあとで気持ちが変わったことが後ろに続くことが多い。
　　　　　② パーティーには行かないつもりでしたが、おもしろそうなので行くことにしました。

参照　「～つもりだ（意志）」：国へ帰っても、柔道を続けるつもりです。

(☞『みんなの日本語初級Ⅱ』第31課)

【練習の留意点とヒント】
◇「が／のに／けれど」をともなって過去の意志とは違った結果になったことを表す。
◇自分の意志とは違った結果になった場合を考えさせる。
　例1：友達とバーゲンセールを見に行きました。
　　　　何も買わないつもりだったのに、いっぱい買ってしまいました。
　例2：大学を卒業したら国連で働くつもりでしたが、今、父の会社で働いています。

2.（3）　～たつもり・～ているつもり

```
Vた形
Vている
いA      ＋　つもり
なA　－な
Nの
```

「Xたつもり／Xているつもり」は動作主がXであると思っていることを表します。本当はXでない場合もあれば、Xかどうかわからない場合もあります。
① 外国語を練習するときは、小さな子どもになったつもりで、大きな声を出してみるといい。
② かぎがかかっていませんでしたよ。
　…すみません、かけたつもりでした。
③ わたしは一生懸命やっているつもりです。
④ 若いつもりで無理をしたら、けがをしてしまった。
⑤ 本当の研究発表のつもりで、みんなの前で話してください。

参照　「V辞書形＋つもりです（動作を行う意志）」：
　　　・国へ帰っても、柔道を続けるつもりです。

(☞『みんなの日本語初級Ⅱ』第31課)

【練習の留意点とヒント】

◇例文１)「『つもり貯金』って何ですか。…欲しい物があっても買わないで、それを買ったつもりで貯金することです」では、現実には「買っていない」が「買った」と思うことにするのに対して、例文２)「佐藤君、最近成績がよくないね。…すみません。自分では努力しているつもりなんですが」では、佐藤君の現実は「努力している」のだが、その努力の度合いに関して先生と佐藤君の間に認識のずれがあるのである。

◇例文１)にあたるものとして、次のような練習をするとよい。
　スポーツ、ダンス、動作・しぐさの練習のよい方法を教え合う。
　　例１：きれいな歩き方を教えます。
　　　　　１本の線の上を歩いているつもりで歩いてください。
　　例２：踊るときは、手の中に大きなボールを持っているつもりで、踊ってください。

◇「練習」は例文２)にあたるものである。プラスして次のような練習も楽しめるだろう。
　　例：ミュージカルのリハーサル場面で監督と俳優になる。役割は渡しておく。
　　　監　督：Ａさん、何してるんですか。泣いているんですか。
　　　俳優Ａ：いいえ、笑っているつもりなんですが。
　　〈役割のヒント〉・笑っている（怒っている）・壊している（直している）
　　　　　　　　　　・寝ている（考えている）　・片づけている（準備している）

3. ～てばかりいる・～ばかり～ている

(1) Ｖて形　＋　ばかりいる
(2) Ｎばかり　＋　Ｖ他ている

> （１）いつもある動作を行っていることや、何回も行っていることを表し、そのことに対する話し手の非難や不満の気持ちが込められています。
> 　　① この猫は一日中、寝てばかりいる。
> 　　② 弟はいつもコンピューターゲームをしてばかりいる。
> （２）他動詞の場合は、「ばかり」が対象の直後に来ることもあります。
> 　　③ 弟はいつもコンピューターゲームばかりしている。

【練習の留意点とヒント】
◇意志動詞に限られる。
◇「ばかりのＱＡ遊び」を楽しむのもよい。

例：A：甘いものばかり食べていたらどうなりますか。
　　　　　B：お相撲さんみたいになると思います。
◇『初級Ⅱ』第46課で学習した「修理したばかりです」の形と混同しないように比較して確認させるのもよい。
　　　例：この映画は先週見たばかりです。
　　　　　彼は映画を見てばかりいるんです。

4. …とか…

```
N      ⎫
文 普通形 ⎬ ＋ とか
       ⎭
```

> （1）「…とか…とか」は似た例をいくつか挙げて示すときに使います。
>   ① 最近忙しくて、テレビのドラマとか映画とか見る時間がありません。
>   ② 健康のためにテニスとか水泳とかを始めてみるといいですよ。
>   （☞『みんなの日本語初級Ⅱ』第36課）
> （2）「…」に文を入れることもできます。
>   ③ 子どものとき、母に「勉強しろ」とか「たくさん食べなさい」とかよく言われました。
>   ④ 今日のテストは「難しい」とか「問題が多すぎる」とか思った学生が多いようです。
>   ⑤ やせたいんです。どうしたらいいですか。
>   …毎日水泳をするとか、ジョギングをするとかすればいいですよ。

【練習の留意点とヒント】
◇動作を列挙する場合、「～たり～たり」と意味が重なる。いずれも具体例を挙げる点で同じだが、「…とか…とか」のほうがややくだけた表現である。
　・暇なときはテレビを見るとか本を読むとかして過ごしています。
　・暇なときはテレビを見たり本を読んだりして過ごしています。

5. ～てくる（事態の出現）

Ｖて形 ＋ くる

> 「～てくる」は、何かが新しく出現して、それまで知覚できなかったものが知覚できるようになったことを表します。
>   ① 暗くなって、星が見えてきた。
>   ② 隣の家からいいにおいがしてきた。

【練習の留意点とヒント】

◇知覚で感じ取る動詞「見える、聞こえる、わかる」や、体で感じ取る形容詞「眠い、痛い、明るい、寒い、熱い」などが「形容詞く／に＋なる」の形で「～が」をともなって使われることが多い。

◇「～てくる」のみで「～ていく」はない。

◇「練習」では、今感知したという意味で「あ、」などをつけると臨場感が出る。

　　　例：あ、富士山が見えてきた。
　　　　　ふあー、眠くなってきた。

6. ～てくる（近づく）・～ていく（離れる）

Vて形　＋　｛ くる / いく ｝

> 移動を表す動詞に「～てくる」「～ていく」がついて、移動の方向を明らかにします。「～てくる」は、移動の動きが話し手の方へ向かって起こることを表します。「～ていく」は、移動の動きが話し手のほうから別の場所へ向かって起こることを表します。
> ① 兄が旅行から帰ってきた。
> ② 授業のあと、学生たちはうちへ帰っていった。

【練習の留意点とヒント】

◇『みんなの日本語』では「～てくる」「～ていく」は以下の課で扱っている。
　① 『初級Ⅱ』第43課　「～てくる」(行って動作して戻る)
　　　取ってくる、買ってくる、聞いてくる
　② 『中級Ⅰ』第6課　5．「～てくる」(事態の出現)
　　　聞こえてくる、降ってくる、明るくなってくる
　③ 『中級Ⅰ』第6課　6．「～てくる、～ていく」(近づく、離れる)
　　　戻ってくる、入ってくる、飛んでいく、出ていく
　④ 『中級Ⅰ』第11課　1．「～てくる、～ていく」(変化)
　　　強くなってくる、増えてくる、減っていく、増えていく

◇移動動詞とはどんなものか整理する。動作動詞などが出てこないように注意する。
　　　帰る、戻る、走る、歩く、飛ぶ、出る、入る、上る、下りる

【補足項目】

| こ～（文脈指示） | （読む・書く） |

> 文章の中で「こ」は後から出てくるものを指示することがあります。
> ① 新聞にこんなことが書いてあった。最近の日本人は家族みんなで休日にコンピューターゲームを楽しむそうだ。
>
> 参照 「あ～・そ～（文脈指示（会話））」
> 　　　「そ～（文脈指示（文章））」　　　　　　　　　　　（☞『みんなの日本語中級Ｉ』第５課）

Ⅳ．話す・聞く　「行かせていただきたいんですが」
【目標】

> ① 社員が上司に許可を得たいと申し出る。
> ② その際、ある条件を示して交渉し、うまく許可を得る。

・会社や組織などに属している人は交渉をしなければならない様々な場面に出遭う。交渉の持っていき方によっては許可が得られたり得られなかったり、当然の権利が行使できたり、できなかったりする。ここでは上手に交渉して許可を得ることができるようになることを目指す。

1．やってみましょう
　会社で働いていない学習者の場合は、その人の属している組織（学校、クラブ、サークル）などで、何か交渉して許可を得るという場合を想定してやってみる。その場合、
　　1）まず、交渉相手に話しかける
　　2）理由を言って、許可がほしいことの内容を言う
　　3）条件を出して交渉する
この３つのステップを踏むことを確認する。

2．聞いてみましょう
　　登場人物：ミラー（IMC 社員）
　　　　　　　中村課長（IMC 課長、ミラーの上司）
　　場　　面：仕事中（事務所で）

3. もう一度聞きましょう

- もう一度きちんと勉強したい
  「きちんと座る」「きちんと着る」など目に見える形で端然と、に対して「きちんと勉強する」「きちんと伝える」など目に見えないものを正確に整然と、という意味にも使う。
- ちょっとおもしろい学校って？
  ちょっとおもしろい学校というのはどんな学校ですか、という意味である。ここでの「おもしろい」は「興味がある／興味深い」の意味。
- 会社の費用で
  会社からお金を出してもらってという意味。「で」は道具の「で」と同じ意味機能である。
- できれば、行かせていただきたいんですが、どうでしょうか
  「許可がほしい」ことを「いただきたい」と遠慮しながらも自分の願望を述べつつ、「どうでしょうか」によって最終的な決定は相手に委ねるという上下関係への配慮を示している。
- 週２回、１か月５万円
  「週に２回、１か月に５万円」で「に」が省略されている。お知らせや箇条書きの文書などで使う。
- あれを利用できないでしょうか…ああ、あれね
  この「あれ」は社員研修制度のことを指し、ミラーさんも課長も知っていることなので「あれ」を使っている。

4. 言ってみましょう

- 「研修を受ける」というのは社員としての権利ではあるが、同時に会社の福利厚生制度の恩恵を受けるという側面もあるので、上司との交渉に当たっては「当然」というより、「許可願い」という意味でお願いの響きを持たせるようにする。

5. 練習をしましょう

1）実は～のことなんですが……
　　会社や組織などでは物事の軽重によって優先順位があるので、話を切り出すときには、まず何を話したいかを伝える必要がある。事柄によっては聞き手が「今忙しいので、あとにしてほしい」などと後回しになる場合もある。

　　例：（1）（2）　○社員　　●課長

2）もし～が無理なら、……

　一歩譲った形の条件を出し、交渉を進める。

　例：（1）（2）○社員　　●課長

6．会話をしましょう

イラスト	会話 （ゴシック体は使ってほしい表現）	会話の流れ
[仕事中] 1）	ミラー：　課長、今ちょっとよろしいでしょうか。 課　長：　はい、何ですか。 ミラー：　**実は**、「日本語能力試験」**のことなんですが**、先日、結果が来まして、……。だめでした。 課　長：　そう。残念でしたね。	仕事中、声をかける 話題1を切り出す（試験の結果を報告する）
2）	ミラー：　それで、もう一度きちんと勉強したいと思いまして。 課　長：　ああ、いいですね。 ミラー：　あの、インターネットでちょっとおもしろい学校を見つけたんです。 課　長：　ちょっとおもしろい学校って？ ミラー：　これです。メンタルトレーニングを取り入れた、ビジネスのための日本語学校なんです。 課　長：　ふうん。	話題2を持ち出す（学校について） 内容を説明する
3）	ミラー：　今のわたしの仕事には、もう少し高いレベルの日本語が必要だと思うんです。できれば会社の費用でこの学校へ行かせていただきたいんですが、どうでしょうか。 課　長：　そうですね。えーと週2回、1か月5万円？　ちょっと高いですね。 ミラー：　あのう、**もし**全額が**無理なら**、会社に社員研修の制度がありますよね。あれを利用できないでしょうか。 課　長：　ああ、あれね。会社が半額出すっていう……。	理由を述べて許可を求める 〈許可をためらう〉 条件を出して交渉する
4）	でも、学校は6時からってなってますが、仕事のほうは大丈夫ですか。 ミラー：　5時半に出れば、間に合います。ぜひ、行かせてください。お願いします。 課　長：　わかりました。それでは、書類を出してください。 ミラー：　ありがとうございます。	〈問題点を言う〉 もう一度頼む 〈許可する〉

7．チャレンジしましょう

【ロールプレイ】

・この会社には社員研修制度というものがあります。

[午前11時ごろ　仕事中]　　　　　　　　　　　　　　　　　　ロールカードA

A：社員
B：課長

あなたはAです

「ビジネスチャンスをつかむ」という講演会があります。仕事に役に立ちそうなので、参加したいです。許可がほしいと課長に申し出ます。

・会社の費用で参加できるようにお願いしてください。
・許可が出そうにないなら、社員研修制度の利用を申し出てください。

[午前11時ごろ　仕事中]　　　　　　　　　　　　　　　　　　ロールカードB

A：社員
B：課長

あなたはBです

部下が許可がほしいと申し出てきました。

・申し出の内容を聞いて、いくつかのポイントについて質問してください。
・部下が申し出た条件を聞いて許可してください。

【会話例】

A：　課長、今ちょっとよろしいでしょうか。
B：　はい、何ですか。
A：　実は、講演会のことなんですが……。
B：　講演会？
A：　あのう、けさの新聞におもしろそうな講演の案内が出ていたんです。
B：　おもしろそうな講演って？
A：　「ビジネスチャンスをつかむ」っていう講演です。これです。
B：　ふーん。
A：　わたしの仕事に役に立ちそうなので、できれば、会社の費用で行かせていただきたいんですが、いかがでしょうか。
B：　2時間の講演で3万円ですか。高いですね。
A：　もし無理なら、社員研修制度というのを利用したいんですが。
B：　あの、半額出すっていうものですか。
A：　ええ。
B：　しかし、確か金曜日の午後はシュミットさんがいらっしゃるんじゃなかったですか。

A： 大丈夫です。シュミットさんはご都合で午前中にいらっしゃることになりました。
B： そうですか。じゃ、いいですよ。書類を出してください。
A： ありがとうございます。

【評価のポイント】
・仕事中話しかける許可を得ているかどうか。
　　例：今ちょっとよろしいでしょうか
・これから話そうとする事柄を伝えているかどうか。
　　例：実は〜のことなんですが
・本題に入り、必要性を主張すると同時に自分の希望を表明しながら許可を願い出ているかどうか。
　　例：できれば、〜か
・譲歩し、交渉しているか。
　　例：もし〜が無理なら、…か

V．読む・書く　「メンタルトレーニング」

【目標】

> ① 「なりたい自分」になるためのメンタルトレーニングのやり方を読み取るとともに、自分の将来像について考える。
> ② 文章中の指示詞「こそあど」が指し示す内容を読み取る。
> ③ メンタルトレーニングの手法にもとづき自分の夢や理想の実現に何が必要かを考え、文章にまとめる。

1．考えてみましょう

1) ほとんどの学習者が、人前で話すときに緊張をやわらげる何らかの方法を持っているはずである。グループに分かれて各自の方法を紹介し合う。例えば、今まで大勢の前で話した経験があるかどうかを聞く。話すだけでなく、歌を歌ったとか楽器を演奏した、劇をしたなど、学習者の緊張した体験も聞いてみる。さらに、そのとき緊張をほぐすためにどんなことをしたか、それは効果があったかなども聞くとよい。

2) 10年後、どこで何をしていると思うか、あるいは何をしていたいと思うか（夢でもよい）、自由に話し合う。

2．ことばをチェックしましょう

将来*、イメージする、不安［な］*、夢*、迷い*、具体的［な］、理想、（〜に）近づく

3．読みましょう／4．答えましょう

　スポーツや健康管理、学習など様々な分野で注目されているメンタルトレーニングのうち、ビジネス界におけるメンタルトレーニングの目的・方法を述べた文章である。
　指示詞「こ・そ」とその指し示す内容を的確に読み取りながら、メンタルトレーニングの目的とやり方を理解し、学習者自身の将来について考えることがねらいである。

【手順・留意点】
1．このメンタルトレーニングは何のために行うのかを読み取るように言い、1回黙読させる。時間は4分程度。
2．答えましょう1）の問題を読み、①〜④の4点について読み取るために黙読をさせる。答えましょう1）の答えを確認する。正答の場合も誤答の場合も、その根拠となる本文を押さえておくとよい。
3．もう一度読む。今度は「こそあど」の語に下線を引き、それが何を指すか考えながら読むように言う。
4．答えましょう2）をし、答えを確認する。問題にはないが本文1行目の「こんなことを言っていました」の「こんな」が何を指すか学習者に確認し、文章中の指示詞は、そのあとに書かれていることを指すこともあるということを付け加えておく。
5．答えましょう3）をし、次の「チャレンジしましょう」につなげる。
6．CDを聞き、その後音読の練習をする。

5．チャレンジしましょう

　メンタルトレーニングのやり方にならって、学習者が今の自分を見つめ自己実現のために努力すべき点を認識することがねらいである。

【手順】
　本冊の①②③の順に行う。①②を行った後は、必ずメモしておくように指示する。
　なお、将来の自己像といっても曖昧でイメージしにくいので、5年後とか10年後といった具体的な時間を設定したほうがよい。

○年後の自分
↓
それを実現するために現在の自分に足りないこと
↓
足りない点を補うために行うこと
↓
まとめ

___年後のわたし
　　　　　　　___（氏名）___

　わたしは、___年後、_____
_____。
　しかし、現在の自分は、_____
_____
_____。
　そこで、理想の自分に近づくために、計画を立てた。
　まず、_____以内に、_____
_____。
　そして、_____以内に、_____
_____。
　また、_____以内に、_____
_____。
　このようにして、_____
_____
_____。

第7課

I．目標

話す・聞く　・喜んで誘いを受ける　・理由を言って丁寧に断る

読む・書く　・だれが話したか確かめながら読む

II．学習項目

	話す・聞く 「楽しみにしてます・遠慮させてください」	**読む・書く** 「まんじゅう、怖い」
本文内容	・着物着付け教室に誘われて受ける。 ・交流パーティーに誘われるが断る。	・落語の「まんじゅう、怖い」。
文法項目	1．（1）〜なくてはならない／いけない 　　　〜なくてもかまわない（義務・不必要） 　　（2）〜なくちゃ／なきゃ［いけない］ 2．…だけだ・［ただ］…だけでいい 3．…かな（終助詞）	4．（1）〜なんか… 　　（2）…なんて… 5．（1）〜（さ）せる（感情使役） 　　（2）〜（さ）せられる・〜される（感情使役の受身） 6．…なら、…
＊補足項目		＊〜てくれ
新出語	**文法・練習**　出す［料理を〜］　歓迎会 招待状　ラーメン　折り紙　ピンク 送別会　中華レストラン **話す・聞く**　遠慮する　失礼　表す 受ける［誘いを〜］　着付け教室 待ち合わせる　空く［時間が〜］　交流会 いろんな　ゼミ　せっかく　今回　同僚 登山　紅葉　見物　音楽会	**文法・練習**　留学生会　〜会［留学生〜］ 会長　点数　たいした　悪口　夫婦 〜げんか［夫婦〜］　医学部　〜部［医学〜］ ライオン　喜ぶ　冗談　〜たち［子ども〜］ お化け　いじめる　感心する　親 あらためて　一周　〜山　芝居　せりふ 泣く　アニメ　感動する　講演　譲る ツアー　きつい［スケジュールが〜］ フリーマーケット **読む・書く**　まんじゅう　ヘビ　毛虫 いばる　震える　すると　おれ　〜ぐらい お前　丸い　いや　震え出す　助ける 次々に　目の前　ポツリと　ホームページ 笑い話　落語
会話表現	・本当ですか。 ・ぜひお願いします。 ・せっかく誘っていただいたのに、申し訳ありません。今回は遠慮させてください。	・……かい？ ・助けてくれ！
学習漢字		怖　笑　甘　丸　当　信　震　助　次　消 濃 ------ 雷

Ⅲ．文法・練習

1．(1) ～なくてはならない／いけない・～なくてもかまわない

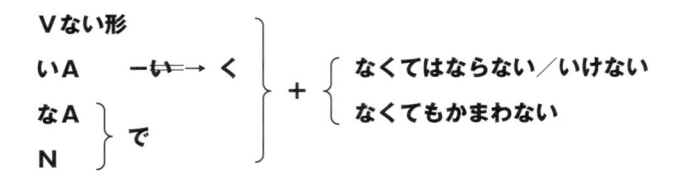

```
Ｖない形
いＡ  －い→く  ＋  なくてはならない／いけない
なＡ  ｝で        なくてもかまわない
Ｎ
```

> （１）「～なくてはならない／いけない」は「～」が義務であること、必ず必要であることを表します。「～なければならない」と同じです。
> 　① この薬は一日２回飲まなくてはならない。
> 　② レポートは日本語でなくてはなりません。
> （２）「～なくてもかまわない」は「～」が必要ではないことを表します。「～なくてもいいです」より丁寧な表現です。
> 　③ 熱が下がったら、薬を飲まなくてもかまわない。
> 　④ 作文は長くなくてもかまいません。
> 参照　「～なければならない（行為者の意志にかかわらずやらなければならない）」：薬を飲まなければなりません。
> 　　　「～なくてもいい（行為をする必要がない）」：あした来なくてもいいです。
> 　　　　　　　　　　　　　　　　　　　　　（☞『みんなの日本語初級Ⅰ』第17課）

【練習の留意点とヒント】

◇ここでは動詞に限って練習しているが、動作動詞だけではなく、例文２）「おふろはなくてもかまいません」、「練習」３）「招待状がなくてもかまいませんか」のように、「ある・いる・できる」などの状態性の動詞も使えることに注意。

◇「練習」の答えは全て「～なくてもかまいません」を使うようになっているが、学習者から例１）２）の答えとして「はい」の場合はどうなるのかという質問が出ることが考えられる。規則や義務的な事柄を述べるとき以外は「～なくてはなりません／いけません」は使わず、他の表現を使うほうが望ましいとして、例を示す。

　例：あしたは忙しいんですが、歓迎会に出席しなくてはなりませんか。
　　　…はい、出席しなくてはなりません。（×）
　　　そうですね。できれば、出席したほうがいいですよ。（○）
　　　（理由）ので、できるだけ出席してください。（○）

◇応用練習として例２）のパターン「～ば、～なくてもかまいません」を使った活動、例えば面接者と就職希望者になって、就職に必要な条件などを提示するなども考えられる。

例：漢字が読めますか。
　　…ええ。でも、あまり書けません。
　　パソコンでレポートが書ければ、自分で漢字が書けなくてもかまいません。

1.（2）　～なくちゃ／～なきゃ［いけない］

〈形の作り方〉

Ⅴなくてはいけない　→　Ⅴなくちゃ［いけない］

Ⅴなければいけない　→　Ⅴなきゃ［いけない］

> くだけた会話では「なくてはいけない」は「なくちゃいけない」に、「なければいけない」は「なきゃいけない」になることがあります。また、「いけない」は省略されることもあります。

【練習の留意点とヒント】

◇友達の誘いを断る練習のほかに、思わしくないことについて自分を励ますような独り言を言う活動なども考えられる。
　　例：どうしたの。元気ないね。
　　　　…漢字の試験ができなかったんだ。あーあ、もっと勉強しなくちゃ。

◇このくだけた言い方だけが滑らかに言えると、かえって学習者の会話の不自然さを強調してしまう場合もあるので、滑らかに使えるまで練習する必要はない。聞いてわかるレベルでもよい。

2.　…だけだ・［ただ］…だけでいい

（1）Ｎ　＋　だけ

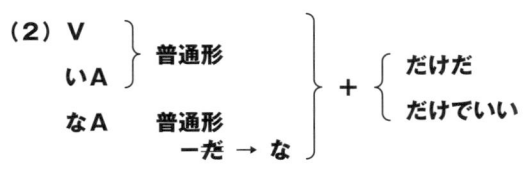

（2）Ｖ　｝普通形
　　いＡ　｝　　　　　　＋　｛だけだ
　　なＡ　普通形　　　　　　　だけでいい
　　　　　ーだ → な　｝

> （1）「～だけ」は名詞につき、限定の意味を表します。
> 　　　　　　　　　　　　　　　　　　　（☞『みんなの日本語初級Ⅰ』第11課）
> 　　①　外国人の社員は一人だけいます。
> 　　②　休みは日曜日だけです。
> （2）「…だけ」の前に動詞や形容詞が来て、述語になることがあります。
> 　　③　何をしているの？　…ただ、本を読んでいるだけです。
> 　　④　病気ですか？　…ちょっと気分が悪いだけです。

(3)「…するだけでいい」は必要な動作が「…すること」だけであり、それ以外は必要ないことを表します。
⑤　申し込みはどうするんですか？
　　…この紙に名前を書くだけでいいんです。

【練習の留意点とヒント】

◇「練習1」は聞き手に対して、話者の行為に取り立てて意味はないから気にしなくてもいいというニュアンスで用いる場合の使い方である。文型の導入には心配そうに気遣う質問者に対して、何でもないことを伝えるような場面を提示するとわかりやすい。
　　例：どうしたんですか。気分が悪いんですか。
　　　…いいえ、ちょっと疲れたので、休んでいるだけです。
行為は発話の時点で完了しているか、継続しているか、今からするかによって「～た／～ている／～る」（例：「ちょっと見ただけです」「ちょっと見ているだけです」「ちょっと見るだけです」）が使われる。「練習1」のイラストは、今している行為について話している場面なので「～ている」を使うのが望ましい。

◇それ以上はないという意味から、謙遜を示す場合にもよく使われるので、応用として、褒められたときの答えに使う練習をさせてもよい。
　　例：・あんな難しい試験に合格したなんて、すごいですね。
　　　　　…いいえ、運がよかっただけです。
　　　　・庭もあって、広くてすばらしいおうちですね。
　　　　　…いいえ、ただ大きいだけで、古くて使いにくいんですよ。

◇「練習2」は必要な行為は1つだけで、とても簡単だということを示す使い方。動詞は辞書形を用いる。

◇応用練習として「実際に彼（有名な俳優）には会えなくても、彼の写真や映画を見ているだけでいい」とか「（生まれてくる子は美男美女でなくても）元気なだけでいい」など、何かを願望するときの最低限の満足度を示す使い方などに広げることもできる。

3. …かな（終助詞）

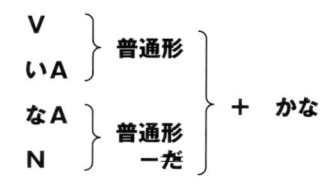

V
いA ｝普通形
なA ｝普通形
N 　－だ
＋　かな

> （1）「…かな」は相手に答えを強要しない疑問で使います。「…」は普通形です。
> ① A： お父さんの誕生日のプレゼントは何がいいかな。
> 　 B： セーターはどうかな。
> （2）誘いや依頼で「…ないかな」を使うとはっきり言わず、やわらげる効果があります。
> ② A： 明日みんなで桜を見に行くんですが、先生もいっしょにいらっしゃらないかなと思いまして。
> 　 B： 桜ですか。いいですね。
> ③ A： 3時までにこの資料を全部コピーしなければならないんだけど、手伝ってくれないかな。
> 　 B： いいよ。

【練習の留意点とヒント】

◇「練習」では「疑問詞＋〜かな」で柔らかなニュアンスの質問をし、答えには「…はどうかな」で提案を表す使い方を練習する。練習の際はイントネーションに注意する。また、この表現は親しい友達同士の会話に用い、目上の人間には使わないことに注意する。

◇「意向形＋かな」（例文2）「行こうかな。どうしようかな」）は自分がこれからすることに迷っている場合に使う。誘われて、すぐに答えが出せない状況などを設定して会話を作る練習を行ってもよい。

　　例：明日〇〇祭りがあるんだけど、行ってみない？
　　　　…そうね。行こうかな。どうしようかな。
　　　　とてもおもしろいって、聞いたよ。
　　　　…うん、じゃ、行く。／やっぱり、やめておく。発表の準備をしなくちゃならないから。

4.（1） 〜なんか…

N ＋ なんか

> 「〜なんか」は「〜」を重要ではないと軽視する気持ちを表す表現です。「など」と同じですが、「〜なんか」は話しことばで使われます。
> ① わたしの絵なんかみんなに見せないでください。絵が下手なんです。

【練習の留意点とヒント】

◇例を示す「など」のくだけた表現（例：「コーヒーなんかどう？」「これなんか、あなたに似合いそう」）であることを導入。さらにそれが話者にとっては価値のない、

意味のないものの例示となる使い方が出てくることを示す。
　　例：何もないんだけど。
　　　　…ごちそうなんか要らないよ。君の笑顔があれば、最高。
自分のことを言う場合には謙遜の表現となる。
　　例：あなたにこの仕事を頼みたいんだけど。
　　　　…わたしなんか、だめですよ。
◇「練習」では、「気にしない／心配しない」ということばといっしょに相手をなだめ、安心させるための使い方を練習する。

4.（2）　…なんて…

```
V
いA  } 普通形  ＋ なんて
なA
N
```

> （1）「XなんてY」は、Xを重要ではないと軽視する気持ちを表す表現です。「など」と同じですが「Xなんて」は話しことばで使われます。
> 　　① わたしの絵なんてみんなに見せないでください。絵が下手なんです。
> （2）また「Xなんて」は、Xについて否定的な評価を表したり、驚いたりする気持ちで述べる場合にも使われます。話しことばで使われます。
> 　　② 昨日、大江さんという人から電話があったよ。
> 　　　…大江なんて（人）知りませんよ、わたし。
> 　　③ 先生が3年も前に事故にあって亡くなったなんて、知りませんでした。
> 　　④ 試験に一度で合格できたなんて、びっくりしました。
> 　　⑤ ミラーさんがあんなに歌がうまいなんて、知りませんでした。
> ③④⑤のように動詞、形容詞のあとには「なんて」を使い、「なんか」は使えません。

【練習の留意点とヒント】

◇ここでは「信じられない」という表現とともに驚きを示す使い方を練習する。
　例文2）「…なんて知らなかった」は「今、…ということを知ってびっくりした」という意味になる。
◇予想外のこと、意外なことに対する驚きからあきれたり、感心したりする話者の気持ちが表現できるので、「練習2」では「信じられない」以外の表現をいろいろ使わせてみるのもよい。

例1：○○さん、初めて書いた日本語の小説で文学賞をもらったんだって。
　　　…本当？　賞をもらうなんて、すごいね／すばらしいね。
例2：昨日、財布、盗られちゃったんだ。もう3回目だよ。
　　　…え？　3回も盗られるなんて、あきれたね／運が悪いね。

5.（1）～(さ)せる（感情使役）

〈形の作り方〉

V自（感情動詞）　+　(さ)せる

> 使役表現「～(さ)せる」は、別の人にある行為を命じる場合のほかに、感情を引き起こす場合もあります。この場合、動詞は感情を表す自動詞（泣く、びっくりする、楽しむ、驚くなど）が来て、使役を受ける人は「を」によって表されます。
> ① 殴って、弟を泣かせたことがある。
> ② テストで100点を取って、母をびっくりさせた。
>
> 参照　「～(さ)せる（使役）」：部長は加藤さんを大阪へ出張させます。
>
> 　　　　　　　　　　　　　　　　（☞『みんなの日本語初級Ⅱ』第48課）

【練習の留意点とヒント】

◇『初級Ⅱ』第48課では目上が目下に「させる」動作動詞の使役文を学習した。ここで学習する感情にかかわる使役文の動作主はどちらでも構わないので、学生が教師を笑わせたり、子どもが親を心配させたりする例を挙げるとわかりやすい。

◇「練習」の前にテキストにあるものも含め、これまで学習した感情にかかわる動詞を挙げさせ、喜び・悲しみ・怒りなどグループ別に整理してまとめてみるとよい。さらに使役の形を確認し、使役文を作ってみると動作の使役文との違いがわかってくるだろう。

参考　これまでに学習した感情にかかわる動詞
　　　・喜ぶ、安心する
　　　・悲しむ、泣く、心配する
　　　・怒る、がっかりする
　　　・感心する、驚く、びっくりする

5.（2）～(さ)せられる・～される（感情使役の受身）

〈形の作り方〉（第Ⅲ部 資料編1.「使役受身の作り方」(p.223) 参照）

V自　+　(さ)せられる／される

> 感情使役は、さらに受身にすることも可能です。
> ① 何度買っても宝くじが当たらず、がっかりさせられた。
> ② 子どもが書いた作文はすばらしく、感心させられた。
> この場合は、驚き・悲しみ・落胆・感嘆の感情が強く引き起こされたことを表します。
>
> 参照 「～(さ)せる（使役）」：部長は加藤さんを大阪へ出張させます。
> (☞『みんなの日本語初級Ⅱ』第48課)
> 「～(ら)れる（受身）」：わたしは先生に褒められました。
> (☞『みんなの日本語初級Ⅱ』第37課)
> 「～(さ)せられる（使役受身）」：太郎君は先生に掃除をさせられました。
> (☞『みんなの日本語中級Ⅰ』第4課)

【練習の留意点とヒント】
◇動詞Ⅰグループの使役受身は「～せられる」が「～される」のようになる（例：泣かせる→泣かせられる→泣かされる）ことが多いので、形を十分口頭練習させる。
◇感情を引き起こす原因は人だけではなく、「練習2」のように物や事柄の場合もある。次のような形で文を作る練習をするとよい。
　例：彼女の演技はすばらしくて感動しましたが、歌は下手でがっかりしました。
　　　→ 彼女の演技には感動させられたが、歌にはがっかりさせられた。

6. …なら、…

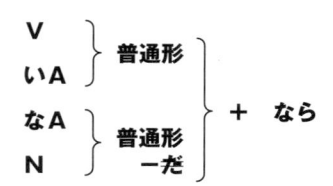

```
V
いA  }普通形
なA  }普通形  + なら
N   }  －だ
```

> 「XならY」は、聞き手がXをしようとしていたり、Xの状態である場合に、Yを勧めたり尋ねたりするときに使われます。Xには名詞が来ることもありますし、動詞・形容詞が来ることもあります。
> 「なら」は普通形につきます。ただし、な形容詞・名詞で終わるときは「な形容詞・名詞＋なら」になります。
> ① パソコンを買いたいんですが。
> 　…パソコンならパワー電気のがいいですよ。(☞『みんなの日本語初級Ⅱ』第35課)
> ② ワインを買うなら、あの酒屋に安くておいしいものがあるよ。
> ③ 日曜大工でいすを作るなら、まず材料に良い木を選ばなくてはいけません。

④　頭が痛いなら、この薬を飲むといいですよ。
⑤　大学院への進学のことを相談するなら、どの先生がいいかな。

【練習の留意点とヒント】
◇取り立ての「名詞＋なら」は『初級Ⅱ』第35課で学習した。ここでは、名詞以外に動詞、形容詞を使う練習をする。
◇「練習1」では旅行のアドバイスになっているが、日本語の勉強法など他のトピックにも広げて練習させるとよい。また、余裕があれば「〜と／たら／ば／なら」の使い分けの整理をしておくとよい（☞『中級Ⅰ』p.99 問題 6参照）。

【補足項目】

〜てくれ（読む・書く）

（1）「Ｖてくれ」は、指示や依頼の発言をそのまま表さず、間接的に表すときに使います。指示や依頼を直接的に示すと「〜てください」になります。
　①　田中さんはお母さんに「7時に起こしてください」と言いました。
　　→　田中さんはお母さんに何と言いましたか。
　　　…7時に起こしてくれと言いました。
（2）「Ｖてくれ」は目下の人に依頼するときの表現で、おもに男性が使います。
　②　部長：田中君、この資料をコピーして来てくれ。

Ⅳ. 話す・聞く　「楽しみにしてます・遠慮させてください」

【目標】
①　誘いを受けたとき、喜びの気持ちを表して、受ける。
②　誘いを受けたとき、残念な気持ちを表して、丁寧に断る。

・周りの日本人と良好な関係をつくるには、感じのよい誠実な態度とともに、会話の潤滑油になるような表現が使えることも必要である。例えば、日本人は感情をあまり表さないと言われているが、誘いを受けたときなど素直に嬉しさを表すのは好ましいことであるし、相手の申し出を断る際には相手に不快な印象を与えないことが大切である。そのようなときにどんな表現を使ったらいいかを学習する。
・国際交流会の催しの案内状、学習者が興味を持ちそうな各種イベントのお知らせ等を準備するとよい。

1. やってみましょう

・断る際には「失礼のないように断る」というのがポイントなので、正直に「カラオケは好きじゃないんです」という断りの理由が出た場合、誘った立場からどのような印象を持つか、クラスで話し合ってみるのもよい。国や文化によって違う意見が出てくるかもしれない。

2. 聞いてみましょう

1）登場人物：渡辺（パワー電気の社員）
　　　　　　　クララ（ドイツ語の教師）
　　場　　面：午後3時ごろ　喫茶店で
2）登場人物：広田（さくら大学の学生　タワポンの先輩）
　　　　　　　タワポン（さくら大学の学生）
　　場　　面：昼休み　大学の食堂で

3. もう一度聞きましょう

・前から
　「過去のある一時点から今まで」の意味である。この「前」は『初級Ⅱ』第32課で学習している。
・今週の土曜日、空いてる？
　相手の都合を尋ねる際によく使われる表現で、予定がないかどうかを聞いている。答えるときは、以下のような答えが多い。
　　例：明日の午後、空いてますか。
　　　…ええ、空いてます／特に予定はありません。
　　　…いいえ、空いてません（×）
　　　　（あいにく）ちょっと予定が（入っているんです／あって…）
・いっしょにどうかなと思って
　間接的な誘いを表す慣用的な表現。「いっしょにどうかなと思って、あなたを誘っている」という意味になる。相手によって丁寧に言うときには「な」を使わず、さらに語彙のレベルを変えなければならない（例：いっしょに→ごいっしょに、どうかな→いかがか、思って→思いまして ⇒「ごいっしょにいかがかと思いまして」）が、ここでは誘う日本人側のせりふなので、特に取り上げて練習する必要はない。

4. 言ってみましょう

・誘いを受ける場合には嬉しそうに、断る場合には残念そうな様子で言うように声の

調子、表情に気をつける。特に会話2「パーティーですか」は言い方によっては無関心な印象を与えるので、イントネーションに注意する。また、誘ったほうは残念な気持ちをはっきり見せることはせず、「じゃ、無理かな」は独り言のように言う。

5．練習をしましょう

1）本当ですか。ぜひお願いします
 - 「本当ですか」は相手からの申し出が思いがけないすばらしいことだった場合に、嬉しい驚きの気持ちを表す表現で、相手の発言を疑ったりする表現とは異なる。
 - 「ぜひ」は『初級』で学習したが、願望を示す「～たいです」といっしょに使われることが多い。ここでも「ぜひ（行きたいので）お願いします」と話し手の希望を示している。

　　例：○●同僚同士
　　（1）○●隣人同士
　　（2）○●友人同士

2）せっかく誘っていただいたのに、申し訳ありません。今回は遠慮させてください
 - 相手の誘いを断るときに、まず「せっかく～のに」で相手を慰労し、「申し訳ありません」と謝る慣用的な表現である。
 - 「行きません」ということを言いたいときに使われる「遠慮させてください」も便利な表現である。いずれも申し訳なさそうな表情で言うように練習する。

　　例：○外国人　　●ボランティアの日本人
　　（1）○●近所の人同士
　　（2）○●友人同士

6．会話をしましょう

イラスト	会話 （ゴシック体は使ってほしい表現）		会話の流れ
会話1 ［午後3時ごろ　喫茶店で］ 1）	渡　辺：	クララさん、確か、着物に興味があるって言ってましたね。	〈話題を切り出す〉
	クララ：	ええ。	
	渡　辺：	来週の金曜日にね、市民会館で着物の着付け教室があるんですけど、いっしょに行ってみませんか。	〈催しの説明をして誘う〉
	クララ：	え、**本当ですか**。前から一度着てみたいって思ってたんです。**ぜひお願いします。**	嬉しい気持ちを表して誘いを受ける
2）	渡　辺：	じゃ、3時からなので、2時半に駅前で待ち合わせましょう。	〈待ち合わせの約束をする〉
	クララ：	ええ。2時半に駅前ですね。あのう、着物がなくてもかまわないんですか。	確認する
	渡　辺：	ええ、大丈夫ですよ。ただ行くだけでいいんです。	〈安心させる〉
	クララ：	そうですか。楽しみにしてます。	会話を終える
会話2 ［昼休み　大学の食堂で］ 3）	広　田：	タワポンさん。	〈呼びかける〉
	タワポン：	あ、先輩。	
	広　田：	今週の土曜日、空いてる？	〈予定を聞く〉
	タワポン：	土曜日？　何かあるんですか。	問い返す
	広　田：	うん。国際交流会のパーティーがあるんだけど、いっしょにどうかなと思って。	〈誘う〉
	タワポン：	パーティーですか。	ためらう
	広　田：	昼12時から、市民会館であるんだけど。いろんな人が来るから、楽しいと思うよ。	〈さらに誘う〉
4）	タワポン：	うーん。行きたいんですけど、……。月曜日にゼミで発表することになってて、その準備をしなくちゃいけないんです。	理由を言って残念そうに断る
	広　田：	そう。じゃ、無理かな。	
	タワポン：	ええ、**せっかく誘っていただいたのに、申し訳ありません。今回は遠慮させてください。**	申し訳ない気持ちを表して、断る
	広　田：	わかった。じゃ、また今度ね。	〈会話を終える〉

7. チャレンジしましょう

・音楽会だけでなく、その他、学習者が興味のありそうな催しなどの情報を与え、誘う会話を作らせてもよい。そのためにはイベントガイドや音楽会、映画やスポーツなどのチラシ等を準備しておく。

【ロールプレイ】

・週末の催しに誘う／誘われる。

```
[水曜日の午後　喫茶店で]                              ロールカードA
A：Bの友人
B：Aの友人
あなたはAです
今度の土曜日は昼からサークルの集まりがあって、それに行かなければなりません。

・誘いがあったら、上手に断ってください
```

```
[水曜日の午後　喫茶店で]                              ロールカードB
A：Bの友人
B：Aの友人
あなたはBです
あなたの国の大使館で音楽会があります。
　日　時　：今度の土曜日　午後3時～5時（お茶会もあります）
　プログラム：民族楽器の演奏と歌

・Aさんを誘ってください。
```

【会話例】

B：　Aさん、今度の土曜日、空いてる？
A：　土曜日？　何かあるの？
B：　実はね、○○（Bの国）の大使館で音楽会があるんだけど、いっしょにどうかな。
A：　どんな音楽をやるの。
B：　民族楽器を使った音楽で歌もあるんだけど……。
A：　へえ、おもしろそうだね。何時から？
B：　3時から。お茶の時間にやるんだって。
A：　3時…、行きたいけど、昼からサークルの集まりがあるから、ちょっと無理だと思う。
B：　そう。
A：　遅れたら、迷惑だし……、やっぱり今回は遠慮しとく。
B：　わかった。じゃ、またね。

　　　　　A：　うん、せっかく誘ってくれたのに、ごめんね。
【評価のポイント】
・誘いを受ける場合は、嬉しい気持ちを表す表現が使えたか。
　　　例：本当ですか。前から一度〜てみたいと思っていたんです
　　　　　楽しみにしています
・断る場合はまず相手の情報を一応は聞く、それから誘いを受けたい気持ちを表す。次に理由を述べ、断るというプロセスを踏んだかどうか。また、相手の気持ちを配慮する表現が使えたかどうか。
　　　例：行きたいんですけど、〜
　　　　　せっかく誘っていただいたのに、すみません

V. 読む・書く　「まんじゅう、怖い」
【目標】

> ① 省略された主語（話し手）はだれかを前後の文脈から読み取り、会話だけで展開されている部分（落語）の内容を理解する。
> ② 述部に呼応する主語を推測しながら読む。
> ③ 自分が知っている笑い話のあらすじを書く。
> ④ 落語や小咄を知る。

1. 考えてみましょう
　「怖いもの」と聞いてどんなものを連想するか、話し合う。それぞれの国で怖いものの典型と思われているものは何か、挙げさせてもよい。時間が許せば、日本では「地震、雷、火事、オヤジ」が従来怖いものの代表的なものとされていたことを簡単に説明してもよい。

2. ことばをチェックしましょう
　まんじゅう、怖い*、いばる、震える、雷*、お化け*

3. 読みましょう／4. 答えましょう
　「まんじゅう、怖い」は日本の古典落語の有名な演目の一つである。これを読むことで日本の伝統的な話芸とその面白さを知る。また、省略された主語（話し手）を前後の会話文から推測し、話の流れを理解する。

【手順・留意点】
1. 本文右下のイラスト（できれば写真、ビデオ）を使って、落語について簡単な説明をする。「落語は、一人の話し手〈落語家〉が面白い話を登場人物の会話のやりとりをしながら進めていき、最後には必ず笑わせる部分〈落ち〉をつけて聞き手〈聴衆〉を楽しませるもの」といった程度の説明でとどめてもよい。
2. どんな話か読み取るように言い、1回黙読させる。時間は3分程度。
　その後、学習者に読み取った内容を自由に発言させる。
3. 読むときのポイントの「だれが話したか、確かめながら読みましょう」と「『怖い物なんか一つもない』（本文上から3〜4行目）と言った男が話したことばに_____を引きましょう」の指示をし、文章全体をもう1度黙読する。
4. 答えましょう1）2）をし、確認する。正解が得られなければ、再度読むよう促す。
5. 答えましょう3）をし、確認する。
　3）の問題は、「まんじゅうが怖い」と言った男のまんじゅうに関するせりふだけでなく、最後の文「次は、濃いお茶が怖い…」となぜ言ったのか、その意図も併せ考えてから解答させる。なお、甘いまんじゅうに濃いお茶という日本人の食の好みが理解できていないことが予想されるので、その場合は解答後に説明する。
6. CDを聞き、その後音読の練習をする。地の文は「です・ます体」に変えさせ、会話の部分はそのままで音読するのもよい。

5. チャレンジしましょう

1）自分が知っている話のあらすじを簡潔な文章で書き表すことがねらいである。
【手順】
　1. 笑い話を知らない学習者がいる場合は、笑い話を知っている学習者とペア、あるいはグループをつくり、その中で紹介された笑い話のあらすじ（いつ、だれ／何が、何をして、どうした／どうなった）をまとめてもよい。その場合は必ずメモを取らせる。
　2. 次の文章の型を利用して各人に書かせる。

笑い話の概要
↓
あらすじ
いつ、
だれ／何が、
どこで、
何をして、
どうした／どうなった、
↓
感想・意見

```
これは、_____
笑い話である。
    _____
    _____
    _____
    _____
    _____
    _____
    _____
    _____
    _____
    _____○
  この話は、_____
    _____○
```

2）落語について、前述の「3．読みましょう」の1．で説明したことよりさらに詳しく調べるように言う。落語を見たり聞いたりする機会がない、または少ない学習者には、インターネット等で調べさせるとよい。落語や小咄サイトなどを紹介し、そこから好きな話を選んできて発表するとおもしろい。

第8課

I．目標

話す・聞く ・人や物の様子を詳しく説明する

読む・書く ・タイトルの答えは何か読み取る
・前後の文章がどんな関係になっているか、考えながら読む

II．学習項目

	話す・聞く 「迷子になっちゃったんです」	**読む・書く** 「科学者ってどう見える？」
本文内容	・迷子になった姪の外見、様子を説明して、店内放送を頼む。	・途上国と先進国の子どもたちが抱いている科学者に対するイメージの違い。
文法項目	1．（1）〜あいだ、… 　　（2）〜あいだに、… 2．（1）〜まで、… 　　（2）〜までに、… 3．〜た〜（名詞修飾）	4．〜によって… 5．〜たまま、…・〜のまま、… 6．…からだ（原因・理由）
＊補足項目	＊髪／目／形　をしている	
新出語	**文法・練習**　眠る　黙る　取る［ノートを〜］　盗む　焦げる　枯れる　平凡［な］　人生　免許　取る［免許を〜］　退職する　もったいない　鍋 **話す・聞く**　迷子　しま　花柄　チェック　スカート　無地　水玉　リュック　背負う　サービスカウンター　姪　特徴　身長　ジーンズ　髪型　肩　持ち物　水色　折りたたみ　青地　〜地　持つところ　プラスチック	**文法・練習**　ことば遣い　生　専門的［な］　社会勉強　高校生 **読む・書く**　途上国　先進国　プラス　マイナス　共通　関心　多様化　タイトル　反対に　前後　対象　少女　アイディア　輝く　浮力　少年　キノコ雲　時に　ダメージ　与える［ダメージを〜］　ひげ　伸びる　発展する　ページ　魅力　豊か［な］　受ける［ダメージを〜］　テーマ　述べる ＊ナイジェリア　トリニダードトバゴ　インド　ウガンダ
会話表現	・確か、〜たと思います。	
学習漢字		科　象　際　絵　紹　介　健　康　晴　浮 並　雲　与　髪　伸　途　点　共　済　技 術　展　関　様 ⋯⋯⋯⋯⋯⋯⋯⋯⋯⋯⋯⋯⋯⋯ 輝　褒

Ⅲ．文法・練習

1．(1)(2)　～あいだ、…・～あいだに、…

Vている　　　｜　あいだ
Nの　　　｝＋｛
　　　　　　　｜　あいだに

> （1）「Xあいだ、Y」は、XもYもどちらも一定の期間継続する状態で、Xが継続しているときに同時にYも継続していることを表します。
> 　①　電車に乗っているあいだ、本を読んでいた。
> 　②　夏休みのあいだ、ずっと国に帰っていた。
> （2）「Xあいだに、Y」は、Xが継続する状態でYは一つの出来事であり、Xが継続しているときにYが発生することを表します。
> 　③　食事に出かけているあいだに、部屋に泥棒が入った。
> 　④　旅行のあいだに、アパートに泥棒が入った。
>
> 参照　「あいだ（位置）」：郵便局は銀行と本屋のあいだ（間）にあります。
>
> （☞『みんなの日本語初級Ⅰ』第10課）

【練習の留意点とヒント】

◇導入する際に2つの絵を並べて文型を提示するとわかりやすい。例えば、子どもが寝ている絵と母親がテレビを見ている絵を同じ時間軸の上下に並べて「子どもが寝ているあいだ、母親はテレビを見ていました」。同様に母親がスーパーへ行って帰ってくる絵を置けば、「子どもが寝ているあいだに、母親は買い物に行って来ました」となる。

◇テキストの「練習」はそれぞれの表現に分けた練習しかないので、余裕があれば「あいだ」と「あいだに」で後件を作らせる練習、あるいは「あいだ」と「あいだに」のどちらを使ったらいいか判断する練習なども組み込むとよい。

　例1：後件を作らせる。
　　①　夫が買い物をしているあいだ、［私は図書館で本を読んでいた。］
　　②　夫が買い物をしているあいだに、［私は図書館へ本を返しに行った。］
　例2：どちらか選ばせる。
　　彼女と話している［あいだ／あいだに］、彼は全くコーヒーを飲まなかった。

◇「～あいだ、…」では、後件の継続動作は「～ている／いた」だが、否定形の場合は「～ない／なかった」になることに注意（参照：例文2）、「練習3」）。

「～ていなかった」となるのではないかという質問が出るかもしれないが、そのと

きはそれを使うと、下記の例のように単なる事実以外の意味を含むと説明する。
　　例：夏休みのあいだ、どこへも行かなかった。
　　　　夏休みのあいだ、どこへも行っていなかった。（「よく考えてみると」「思い出してみると」などの特定期間についての回顧）

2．（1）（2）　～まで、…・～までに、…

$$\left.\begin{array}{l}\text{N}\\ \text{V辞書形}\end{array}\right\} + \left\{\begin{array}{l}\text{まで}\\ \text{までに}\end{array}\right.$$

> （1）「XまでY」では、XはYの最終的な期限を表します。Yは継続する動作や状態を表します。
> 　　① 3時までここにいます。
> 　　② 毎日9時から5時まで働きます。　　（☞『みんなの日本語初級Ⅰ』第4課）
> 　Xが時間ではなく出来事の場合もあります。
> 　　③ 先生が来るまで、ここで待っていましょう。
> （2）「XまでにY」もXは期限ですが、Yは継続する動作や状態ではなく1回の出来事です。XよりXが発生することを表します。
> 　　④ 3時までに帰ります。　　　　　　　（☞『みんなの日本語初級Ⅰ』第17課）
> 　　⑤ 先生が来るまでに、掃除を終わらせた。

【練習の留意点とヒント】

◇1．と同様、テキストの「練習」はそれぞれの表現に分けた練習になっているので、余裕があれば、「まで」と「までに」のどちらを使ったらいいか判断する練習なども組み込むことが望ましい。
　　例1：後件を作らせる。
　　　　① 卒業するまで、［このアパートに住むつもりです。］
　　　　② 卒業するまでに、［三島由紀夫の作品を全部読むつもりです。］
　　例2：どちらか選ばせる。
　　　　会議が終わる［まで／までに］、待っていてください。
（2）の「練習」を膨らませて、「～まで」「～までに」の両方を使って将来の人生設計などを話させてもよい。
　　例：30歳になるまでに結婚したいです。
　　　　それから子どもが大学に行くまで、一生懸命働こうと思います。
　　　　そして、60歳になるまでに、NPOをつくりたいと思います。

3. ～た～（名詞修飾）

Vた形 ＋ N

> （1）動作や変化が終わった結果の状態を表す「ている形」が名詞を修飾する場合、た形も使われます。
>   ① 田中さんは眼鏡をかけています。→ 眼鏡をかけた田中さん
>   ② 線が曲がっている。→ 曲がった線
> （2）動作が進行中の状態を表す「ている形」が名詞を修飾する場合は、「た形」に変えると別の意味になります。
>   ③ 山下さんは本を読んでいます。≠ 本を読んだ山下さん
>   ④ 東京電気で働いている友達 ≠ 東京電気で働いた友達
>
> 参照 「ている（結果の状態を表す）」：窓が割れています。
>
> （☞『みんなの日本語初級Ⅱ』第29課）

【練習の留意点とヒント】
◇導入、練習の際には元の文の主格が修飾される名詞になることに注意する。
　（参照：「問題4」）
　　例：田中さんがセーターを着ています
　　　　→ セーターを着ている田中さん → セーターを着た田中さん（○）
　　　　　田中さんが着ているセーター → 田中さんが着たセーター（×）
◇例文3）「カーテンの閉まった部屋」の「の」に注意。いくつか例を挙げて練習するとよい。
　　例：ポケットに穴が開いている → 穴のあいたポケット
　　　　かばんに辞書が入っている → 辞書の入ったかばん
　　　　部屋はカーテンが閉まっている → カーテンの閉まった部屋
　　　　部屋は電気がついている → 電気のついた部屋
◇「練習」にあるように、いろいろな絵や写真で示されたものを使って文章を作ると楽しい。

4. ～によって…

N ＋ によって

> 「XによってY」は、Xの種類に対応してYに多様な変化が生じることを表します。Yには「違う」「変わる」「さまざまだ」などの述語がよく使われます。
>   ① 好きな食べ物は人によって違う。

② 季節によって景色が変わる。

> [参考] 「によって」　『中上級を教える人のための日本語文法ハンドブック』p.35、p.23、p.25
> 「によって」は複合助詞の一つで、上のような「状況に応じた変化・対応を表す」場合の他に「手段」「原因・理由」を表します。「で」で表すこともできますが、「によって」のほうが硬い表現です。
> ・この国は石油の輸出によって大金を得た。（手段）
> ・地震によって多くの家が倒れてしまった。（原因・理由）

【練習の留意点とヒント】
◇覚えておくと便利な表現で、一般化して答えにくい質問に答えるときなどに役立つ。「〜によります」という言い方もあるが、話題になっていることについての質問に対して短く答える場合に使われ、補足説明がつくことが多い。
　　例：日本人はみんな、すしが好きなんですか。
　　　　…人によりますね。生の魚は好きじゃないと言う人もいます。

5. 〜たまま、…・〜のまま、…

Vた形 ┐
　　　├＋ まま
Nの　 ┘

> 「VたままY／NのままY」は、「動作Vをしたあとの状態でYを行う」、または「Nの状態でYを行う」ことを表します。通常はXの状態でYは行わないという場合に用います。
> ① 眼鏡をかけたまま、おふろに入った。
> ② 昨夜の地震にはびっくりして、下着のまま、外に出た。

> [参考] 「〜たまま」　『初級を教える人のための日本語文法ハンドブック』pp.194–196
> 「XたままY」という文型は付帯状況を表し、ある主体が「Xた」という状態（動作Xの結果生じて、そのまま続いている状態）で動作Yを行うことを表します。Xは主体や動作を受けるものに何らかの変化を起こす動作に限られます。次の例の「歌う」は変化を起こさない動作であるため不適切になります。
> ・×彼は歌ったまま、でかけてしまった。
> また、Xが「死ぬ」など一度起こったら元に戻らない（不可逆的な）変化を表す場合も不適格になります。
> ・×彼は死んだまま、路上で発見された。

「たまま」は「たままで」の形もありますが、意味は同じです。
・クーラーをつけた｛まま／ままで｝、眠ってしまった。
「Nのまま」のNには、「浴衣・スーツ・裸・裸足」などの服装の重要な部分や「仏頂面」「笑顔」などの表情を表すものなど、一部の名詞に限られます。例えば、次のような文は不自然になります。
・×学生のまま結婚した。
・×ネックレスのまま眠ってしまった。

【練習の留意点とヒント】
◇「〜た」で使われる動詞は瞬間的に終わる動詞で、その結果の状態と後件の動作との組み合わせが適切でないと話し手が判断した場合に使われるので、「練習１」、「練習２」のような失敗談などを文型の導入例にするとよい。
◇「〜ないまま」が使えるかどうか質問が出る場合がある。
　　例：彼は何も知らないまま、死んでしまった。
　　　　彼女は何も言わないまま、立ち去った。
これは書きことば的な表現で会話で使われることは少ないので、『初級Ⅱ』第34課で学習した「〜ないで」を使う、と説明しておく。

6. ┃…からだ（原因・理由）┃

（１）文 普通形 ＋ からだ

（２）文 普通形 ＋ のは、文 普通形 ＋ からだ

（１）ある出来事の原因や理由を表す言い方です。理由を尋ねられたときの答えとして用いられ、「から」は普通形につきます。
① どうして医者になりたいんですか。
　…医者は人を助けるすばらしい仕事だからです。
（２）先に結果を述べて後から原因を述べる場合は、「…（普通形）＋のは、…（普通形）＋からだ」となります。
② 急にドアが開いたのは、だれかがボタンを押したからだ。
同じように理由を表す「…ので」にはこれらの用法はなく、「…のでだ／…のでです」という言い方はできません。

参照　「…から（理由：２つの文をつないで１つの文にする）」：
　　・時間がありませんから、新聞を読みません。（☞『みんなの日本語初級Ⅰ』第９課）

参考　A）まだ子ども｛○だから／○ですから｝、新聞を読みません。
　　　B）どうして医者になりたいんですか。

>   …医者は人を助けるすばらしい仕事 {○だから／×ですから} です。
> 　B) はA) とは異なります。B) の答えは、「どうして医者になりたいんですか」という質問に「医者になりたい理由は、～です」という名詞述語文で答えています。答えの「～です」の「～」は名詞化された名詞相当のものなので、「デス・マス」で丁寧化することはできません。したがって、「×すばらしい仕事ですからです」とは言えません。これに対して、A)「～から、新聞を読みません」の「～」は必ずしも名詞述語文ではないので、「すばらしい仕事 {です・だ} から、医者になりたいんです」「人を助けられ {ます・る} から、医者になりたいんです」と言うことができます。

【練習の留意点とヒント】
◇明確な理由を表明するための表現であり、例文にあるように改まった場面で意見や判断の根拠、決意の理由などを述べる場合に用いる。日常的な会話で、特に理由や原因を強調する必要がないときは、使わない。
　　例：(いつもの職場で)「今日は飲みに行かないんですか」
　　　　　　　　　　　　「ええ、ちょっと体の調子が悪いからです」(×)
　　　　　　　　　　　→「ええ、ちょっと体の調子が悪いんです」
　　　　(面接の場で)「どうして日本へ留学したいんですか」
　　　　　　　　　　　→「(留学したいのは) 日本のアニメに興味があるからです」
◇「練習」では単発的に意見を述べるだけになっているが、賛成・反対の立場で意見を考えさせ、ミニディスカッションのような形にしてもよい。複数の理由を言う場合には、「まず／次に／それから」「第1に／第2に…」などの表現も使わせる。
　　例：学生のアルバイトに賛成か、反対か

【補足項目】

髪／目／形をしている （話す・聞く）

> 　人や物の外見の特徴を述べる表現です。
> 　① リンリンちゃんは長い髪をしています。
> 　② この人形は大きい目をしています。
> 　③ このパンは帽子みたいな形をしている。

Ⅳ．話す・聞く　「迷子になっちゃったんです」
【目標】

> ① いっしょにいる人とはぐれたり、持ち物を失くしたり忘れたりしたとき、その人や物の様子を詳しく説明して探してもらう。

・迷子や失くし物などの場合、日本では公共施設の案内所、交通機関の忘れ物取扱い所、交番などに行って頼むことが多い。
・タスクに使えそうな人物の写真や絵を準備するとよい。学習者に自分の家族や友人の写真を持って来させてもよい。また、人以外にペットの動物などの写真、傘や鞄などの実物や写真もあると応用ロールプレイに使える。

1．やってみましょう
・服や持ち物、髪型などをどう表現するかの練習なので、人や物の外観をまず知っていることばで説明してみる。実際に教室内の学習者の着ているものや持ち物などを取り上げて、どう言ったらいいか考えさせるのもよい。
・「h．長い髪をしている」という表現では「長い髪」の他にいろいろな言葉が使えるので、テキストのイラスト以外に写真や絵を使い、練習を広げることができる。

2．聞いてみましょう
登場人物：ワン（神戸病院の医者）
　　　　　スーパーの係員
場　　面：午後3時ごろ　スーパーのサービスカウンターで

3．もう一度聞きましょう
・テキストのポイント以外に、姪の様子を説明するときにどんな順番に情報を並べているかについても注意させるとよい。
　ここでは、年齢 → 性別 → 体型（身長） → 着ているもの → 髪型・持ち物 → 附加情報の順に話している。要するに、描写説明をする場合は全体的なことから小さな部分にという原則がある。この原則を意識せずに習った表現を使おうとするあまり、シャツの柄の説明など瑣末な部分から話し始める学習者もいるので、上記の順番を意識化するようにする。

4．言ってみましょう
・姪の様子を説明するときは、すらすら滑らかに言うのではなく、思い出しながら、

確かめるようにゆっくり発話するように注意する。

5．練習をしましょう

・確か…たと思います
　記憶を確かめ、思い出すときの表現。(『初級Ⅱ』第29課参照)
　思い出した「…」の部分には「た形」が使われることが多い。
　　例：(1)(2)　〇客　　●スーパーの店員

6．会話をしましょう

イラスト	会話 （ゴシック体は使ってほしい表現）	会話の流れ
[午後3時ごろ　スーパーのサービスカウンターで] 1）	ワン：　あのう、買い物しているあいだに、子どもが迷子になっちゃったんです。 係員：　では、すぐ放送して、お捜しします。お子さんのお名前は？ ワン：　リンリンと言います。中国から来た姪なんです。	迷子になったことを伝える 〈名前を聞く〉
2）	係員：　お子さんの特徴は？　着ているものなど、教えてください。 ワン：　はい。6歳の女の子で、身長は120センチぐらい。赤と白のしまのセーターを着て、ジーンズをはいてます。 係員：　赤と白のしまのセーターにジーンズをはいた女の子ですね。髪型は？ ワン：　肩くらいまでの長い髪をしてます。	〈子どもの特徴を聞く〉 詳しく説明する 〈確認する、さらに情報を求める〉
3）	係員：　ほかに、持ち物とかは？ ワン：　小さいリュックを背負ってます。 係員：　色は？ ワン：　**確か**、水色だっ**たと思います。** 係員：　水色のリュックですね。	〈さらに情報を求める〉 〈確認する〉
4）	ワン：　あのう、姪は日本語が全然わからないんですが……。 係員：　それでは、日本語と中国語で放送いたします。 ワン：　よろしくお願いします。 　　　　すみません。見つかるまで、こちらで待たせてもらえますか。 係員：　ええ、どうぞ。	さらに情報を与える 会話を終える

7. チャレンジしましょう

- いろいろな猫の写真を準備しておくとよい。警官役がペットの飼い主の説明を聞いて、その後、数枚の写真の中から飼い主の説明にあった猫を選び出すというようなタスクにつなげることができる。説明がきちんとできているかどうかを測ることもでき、ゲーム的な面白さも加わり、楽しくできる。犬やその他の持ち物、迷子などの場合も同様の準備をしておくとよい。
- ペットが話題なので、動物の性別を言う際には「オス／メス」、また「髪」とは言わず「毛」と言うこと、「前足／後ろ足」「しっぽ」などの表現も紹介しておくとよい。

【ロールプレイ】
- ペットの捜索を交番に頼みに行く。

[夕方　交番で]　　　　　　　　　　　　　　　　　　　　　ロールカードA
A：ペットの飼い主
B：警官
あなたはAです
右のようなペットの猫が、買い物に行っているあいだに、
いなくなっていました。

・交番で説明して、捜してもらってください。

[夕方　交番で]　　　　　　　　　　　　　　　　　　　　　ロールカードB
A：ペットの飼い主
B：警官
あなたはBです
Aさんが相談に来ました。

・詳しく説明してもらってください。
・どうしたらいいかアドバイスをし、連絡先も確認してください。

【会話例】
A：　あのう、ペットの猫がいなくなってしまったので、捜していただきたいんですが。
B：　猫ですか。
A：　ええ、買い物に行っているあいだに、いなくなってしまったんです。
B：　どんな猫ですか。
A：　名前は「はてな」といいます。4歳のメスの猫で、体は耳と背中が黒く、おなかは白くて、左の前足だけ白いんです。目は青くて……。
B：　名前や持ち主のわかるようなものを、何かつけていますか。
A：　首に赤と青のチェックの首輪をしています。金具のところに確か、Hのマー

クがついていたと思います。
B： 他に何か特徴は？
A： うーん、そうですね。ああ、「はてなちゃん」と呼ぶと、しっぽをふるんです。とってもかわいいんですよ。
B： そうですか。名前を呼ぶと、しっぽをふるんですね。
A： ええ…あのう、見つかるでしょうか。
B： そうですね。こちらでも捜してみますが、ペットの写真や絵をポスターにしていろいろなところに張ったほうがいいでしょうね。写真を持って来てくれますか。
A： わかりました。じゃ、さっそく持ってきます。
B： それから、見つかった場合はすぐ連絡しますから、連絡先も教えてください。
A： はい、じゃ、うちの電話番号をお知らせしておきますので、よろしくお願いします。

【評価のポイント】
・迷子などを捜してほしいと依頼する際に、いつ、どこで、だれが、どんな状況でいなくなったかが説明できたか。
・人物、ペットなどの描写は全体的なことから個別のことへわかりやすく説明できたか（例：性別、年齢、体型、髪型や顔だち、服装、持ち物、付加情報の順に言える）。
・見つかったときの連絡先などについて確認できたか。

V. 読む・書く 「科学者ってどう見える？」
【目標】

> ① 世界の子どもが持つ科学者に対するイメージを読み取る。
> ② ・各国の子どもがかいた絵の説明文とその絵を照合しながら読む。
> 　 ・接続表現の前後の文章がどんな関係にあるか読み取る。
> ③ 「科学技術と人間」というテーマの原稿を書き、スピーチする。

1. 考えてみましょう
1）この絵は本文でも取り上げられているインドの少女がかいた科学者の絵である。本文を読めばその答えはわかるが、このコーナーでは学習者が思うことを自由に話させるだけでよい。
2）自分が知っている科学者の写真を持ってくるようあらかじめ指示しておき、それを見せながら紹介させてもよい。

2．ことばをチェックしましょう

科学者＊、イメージ＊、国際調査＊、違い＊、途上国、先進国、プラス、マイナス、共通、関心、多様化

3．読みましょう／4．答えましょう

　世界の子どもは科学者にどのようなイメージを持っているのか、32か国の15歳の子どもを対象に行った国際調査について述べた文章である。子どもたちが描いた科学者のイメージ像から彼らの抱く科学者像が国情の違いによって異なることを理解する。

【手順・留意点】
1．a～fの絵を見て、その特徴を考えさせ、自由に説明させる。
2．読むときのポイントに示してあるタイトル「科学者ってどう見える？」の答えに該当するところに下線を引くように指示してから、黙読させる。時間は4分程度。
3．答えましょう1）をする。
4．答えましょう2）の問題を読み、絵とイメージ、それぞれの①～③について読み取るよう言い、黙読させる。その後、答えさせる。必ず表に書き込ませ、自分が理解していることをしっかり確認させる。
5．読むときのポイントの2つ目のタスクを行う。「反対に」とは何と反対に何がどうなのか、「その理由について」の「その」とは何を指し、どんな意見があるか、考えながら再度黙読させる。
6．答えましょう3）4）をし、答えを確認する。正答の場合も誤答の場合も、その根拠となる本文を言わせる。
7．CDを聞き、その後音読の練習をする。

5．チャレンジしましょう

　科学技術の発展でわれわれが得たもの失ったものについて、身近な日常生活の側面から考える。また、「科学技術と人間」というテーマでスピーチ原稿を書き、大勢の前で発表できるようになることを目指す。

1）① 生活が豊かになった例
・インターネットが普及したことによって、いろいろな情報をすぐに得ることができるようになった。
・高速の乗り物の開発により、短時間で遠くまで行けるようになった。

　② ダメージを受けた例
・自動車エンジンから排出されるCO_2などにより世界中の気温が上がり、動物や植物などに変化が起こっている。

・工場などから汚水が川に流され、魚などを食べた人が病気になっている。
2)【手順】
1．スピーチとして内容が希薄なものにならないように話題を絞らせる。そのためには、具体的な問題提起ができるように、1）で挙げた例などから1つだけ取り上げさせ、以下の点について考え、メモを取らせる。
　① その科学技術が与えたダメージを少なくとも3例
　② そのダメージの具体的な解決法
　③ ②でメモした解決法について共通して言えること
　④ 生活が豊かになった例
　　課題はダメージを与えないようにするために意見を述べよとなっているが、内容の客観性を保つためには両方の視点から考えさせることが重要である。
　⑤ 結論として主張したいこと
2．メモにもとづき「です・ます体」で原稿を書く。
3．原稿にもとづきスピーチする。

第Ⅱ部　第8課

問題提起
↓
具体例
↓
↓
解決案
↓
解決法例
↓
豊かさの例と意見
↓
主張

　科学技術の発展により、わたしたちの生活にいろいろな問題が起きています。みなさんは、このことを考えたことがありますか。
　例えば、＿＿＿＿＿＿＿＿＿＿＿＿＿＿＿＿＿＿＿＿＿＿＿＿＿＿＿＿＿＿＿＿＿＿＿。
また、＿＿＿＿＿＿＿＿＿＿＿＿＿＿＿＿＿＿＿＿＿＿＿＿＿＿＿＿＿＿＿＿＿＿＿＿＿。
それに、＿＿＿＿＿＿＿＿＿＿＿＿＿＿＿＿＿＿＿＿＿＿＿＿＿＿＿＿＿＿＿＿＿＿＿。
　このような問題を解決するために、わたしたちは＿＿＿ならないのではないでしょうか。具体的には、＿＿＿＿＿＿＿＿＿＿＿＿＿＿＿＿＿＿＿＿＿＿＿＿＿＿＿＿＿＿＿＿＿＿＿するのです。
　もちろん、＿＿＿＿＿＿＿＿＿＿は、わたしたち人間の生活に、＿＿＿＿＿＿＿＿＿＿＿＿＿＿＿＿＿＿＿＿＿＿＿＿＿＿＿ような豊かさを与えています。しかし、＿＿＿＿＿＿＿＿＿＿＿＿＿＿＿＿＿＿＿＿＿と思います。
　つまり、わたしたちは、＿＿＿。

151

第9課

I. 目標

話す・聞く
・買いたい物についての希望や条件を伝える
・違いを比較し、買いたい物を選ぶ

読む・書く
・事実を正確に読み取る　・筆者の意見を読み取る

II. 学習項目

	話す・聞く 「どこが違うんですか」	読む・書く 「カラオケ」
本文内容	・ミラーさんが店員と話しながら電子辞書を選ぶ。	・井上大佑さんがカラオケを発明したきっかけとその後。
文法項目	1. お〜ますです（尊敬） 2. 〜てもかまわない 3. …ほど〜ない・…ほどではない 　（比較）	4. 〜ほど〜はない／いない（比較） 5. …ため［に］、…・…ためだ 　（原因・理由） 6. 〜たら／〜ば、…た（反事実的用法）
新出語 *固有名詞	**文法・練習**　決まる　済む　印鑑　サイン　性能　タイプ　機能　平日　将棋　自慢する　豚肉　牛肉　バレーボール　気温　降水量　月別　平均　予防注射 ．． **話す・聞く**　シンプル［な］　書き込み　検索　例文　ジャンプ機能　ジャンプ　商品　〜社　国語辞書　和英辞書　載る［例文が〜］　シルバー　付け加える　編集する　しっかり　留守番をする　柄	**文法・練習**　国々　都市　入国する　資源　とれる［米が〜］　大雪　乾燥する　道路　どんどん　最後　生きる　誕生　実現する　金メダル　金　メダル　バスケットボール　選手 *ドラえもん　アインシュタイン ．． **読む・書く**　共通語　演奏　特許　倒産　大金持ち　誇る　表れる　今では　TSUNAMI　影響　有名人　録音する　ヒント　貸し出す　ところが　競争　性別　地域　関係なく　娯楽　［お］年寄り　仲間　心　治す　単なる　きっかけ　交流協会　広報誌　暮らし　役立つ　参加者 *タイム　ガンジー　毛沢東　黒澤明　井上大佑　8ジューク　曲がるストロー　プルトップリング
会話表現	・こうやって **・〜だけじゃなくて、〜のがいいんですが…。** ・それでしたら、〜（の）がよろしいんじゃないでしょうか。 ・ほとんど変わりませんね。 **・〜で、〜はありませんか。**	
学習漢字		選　演　録　喜　喫　許　競　負　倒　齢　域　係　寄　仲　治 ．． 紀　影　響　奏　誕　娯　誇

Ⅲ. 文法・練習

1. お〜ますです

> 動詞の「〜している」の尊敬語の形です。現在継続中の動作や、動作が終わって結果が残っている状態の尊敬語として使われます。
> ① 何をお読みですか。＝ 何を読んでいますか。
> ② いい時計をお持ちですね。＝ いい時計を持っていますね。
> 状態動詞の場合は現在の状態の尊敬語として使われます。
> ③ 時間がおありですか。＝ 時間がありますか。
> また、往来発着を表す動詞の場合は、状況によって未来・過去の動作の尊敬語として使われることもあります。
> ④ 部長は何時にお着きですか。＝ 部長は何時に着きますか。
> ⑤ （夕方、隣の家の人に会って）今、お帰りですか。＝ 今、帰りましたか。
> なお、次の動詞の場合は特殊な形になります。
> ⑥ 行く・いる・来る → おいでです
>   来る → お越しです・お見えです
>   食べる → お召し上がりです
>   着る → お召しです
>   寝る → お休みです
>   住んでいる → お住まいです
>   知っている → ご存じです
>
> 参考 「お・ご〜」 『日本語文法演習 敬語を中心とした対人関係の表現－待遇表現－』p.22
>
> 「お見えです」は「来ています」の尊敬語の形ですが、「来てください」は「お見えください」ではなく「お越しください」という形になります。

【練習の留意点とヒント】

◇例文1）〜3）はそれぞれ丁寧体にすると1）「〜ます」、2）「〜ています」、3）「〜ました」の形になるものを挙げた。
　1）戻りますか　　2）待っています　　3）決まりましたか

◇「お〜です」が、「〜ます」「〜ています」「〜ました」のどの意味を表すかは文脈によって判断される。
　「練習1」は「〜ます」「〜ています」「〜ました」を「お〜です」の形にして言う練習、「練習2」は「お〜ですか」の質問に「〜ます」「〜ています」「〜ました」のどれで

あるかを判断して答える練習である。
学習者にとって同じ「お～です」の形がその場面の中でどの意味で使われているかを正しく理解するのは難しいかもしれない。「聞いてわかる」ための練習を十分にする。

◇理解のはやいクラスでは「お～です」と「お～します」を組み合わせた次のような練習をしてもよい。「～でしたら」は「丁寧形＋たら」の形であることを説明してから練習する（第4課で「～ましたら（丁寧形＋たら）」を学習済み）。

例：・急いでいます／タクシーを呼びます
→ お急ぎでしたら、タクシーをお呼びしますが…。
・何か困っています／お手伝いします
→ 何かお困りでしたら、お手伝いしますが…。
・注文が決まりました／聞きます
→ ご注文がお決まりでしたら、お聞きしますが…。
・食事が済みました／コーヒーを用意します
→ お食事がお済みでしたら、コーヒーをご用意しますが…。
・何か希望があります／伺います
→ 何かご希望がおありでしたら、お伺いしますが…。

2. ～てもかまわない

```
Vて形
いA  ―い → くて  ┐
なA          ├ ＋ もかまわない
N   ｝ ＋ で  ┘
```

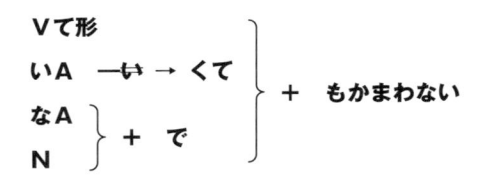

「～てもかまわない」は許可を与えること、許容することを表します。疑問文では許可を求める表現になります。「～てもいい」と同じですが「～てもいい」より硬い表現です。
① ここに座ってもかまいませんか。
② 間に合わなかったら、あしたでもかまいません。

参照　「～てもいい（許可）」：写真を撮ってもいいです。
(☞『みんなの日本語初級Ⅰ』第15課)

参考　「～てもいい」『初級を教える人のための日本語文法ハンドブック』p.159–160
「～てもかまわない」は「～てかまわない」と置き換えられません。
・ここに｛○座っても／×座って｝かまいませんか。
・間に合わなかったら、｛○あしたでも／?? あしたで｝かまいません。

> ただし、「〜てもいい」「〜ていい」という形と置き換えられることのほうが多いです。「〜てもいい」が「〜ていい」と置き換えられないのは、①のような疑問詞といっしょに用いる場合や②のような意志を表す場合だけです。
> ①　いつ｛○来ても／×来て｝いいです。
> ②　A：今夜一緒にパーティに行かない？
> 　　B：｛○行っても／×行って｝いいよ。

【練習の留意点とヒント】

◇例文、「練習」では「〜てもかまいませんか」という疑問文を扱っていないが、疑問文にすると応答は次のようになる。
　　例：ここに座ってもかまいませんか。
　　　…いいですよ。どうぞ。
　　　…すみません。あとから人が来ますので。
　学習者から質問があれば「いいえ、かまいます」という言い方はないこと、またはっきり拒否する場合（例：いいえ、だめです）以外は、「すみません」「申し訳ありません」「ちょっと…」などを使って受け入れられないことを伝え、理由も言う場合が多いことを説明する。

◇テキストの「練習」は丁寧体だけなので、普通体の会話で、「〜てもかまわない？」を使って相手に許容・許可を求める練習をしてもよい。
　　例：「結婚したら〜てもかまわない？」
　下記のような質問シートを作り、恋人同士になって聞き合う。シートの質問以外に、学習者自身が相手に要望したいことを質問欄に書かせる。「ううん」の場合はその理由も言うようにするとよい。また、聞き終わったら、相手と結婚するかどうか、どうしてそう決めたか発表させるとよい。

「結婚したら〜てもかまわない？」

質　　　問	うん…○　　ううん…×
給料（ボーナス）を自由に使う	
友達と遊んで、うちへ帰るのが遅くなる	
日曜日の夜は外食にする	

◇テキストの「練習」の発展練習として、次のような場面で「〜ば〜てもかまわない」を使って、「どうしても目的を果たしたい、あるいは切羽詰まった状況なので、1

つの条件さえ満たされれば他のことは受け入れる」ことを言う練習をしてもよい。教師が「切羽詰まった状況」を設定する。第7課で学習した「〜なくてもかまわない」も使うとよい。

　　例1：あなたは不動産屋でアパートを探しています。早く決めたいです。
　　　　・駅に近ければ、うるさくてもかまわない。
　　　　・家賃が安ければ、古くてもかまわない。
　　例2：あなたは仕事を探しています。何とか就職したいです。
　　　　・1週間に2日休みがあれば、残業が多くてもかまわない。

3. …ほど〜ない・…ほどではない（比較）

（1）　N／V普通形 ｝ほど ｛ いA －い → く ＋ ない
　　　　　　　　　　　　　　　　 なA －だ → ではない

（2）　N／V普通形 ｝ほどではない

> （1）「AはBほどXではない」は、AもBもXであるが、比較するとAのほうがBよりXでない、ということを表します。
> 　　① 中国は日本より広いが、ロシアほど広くはない。
> 　　② 八ヶ岳は有名な山だが、富士山ほど有名ではない。
> 　　③ 田中先生は厳しいですか。
> 　　　 …ええ、でも、鈴木先生ほど厳しくないですよ。
> 「思ったほど」「考えていたほど」などBに「V普通形」が来ることがあります。
> 　　④ このレストランは人気があるそうだが、料理は思ったほどおいしくなかった。
> （2）Xが省略されることもあります。
> 　　⑤ 10月に入って少し寒くなったが、まだコートを着るほどではない。

【練習の留意点とヒント】

◇「ほど」は程度を表すことばで、この文型は程度に大きな差がない（が、比較すれば〜のほうが〜）ということを言いたいときに使う。導入は、同じ事実を「AはBより〜（例：牛肉は豚肉より高い）」ではなく「BはAほど〜ない（豚肉は牛肉ほど高くない）」と言うべき場面や状況を示し、発話意図を理解させる。

　例：「同程度であるがベターなほうを勧める」会話
　　A：一度ディズニーランドに行ってみたいんですが、いつも込んでいて、長い時間待たなければならないそうですね。

B：そうですね。でも、平日は休日ほど込んでいないから、行くなら平日がい
　　　　いですよ。
◇「AはBほど～ない」のBが比較の基準であること、また文末は否定の形であるが
　「Aは～ない」の意味ではないことを押さえておく。
　　　平日は休日ほど込んでいません　→「平日は込んでいません」の意味ではない。
◇「練習3」例2から、来日前と来日後の日本の印象について話す。日本についての
　ステレオタイプな見方や情報と実際とがどう違ったかを話してもらう。
　　　例：日本では大体英語が通じると思っていましたが、思っていたほど通じません
　　　　でした。

4. ～ほど～はない／いない（比較）

Nほど ｛ いA／なA －な ｝ N ＋ はない／いない

> 「XほどYはない／いない」は、「Xが一番Y」という意味です。
> ①　スポーツのあとに飲むビールほどおいしいものはない。
> ②　田中さんほど仕事がよくできる人はいません。
> ③　この島で見る星ほど美しいものはありません。
> ④　田中先生ほど親切で熱心な先生はいない。
> ⑤　アジアで『ドラえもん』ほどよく知られている漫画はありません。

【練習の留意点とヒント】
◇話し手が主観的に「～がいちばん～だ」と思い、それを強調して言いたいときに使
　う。客観的な事実を言うときは使えない。次のような例を示して、誤用がでないよ
　うに指導する。
　　　○富士山ほど美しい山はない。
　　　×富士山ほど高い山はない。　→　○日本の山で富士山がいちばん高い。
◇クラスに多国籍の学習者がいる場合は自分の国や町の自慢をし合って、お互いにク
　ラスメートの国への理解を深めるとよい。
　　　例：・世界で中国の九寨溝（きゅうさいこう）ほどきれいなところはありません。
　　　　　・韓国料理のサムゲタンほどおいしい料理はありません。
　　　　　・スーパーマンほど有名なヒーローはいません。

5. …ため［に］、…・…ためだ（原因・理由）

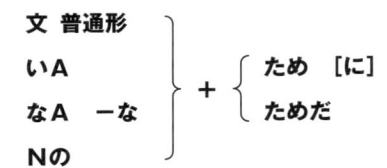

文　普通形
いA
なA　－な　　＋　ため［に］
Nの　　　　　　　ためだ

> 「Xために、Y」は、Xが原因・理由となってYが起こったということを表す書きことば的な表現です。「から・ので」より硬い文章で使われます。結果Yを先に述べて原因・理由であるXを述語に表す場合には、「Y（の）はXためだ」となります。
> ①　大雪が降ったために、空港が使えなくなりました。
> ②　空港が使えなくなったのは、大雪が降ったためです。
>
> 参考　「～ために」　　　　　『初級を教える人のための日本語文法ハンドブック』p.214
> 　　　「～ために」『中上級を教える人のための日本語文法ハンドブック』pp.412–415
> 原因・理由を表す「～ために」は①のような無意志動詞にも、②のような意志動詞にも接続します。
> ①　台風が来たために、学校が休みになった。（無意志動詞）
> ②　友達が来たために、宿題ができなかった。（意志動詞）
> 「ために」は目的を表すこともあります。ただし、目的を表す場合は「大学に入る」のような意志動詞に接続する場合にかぎられます。
> ③　大学院に入るために、一生懸命勉強しました。

【練習の留意点とヒント】

◇『初級Ⅱ』第42課で「目的」の「…ため［に］」を学んでいる。
　「…ため［に］」が「原因・理由」の意味か「目的」の意味かは文脈によって判断される。学習者にとって難しい判断ではないが、次のような例文を示して、確認しておくとよい。
　①　家具を買うために、お金を貯めている。（目的）
　　　高い家具を買ったために、今月は生活費が足りなくなった。（原因・理由）
　②　修理のため、ガス会社の人に来てもらった。（目的）
　　　修理のため、このトイレは使用禁止です。（原因・理由）

6. ～たら／～ば、…た（反事実的用法）

Vたら／Vば、…た
いA　－い → かったら／ければ、⎫
なA　　＋ だったら／なら、　　⎬ …た

> 実際には起こらなかったことについて、もしそのことが起こっていた場合にはどうだったのかということを仮定して述べる表現です。文末には推量を表す表現や「のに」が来ます。
> ① もし昨日雨が降っていたら、買い物には出かけなかっただろう。
> ② お金があれば、このパソコンが買えたのに。
>
> 参照　「～たら（仮定）」：お金があったら、旅行します。
> 「～たら（将来起こることが確実なこと）」：
> ・10時になったら、出かけましょう。　（☞『みんなの日本語初級Ⅰ』第25課）
> 「～ば（条件）」：
> ・ボタンを押せば、窓が開きます。　（☞『みんなの日本語初級Ⅱ』第35課）
>
> 参考　「反事実的条件を表すもの」
> 　　　　　　『中上級を教える人のための日本語文法ハンドブック』pp.403–404
> 後件の述語は、仮定条件を表す場合は①のように辞書形になりますが、反事実的条件を表す場合は②のように「た」「ていた」になることが多い。
> ① 日本に留学したら、日本語が上手になるだろう。（仮定条件）
> ② 日本に留学していなかったら、彼女と結婚していなかっただろう。（反事実的条件）
> 「反事実的条件」　　　『日本語文法演習　ことがらの関係を表す表現－複文』pp.6-7
> また、前件の述語は③のように状態性になることが多い。
> ③ 休みがあったら、温泉にでも行くのに。

【練習の留意点とヒント】

◇文末に「のに」や「が」をともなって、実際には起こらなかったことを残念に思ったり、後悔する気持ちを表すときによく使われる。

◇歴史上の事実をもとに、そのことがなかったらどうであったかいろいろ考えてみるのもおもしろい。
　例：クレオパトラの鼻がもう少し低かったら、世界の歴史は変わっていただろう。

◇「練習１」「練習２」はどちらも残念に思うことが述べられているが、反対に起こらなくてよかったと思うことを言うときにも使われる。

例：乗る予定だった飛行機が墜落した。
　　→　あの飛行機に乗っていたら、死んでいたかもしれません。
　　入社試験に失敗した会社が倒産した。
　　→　あの会社に入っていたら、今ごろまた就職活動をしていたと思います。

Ⅳ. 話す・聞く 「どこが違うんですか」
【目標】

> ①　買いたい物についての希望や条件を詳しく伝える。
> ②　商品の違いを尋ね、買いたい物を上手に選ぶ。

・学習者の中には、買い物での交渉と言えば値引きの交渉をまず考える人がいるが、日本のデパートでは付いている値段での販売がほとんどである。また、他の小売店、量販店などでも表示価格での販売が原則で「値段の交渉」をする余地は少ない。
・日本では、商品知識をしっかり持った店員が多く、買い物のときには店員にいろいろ聞くとよい。

1. やってみましょう
タスクをする前に、携帯電話にはどんな機能があるか、自分が携帯電話を選ぶときはどういうところをチェックするか、よく使う機能は何かなどを聞いてみる。

2. 聞いてみましょう
登場人物：電気製品の店の店員
　　　　　ミラー（IMC 社員）
場　面：電気製品の店で
　　　　（CD を聞く前に『中級Ⅰ』の「表」（P.119）に書いてあることを確認するよう指示する）

3. もう一度聞きましょう
・それでしたら
　相手の言ったことを受けて、提案したりアドバイスしたりするときに使う。
　「それなら」（『初級Ⅱ』第35課「会話」）の丁寧な形である。
・今よく売れてますし
　『初級Ⅱ』第28課で「…し…し」は普通形に接続すると学習しているが、丁寧に話すときは丁寧形も使われる。

・こうやって
　　使い方や操作の仕方を実際にやりながら説明するときに言う。
・（〜がよろしい）んじゃないでしょうか
　　第5課で学習した「〜んじゃない？／〜んじゃないですか」の丁寧な言い方。
・ほとんど変わりませんね
　　この「変わらない」は「違いがない」の意味。
・ございます
　　「あります」の丁寧語。『初級Ⅱ』第50課で学習しているが、確認しておく。

4．言ってみましょう

・終助詞「ね」が多く出てくるが、イントネーションに留意する。
　　a．……漢字の検索方法ですね。
　　b．便利ですね。
　　c．……例文が少ないですね。
　　d．ほとんど変わりませんね。
同意を表したり、相手に同意を求めたりするとき（b、c）、また話し手の意見や考えを柔らかく相手に伝えるとき（a、d）に「ね」をつけ、下降イントネーションで言う。

5．練習をしましょう

1）〜だけじゃなくて〜のがいいんですが
　　相手が示したいいところ（利点）にさらに話し手の希望や条件を付け加えて述べる。
　　　　例：（1）（2）　○客　　●店員
2）〜で〜はありませんか
　　この「で」は範囲の限定を表す。買い物の際に、1つの条件を限定した上で、その他の希望を述べる言い方である。
　　　　例：（1）（2）　○客　　●店員
　　便利な表現なので、練習を買い物以外の場面に発展させてもよい。
　　　　例：旅行社の人と話しながら旅行プランを練る。
　　　　　　・1泊1万円までで昼食もついている旅館はありませんか。

6. 会話をしましょう

イラスト	会話 （ゴシック体は使ってほしい表現）	会話の流れ
[電気製品の店で] 1）	店　員：　電子辞書をお探しですか。 ミラー：　ええ。日本語の勉強に使うんですが……。ことばの意味と漢字の読み方を調べたいんです。 店　員：　それでしたら、このフラット社のがいいと思いますよ。今よく売れてますし。	〈客に声をかける〉 何に使うか言う 〈商品を勧める〉
2）	ミラー：　さっきあちらのキャロン社のを見てたんですが、そのフラット社のとどこが違うんですか。 店　員：　そうですね。いちばんの違いは漢字の検索方法ですね。フラット社のはこうやって画面に漢字を書くと、読み方や意味を調べることができるんです。 ミラー：　便利ですね。 店　員：　ええ、それに、ジャンプ機能も付いています。例えば、国語辞書から和英辞書へジャンプして調べることもできるんですよ。 ミラー：　でも、そのフラット社のは例文が少ないですね。意味の説明**だけじゃなくて、例文がたくさん載っているのが欲しいんです**。ほかにいいの、ありませんか。	２つの商品の違いを聞く 〈違いを説明する〉 〈さらに商品の特徴を説明する〉 希望を言って他の商品を見せてもらう
3）	店　員：　例文ですか。入っている辞書の数はこれより少なくてもかまいませんか。 ミラー：　ええ。必要な辞書が入っていれば。 店　員：　それでしたら、トップ社のがよろしいんじゃないでしょうか。フラット社ほど辞書の数は多くないんですが、例文は多いですよ。	〈お客さんの希望に合った別の商品を勧める〉
4）	ミラー：　そうですか。そのトップ社の機能はフラット社のと比べると、どうですか。 店　員：　ほとんど変わりませんね。書き込み検索もできるし、ジャンプ機能もあるし。 ミラー：　そうですか。そのトップ社の**で**、ほかの色**はありませんか**。 店　員：　はい、こちらにいろいろございます。 ………… ミラー：　じゃ、そのシルバーのにします。 店　員：　ありがとうございます。	前の商品と比較して違いを聞く さらに商品の希望を言う 買う

第Ⅱ部　第9課

※　指示語が多く出てくるので電子辞書（あるいは電子辞書に見立てたもの）を3台用意し、どの辞書について話しているのかがわかるようにして練習する。

7. チャレンジしましょう

【ロールプレイ】
- デパートで店員とやり取りしながら希望にあったかばんを買う。
- 自作の副教材を準備する。
  紙を二つ折りにして外側にかばんの絵を描きメーカー名を書いておく。内側にはBがそれを見ながら説明できるようにそのかばんの特徴を書いておく。

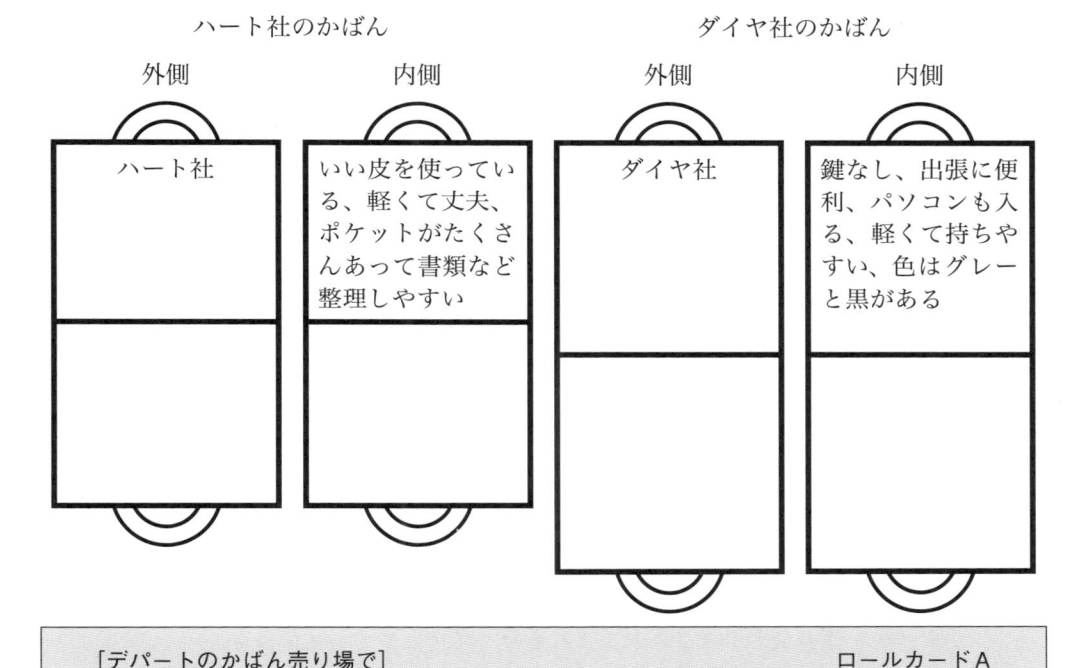

ハート社のかばん

外側：ハート社

内側：いい皮を使っている、軽くて丈夫、ポケットがたくさんあって書類など整理しやすい

ダイヤ社のかばん

外側：ダイヤ社

内側：鍵なし、出張に便利、パソコンも入る、軽くて持ちやすい、色はグレーと黒がある

[デパートのかばん売り場で]　　　　　　　　　　　　　　　　　　　　　　ロールカードA

A：客
B：デパートのかばん売り場の店員

あなたはAです

次のようなかばんが欲しいのでデパートへ買いに来ました。
　　2泊3日ぐらいの短い出張に持って行く
　　書類や服以外にパソコンが入れられる
　　鍵はなくてもいい、軽いかばん、色は黒

- エース社のかばんを見ていると、店員に声をかけられました。店員にいろいろ聞いて、自分の希望に合ったかばんを買ってください。

| [デパートのかばん売り場で] | ロールカードB |

A：客
B：デパートのかばん売り場の店員
あなたはBです

・お客さんがかばんを見ているので声をかけてください。
・お客さんの希望を聞いて、まずハート社のかばんを勧めてください。
・鍵が必要かどうか聞いて、次にダイヤ社のかばんを勧めてください。

【会話例】
　　B：　旅行かばんをお探しですか。
　　A：　ええ。短い出張に持って行くかばんが欲しいんですが……。
　　B：　それでしたら、このハート社のがいいと思いますよ。
　　A：　今、このエース社のを見ていたんですが、そのハート社のとどこが違うんですか。
　　B：　そうですね。いちばんの違いは皮ですね。ハート社のはとてもいい皮を使っているので、軽くて丈夫です。
　　A：　ほんとだ。軽いですね。
　　B：　それに、ポケットがたくさんあって書類も整理しやすいですし。
　　A：　でもこれ、ちょっと小さいですね。書類だけじゃなくてパソコンも入れられるのが欲しいんです。他にいいの、ありませんか。
　　B：　パソコンですか……。鍵がついていなくてもかまいませんか。
　　A：　ええ。
　　B：　それでしたら、このダイヤ社のがよろしいんじゃないでしょうか。ハート社のほどポケットは多くないのですが、出張には便利ですよ。
　　A：　重さはハート社のと比べると、どうですか。
　　B：　あまり変わりませんね。これも軽くて持ちやすいですよ。
　　A：　そうですか。これと同じかばんで、黒はありますか。
　　B：　はい。ございます。
　　A：　じゃ。それにします。
　　B：　ありがとうございます。

【評価のポイント】
・2つのかばんの違いが聞けたかどうか。
　　　例：～とどこが違うんですか
・自分の希望を伝えて、ほかの商品を見せてもらったかどうか。
　　　例：～がほしいんです。ほかにいいの、ありませんか
・かばんの重さについて、他社との違いを聞けたかどうか。
　　　例：重さは～のと比べるとどうですか

・色の希望を言えたかどうか。
　　例：～で、黒はありますか

V．読む・書く　「カラオケ」
【目標】

> ①　カラオケ誕生の経緯と世界におけるカラオケの使用状況を理解する。
> ②　事実と筆者の意見を区別して読み取る。
> ③　国際交流のための広報誌用の記事を書く。
> ④　会議の場で日常生活に密着した特許商品を紹介する。

1．考えてみましょう

多くの学習者にとってカラオケは馴染みのあるものと思われるが、なぜ"KARAOKE"と言うのかまで知っている人は少ないだろう。次のような説明をしてもよい。

「カラオケは、歌が入っていない空っぽのという意味のカラとオーケストラ（orchestra）のオケとを組み合わせて作った語です。」

2．ことばをチェックしましょう

世界共通語、演奏、特許、倒産、大金持ち、文化*、誇る

3．読みましょう／4．答えましょう

世界に広く普及しているカラオケの誕生の経緯と使用状況を4W1H（いつ、どこで、だれが、何を、どうした／その後どうなった）によって把握し、カラオケに対する筆者の思い、考えを読み取る。

【手順・留意点】
1．読むときのポイントのタスクにしたがい、「実際にあったこと＝事実」と「筆者の思い、考え＝意見」が述べられている箇所を探しながら、黙読させる。時間は4分程度。
2．「事実」の文章のうち、カラオケを作ることになったきっかけが書いてある文章と、カラオケ誕生の時とその後のことが書いてある文章に注目して、再度読ませる。その際「いつ、どこで、だれが、何を、どうしたか、どうして」を述べた箇所に下線を引くように指示する。

〈カラオケを作ることになったきっかけ〉
　　いつ：ある日
　　どこで：神戸で
　　だれが：井上さんが
　　何をどうしたか：音の高さや速さをお客さんに合わせて録音をしてあげた
〈カラオケの誕生時とその後〉
　　いつ：1971年
　　どこで：神戸で
　　だれが：井上さんが
　　何を：演奏だけが入っている「8ジューク」という機械を
　　どうしたか：レストランや喫茶店に貸し出す会社を始めた
　　その後どうなったか：会社は倒産した
　　どうして：特許を取っておかなかった
　　　　　　　ほかの会社との技術競争に負けてしまった

3．答えましょう2）をし、確認する。
4．答えましょう3）をする。意見や感想を述べる文が的確に探し出せていない場合は、文意から判断する方法のほかに「思う」「…かもしれない」「…のだ」といった文末表現が手がかりになることをヒントとして与える。
5．答えましょう1）をする。正答・誤答いずれの場合も判断の根拠となった箇所を示す。
6．CDを聞き、その後音読の練習をする。

5．チャレンジしましょう

1）自国と日本のカラオケの違い（機械・ソフトの違い、使用法、カラオケ店のつくりの違い等）に関する客観的な説明文とカラオケについての意見文が書けることを目指す。

【手順・留意点】

1．自国と日本のカラオケを比較し、下記の点で違いがあるかどうかを考えさせ、メモさせる。
　　どんなとき歌うか、どこ（カラオケボックスのような専門店、レストラン、ホテル、自宅、集会所など）で歌うか、だれと歌うか、何のために歌うか、歌詞が書いてある本やモニター画面を見ながら歌うか、モニターの画像には何が表示されるか、機械の形・サイズなど。
　　なお、日本のカラオケについても自国のカラオケについてもその実態をあまり知らない学習者がいる場合は、学習者自身にインターネット等を使って調べさ

せるとよい。そのような学習環境にない場合は教師が写真等を用いて説明する。
2．自国と日本のカラオケの違いを含め、カラオケについてどう思うか、自分の意見をメモさせる。
3．下記の比較対照の表現を確認しておく。
　　「Aは…が、Bは…。」
　　「AはBと比べ…。」(第2課)」
　　「Aは…。反対にBは…。」(第8課)
　　「AはBほど…はない／いない。」(第9課)
4．次の文章の型に合わせ、「です・ます体」で記事を書かせる。読者は国際交流に関心を持つ日本人や外国人であることを前提とする。

　　　話題導入
　　　　↓
　　自国と日本の
　　カラオケの違いを
　　　　説明
　　　　↓
　　カラオケに
　　ついての意見

　　　　　＿＿＿＿＿＿＿のカラオケについて知っていますか
　　　　　　　　　　　＿＿＿＿氏名＿＿＿＿

　　　　　＿＿＿＿＿＿＿のカラオケについて、みなさんご存じでしょうか。
　　　　　＿＿＿＿＿＿＿と日本のカラオケには次のような違いがあります。
　　　　　＿＿＿＿＿＿＿＿＿＿＿＿＿＿＿＿＿＿＿＿＿＿＿
　　　　　＿＿＿＿＿＿＿＿＿＿＿＿＿＿＿＿＿＿＿＿＿＿＿
　　　　　＿＿＿＿＿＿＿＿＿＿＿＿＿＿＿＿＿＿＿＿＿＿＿
　　　　　＿＿＿＿＿＿＿＿＿＿＿＿＿＿＿＿＿＿＿＿＿＿。
　　　　　以上のような違いはありますが、カラオケは
　　　　　＿＿＿＿＿＿＿＿＿＿＿＿＿＿＿＿＿＿＿＿＿＿＿
　　　　　＿＿＿＿＿＿＿＿＿＿＿＿＿＿＿＿＿＿＿＿＿＿＿
　　　　　＿＿＿＿＿＿＿＿＿＿＿＿＿＿＿＿＿＿＿＿＿＿＿
　　　　　＿＿＿＿＿＿＿＿＿＿＿＿＿＿＿＿＿＿＿＿＿＿。

2）多くの学習者は事例を知らないだろうから、宿題などにして調べさせる。
　　特許商品を調べる際には、だれが、なぜ、発明したのか、その使い方などについても調べるよう、また自分はその商品を使ってみたいかなど意見等も述べるように指示する。なお、商品を紹介するときはできるだけ写真や絵を持参するように言う。

【手順】
1. 「暮らしとアイディア」の会議の場面を設定する。学習者が多いクラスは少人数のグループに分けて会議を行う。
2. 自分が調べた商品について、写真等を示しながら下記の表現を使って紹介するように言う。

　　例：わたしは、……というこの商品（写真を指しながら）について紹介いたします。
　　　　この商品は、……が……ために発明したものです。
　　　　使い方は、まず、……。次に、……。そして、……。
　　　　この商品は……と思います。
　　　　この商品について、何か質問はありませんか。

第10課

I．目標

話す・聞く ・誤解されたことに冷静に対応する

読む・書く ・違いを探しながら読む　・結論を読み取る

II．学習項目

	話す・聞く 「そんなはずはありません」	**読む・書く** 「記憶型と注意型」
本文内容	・自転車の置き場所のルールを守っていないという管理人の誤解を解く。	・心理テストでわかる失敗する人の2つのタイプと失敗を避けるためのアドバイス。
文法項目	1．（1）…はずだ（確信） 　　（2）…はずが／はない 　　（3）…はずだった	2．…ことが／もある 3．〜た結果、…・〜の結果、… 4．（1）〜出す（複合動詞） 　　（2）〜始める・〜終わる・〜続ける 　　　　（複合動詞） 　　（3）〜忘れる・〜合う・〜換える 　　　　（複合動詞）
＊補足項目		＊…ということになる
新出語 ＊固有名詞	**文法・練習**　もうける［お金を〜］ 見かける　否定する　タイムマシン 宝くじ　当たる［宝くじが〜］ ワールドカップ　カエル　計画　実際 　 **話す・聞く**　出す［修理に〜］　聞き返す てっきり　倉庫　プリンター 入る［電源が〜］　マニュアル　親しい 驚く　〜代［60〜］　誤解	**文法・練習**　めったに　通じる［電話が〜］ 時間通りに　かかる［エンジンが〜］　鬼 怒る　CO_2　抽選　一等　投票 ［お］互いに ＊JR　沖縄県　マザー・テレサ　新宿 　 **読む・書く**　記憶　〜型　落とし物 転ぶ　奇数　偶数　ぼんやりする あわて者　ミス　これら ヒューマンエラー　手術　患者　心理学者 おかす［ミスを〜］　うっかりミス うっかり　こういう　チェックリスト 手がかり　一方　深く［〜呼吸する］ 指　聖人君子　うそつき　または　エラー 困った人　完成する つながる［出来事に〜］　出来事　不注意 引き起こす ＊リーズン
会話表現	・**どういうことでしょうか。** ・そんなはずはありません。 ・**てっきり〜と思っていました。** ・気を悪くする ・わかってもらえればいいんです。	
学習漢字		型　財　酒　交　故　原　因　飛　庭　活 果　番　号　準　備　偶　深　指　認　操 君　困 憶　患　奇　聖

Ⅲ．文法・練習

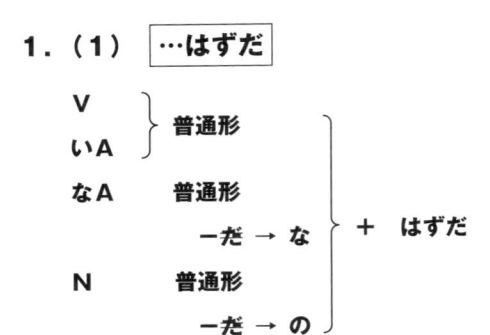

1．（1） …はずだ

```
V  ┐
いA ┘ 普通形
なA    普通形
         －だ → な    ＋ はずだ
N     普通形
         －だ → の
```

> 「…はずだ」は計算、知識、論理にもとづいて話し手が強く確信していることを表します。
> ① 飛行機で東京まで1時間だ。2時に大阪を出発すれば3時には着くはずだ。
> ② 薬を飲んだから、もう熱は下がるはずだ。
> ③ 子どもが8人もいたから、生活は楽ではなかったはずだ。
>
> 「はず」は名詞と同じように、「はずなのに」「はずの」「そのはず」というように使います。
> ④ 山田さんは来ますか。
>   …はい、そのはずです。
>
> 参照　「…はずだ」：
>   ・ミラーさん今日来るでしょうか。
>   …来るはずですよ。昨日電話がありましたから。
>   （☞『みんなの日本語初級Ⅱ』第46課）
>
> 参考
> 「Vたはずだ」も「Vた」ということを計算、知識、論理にもとづいて話し手が強く確信していることを表します。
>   A：さっき田中さんを駅で見ましたよ。
>   B：田中さんは仕事でヨーロッパへ行ったはずですが…。
> 「はずだ」　　　『中上級を教える人のための日本語文法ハンドブック』p.210
> 強く確信していることでも直感的な場合には「はずだ」が使えません。そのような場合は、「にちがいない」を使います。
>   ・一目見ただけで「私は彼と結婚する｛にちがいない／？はずだ｝」と感じた。

【練習の留意点とヒント】
◇「…はずだ」は通常定着しにくく、運用に至りにくい表現である。導入に際しては『初級Ⅱ』第46課導入を繰り返すくらいの取り組みがいいだろう。

◇『初級Ⅱ』第46課では接続を次の範囲に絞って練習している。

動詞辞書形	
動詞ない形ない	
い形容詞	はずだ
な形容詞な	
名詞の	

したがって、ここではまず『初級』第46課で扱わなかった接続の形（過去形＋はずだ）を取り上げ、その後「はずだ」の後ろにいろいろなものが接続する場合（はずなので、はずなのに）を練習するとよい。

◇「…はずだ」の意味・用法には話し手の判断・推測のほかに、「寒いはずだ。雪が降っている」のように、話し手が不審を抱いたことを、合点の行く説明により納得する表現もあるが、ここでは扱わない。

◇「練習」の前に、「開ける・閉める・開く」「つける・消す・つく」「出す・しまう・出る」の自動詞・他動詞を練習しておくのがよい。

この「練習」は、話し手が当然そうだと思っていたことが現実と違っており、話し手の後悔、不審の念を表している。

1.（2） …はずが／はない

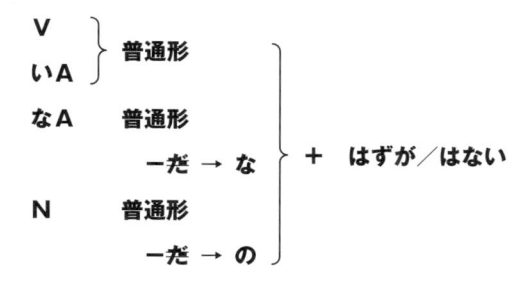

V
いA ｝普通形
なA　普通形
　　　ーだ → な ｝＋ はずが／はない
N　　普通形
　　　ーだ → の

> 「はずがない／はずはない」は「はずだ」の否定の形で、「〜あり得ない、可能性がない」という意味です。根拠にもとづいて強く否定します。
> ① あんなに練習したんだから、今日の試合は負けるはずがない。
> ② 人気がある映画なのだから、おもしろくないはずはありません。
> ③ 階段の前に1週間前から赤い自転車が置いてある。ワットさんも赤い自転車を持っているが、今修理に出してある。だからこの自転車はワットさんの自転車のはずがない。
>
> なお、相手の発言を「それは事実ではない」という気持ちで強く否定する場合は、「そんなはずはない」を使います。
> ④ かぎがかかっていなかったよ。
> 　…そんなはずはありません。

ほとんどの場合、「はずがない」は「はずはない」と置き換えられます。
　⑤　田中さんがパーティーをしようと言い出したのだから、来ない{はずがない／はずはない}。

> **参考**
> 「はずがない」　　　　　　　『中上級を教える人のための日本語文法ハンドブック』p.210-211
> 「はずがない」と「ないはずだ」はほぼ同じですが、「はずがない」のほうがやや強い否定です。
> 　・田中さんは入院しているから、パーティーに{来るはずがない／来ないはずだ}。
> 「はずは（が）ない」　　　　　『日本語文法演習 話し手の気持ちを表す表現』p.18

【練習の留意点とヒント】
◇『中級Ⅰ』第7課4.（2）「練習1」を「はずがない」の根拠を考える応用練習とするのもおもしろい。
　　例：彼が海外へ行くそうですよ。
　　　　…えっ、彼が飛行機に乗るはずがありませんよ。
　　　　彼は2階から下を見ただけで気分が悪くなるんですよ。

1.（3）　…はずだった

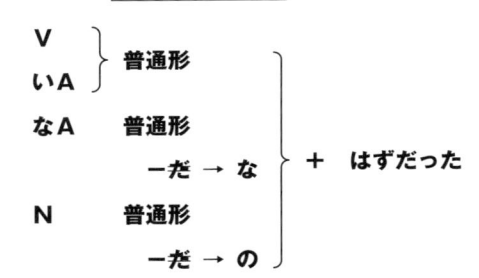

```
V  ┐
いA ┘ 普通形
なA　普通形
　　　－だ → な  ┐＋ はずだった
N　　普通形
　　　－だ → の  ┘
```

> 「…はずだった」は「…はずだ」の過去の形で、当然そうなると思っていたことを表します。思っていたことと異なる結果になった場合に用いられることが多いです。
> 　①　旅行に行くはずだった。しかし、病気で行けなくなった。
> 　②　パーティーには出ないはずだったが、部長が都合が悪くなったので、わたしが出席することになった。
>
> **参照**　「…はずだ」：ミラーさんは今日来るでしょうか。
> 　　　　　　　　　　…来るはずですよ。昨日電話がありましたから。
> 　　　　　　　　　　　　　　　　　　　（☞『みんなの日本語初級Ⅱ』第46課）

【練習の留意点とヒント】

◇「当然そうなると思っていたことが、異なる結果になった」ことを示す。自分のことであっても、自分の意志ではなく「そう決まっていた」「そういうことになっていた」「そういう予定だった」ということである。「練習」の「例：オリンピックに出るはずだったんですが、けがをして、出られなくなってしまいました」も「出ることになっていた／決まっていた」という意味で、自分の意志と違った結果になった場合は「出るつもりでしたが／出ようと思っていましたが、けがをして、出られなくなってしまいました」などとなる。

◇「が／のに／けれど」などをともない、話し手の意外感、後悔、失望などの気持ちが表される。

◇「運命の分かれ道物語」を作る応用練習も楽しいだろう。

　　例：忘れ物をして、乗るはずだった電車に乗り遅れ、教授との約束に遅れて行った。研究室にはもう一人学生がいた。わたしは教授に彼を紹介された。その日が運命の分かれ道。大学院に進むはずだったわたしは、彼と結婚して、今5人の子どもの母親になっている。

2. …ことが／もある

V辞書形　　　　　　　　　　　　　　　　
Vない形　ーない　　　　　　　　　　　　
いA　　　　　　　　　＋　ことが／もある
なA　　ーな　　　　　　　　　　　　　　
Nの　　　　　　　　　　　　　　　　　　

（1）「ことがある・こともある」は「ときどきXが起こる・Xの状態になる」という意味です。
　　① 8月はいい天気が続くが、ときどき大雨が降ること {が／も} ある。
　　② 母の料理はいつもおいしいが、ときどきおいしくないこと {が／も} ある。
　　③ このスーパーはほとんど休みがないが、たまに休みのこと {が／も} ある。

（2）「ことがある」「こともある」はほとんどの場合、同じ意味で用いられます。
　　④ このエレベーターは古いから、たまに止まること {が／も} ある。
　　⑤ 彼女の電話はいつも長いが、たまには短いこと {が／も} ある。
　　⑥ うちの子どもたちはとても元気だが、1年に何度か熱を出すこと {が／も} ある。

> 参照 「Vた形＋ことがある（経験）」：
> ・わたしはパリに行ったことがあります。　（☞『みんなの日本語初級Ⅰ』第19課）

> 参考
> 「ときどきVが起こる」ということを並列する場合は、「～こともある」を用います。
> ・ケーキを作るのはまだ上手ではないので、成功することもあるし、失敗することもあります。
> 他にも同じようなことがあるというニュアンスを出したい場合も「～こともある」を用います。
> ・失敗する｛こともある／？ことがある｝よ。元気を出してね。

【練習の留意点とヒント】

◇導入は「～たことがあります」と対比しながらするとよい。
　　例：A：母は優しいです。怒ったことがありません。
　　　　B：本当？　絶対に？　一度も？
　　　　A：うーん。いいえ…あります。1年に1回くらい、怒ることがあります。
◇副詞といっしょに使うと伝わりやすい。

　　いつも
　　めったに（～ない）　　　　　が、　　たまに　　　　　ことが／もある
　　毎朝、毎日、毎晩、毎週、毎月、毎年　　ときどき

◇「練習1」
　3）父はめったに泣かない・昔の映画を見て泣いている
　　→ 父はめったに泣かないが、たまに昔の映画を見て泣いていることもある。
「泣くこともある」でもいいが、「泣いていることもある」の場合は話し手がその場面を見かけることがあるという意味を持つ（質問がない場合はわざわざ説明する必要はない）。

3. ～た結果、…・～の結果、…

Vた形
Nの　　　＋　結果、…

> ある動作「～」をして、「…」が導き出されてきたことを表します。おもに書きことばで用いますが、テレビやラジオのニュースにもよく使われます。
> ① ｛調査した／調査の｝結果、この町の人口が減ってきていることがわかりました。

② 両親と{話し合った／の話し合いの}結果、アメリカに留学することに決めました。

> 参考
> 名詞の「結果」と混同しないように注意が必要です。
> ・試験の結果は、不合格でした。

【練習の留意点とヒント】
◇「…」という結果が導き出されるためには調査する、考える、話し合う、相談するなど、結果が導き出されるような内容のことばが「結果」の前に来ることが多い。
◇結果であるから、後件の文末は「～た」で終わる。
◇この文型の接続の形、意味はさほど難しくはないが、使われる場面、機会、事柄、および他の語彙とのバランスなどが理解された上で使われないと、適切でないことが多い。
　上記文法説明（「書きことばである。テレビやラジオのニュースにもよく使われる」）の他に、会議やミーティングなどフォーマルな場で報告する場合や、授業で説明したりプレゼンテーションをしたりする場合などにも使われる。内容はアンケートや調査の結果、実験結果の報告など、公の情報として資するものが多い。親しい友人同士や家族の会話の中では「～たら、……」(例：病院で調べてもらったら（調べてもらった結果）、どこも悪いところはなかった）などが使われるであろう。
◇新聞やインターネットなどの記事を準備し、「～た／の結果」が含まれる部分を探し出させるとか、ある課題を与えてアンケート調査をさせたり、インターネットで資料を探させたりして、その結果を「～た／の結果、…」という表現を使って発表させる。
　　例：「たばこを吸う女性の割合」
　　　　→ インターネットで政府の白書を調べた結果、……がわかりました。

4．（1） ～出す（複合動詞）

> 「Vます形＋出す」は「Vすることが始まる」という意味です。
> 　例：泣き出す、（雨が）降り出す、動き出す、歩き出す、読み出す、歌い出す、話し出す
> 　　① 急に雨が降り出した。
> 「V出す」は勧誘や依頼には使えません。
> 　　② 先生がいらっしゃったら、{○食べ始めましょう／×食べ出しましょう}。（勧誘）

> 本を｛○読み始めてください／×読み出してください｝。（依頼）

【練習の留意点とヒント】
◇第7課の読み物「まんじゅう、怖い」を復習し、その中で「震える」と「震え出す」が使われている状況の違いを観察させる。
◇話し手にとって「意外な」ことが「急に」始まった場合に用いることが多いこと、また例文および「練習」の中の「驚く」「急に」のことばなどといっしょに使われていることに注目させる。
◇主語が無生物である場合や人間の生理現象を表す場合によく使われる。

4.（2） ～始める・～終わる・～続ける（複合動詞）

> Vが始まること、終わること、続けることを表します。
> ① 雨は3時間くらい続きましたが、電話がかかってきたのは、｛○雨が降り始めた／×雨が降った｝ときでした。
> ② 宿題の作文を｛○書き終わる／×書く｝前に、友達が遊びに来た。
> ③ 5分間走り続けてください。

【練習の留意点とヒント】
◇「～出す」を学んだ直後なので、「～始める」との違いや使い分けについて質問が出ることが予想される。
「～始める」は「～」の開始が予測されているのに対して、「～出す」は予測していなかったことが急に起こった場合に使われる。
　　例：・降りそうだと思っていたら、とうとう雨が降り始めた。
　　　　　⇔急に雨が降り出した。
　　　・そろそろミルクの時間だ。赤ちゃんが泣き始めた
　　　　⇔急に赤ちゃんが泣き出した。どうしたんだろう。
　　　・体が震え始めた。（？）⇔体が震え出した。
　　　・髪が抜け始めた。⇔髪が抜け出した。（？）

4．(3)　～忘れる・～合う・～換える（複合動詞）

> （1）「Vます形＋忘れる」は「Vすることを忘れる」という意味です。
> 　　① 今日の料理は塩を入れ忘れたので、おいしくない。
> （2）「Vます形＋合う」は「複数の人やものがお互いにVする」という意味です。
> 　　② 困ったときこそ助け合うことが大切だ。
> （3）「Vます形＋換える」は「Vして換える」「換えてVする」という意味です。
> 　　③ 部屋の空気を入れ換えた。
> 　　④ 電車からバスに乗り換えた。
>
> 参考
> 自動詞「～続く」はほとんどの場合「～続ける」と同じ意味で用いられます。
> 「～終える」は「～終わる」より書きことば的な表現です。「～」には意志的な動詞を用います。
> 　・ねえ、この本、もう読み｛？終えちゃった／終わっちゃった｝よ。他の本、貸してくれない？

【練習の留意点とヒント】

◇「～忘れる」

　『初級Ⅱ』第38課の以下の問題を使うとよい。
　　練習A3．電気を消すのを忘れました　→　電気を消し忘れました。
　　練習B3．買い物に行きました・卵を買いませんでした
　　　　　　→　買い物に行きましたが、卵を買い忘れました。
　ただし、使えないものは出さないように注意する。
　　　例：行く／来るを含む動詞

◇「～合う」

　・『みんなの日本語』に出現する「V合う」の単語は以下の通り。
　　　知り合う（『初級Ⅱ』第47課）、話し合う（『中級Ⅰ』第3課）、助け合う（『中級Ⅰ』第10課）、愛し合う（『中級Ⅰ』第10課）、協力し合う（『中級Ⅰ』第11課）
　・上記単語を本冊で探し、その状況を説明する文を作らせるとよい。
　　　例：「知り合う」『初級Ⅱ』第47課「会話」
　　　　　・渡辺さんは去年、友人の結婚式で鈴木さんと知り合い、このあいだ婚約しました。

◇「～換える」

　・『みんなの日本語』に出現する「V換える」の単語は以下の通り。

『初級Ⅰ』乗り換える（第16課）
　　『中級Ⅰ』買い換える（第6課）、書き換える（第9課）、入れ換える（第10課）
・上記単語を本冊で探し、その状況を説明する文を作らせる。
　　例：乗り換える　（『初級Ⅰ』第16課）
　　　　わたしは毎朝京都駅からJRに乗り、大阪で地下鉄に乗り換えて、会社へ行っています。
◇既習の複合語を集め、分類し、その意味を確認するにとどめるのがよいだろう。

参考

複合動詞　　　　　　　　　　　『初級を教える人のための日本語文法ハンドブック』p.70
　　　　　　　　　　　　『中上級を教える人のための日本語文法ハンドブック』pp.155–156、p.542
複合動詞とは「降り始める」のように動詞を2つ重ねて使う動詞のことです。「降り」を前項、「始める」を後項と呼びます。複合動詞の意味には1）～4）のような組み合わせがあります。
　　1）前項のあとに後項が続いて起き、前項が後項の手段・方法を表す。
　　　　例：呼び集める、飛び降りる…
　　2）前項が意味の中心で、後項が位置や時間的な意味を表す。
　　　　例：降り出す、食べきる、走り回る…
　　3）後項が意味の中心で、前項はその意味を強める。
　　　　例：差し出す、ぶちこわす、つき返す…
　　4）前項と後項の意味とは関係なく新しい意味を生じる。
　　　　例：（話を）切り出す、（仲を）取り持つ…

【補足項目】

…ということになる　（読む・書く）

「…ということになる」は、いくつかの情報をまとめて「…」という結果が導かれることを表します。
　① 申し込む学生が10人以上にならなければ、この旅行は中止ということになる。
　② 今夜カレーを食べれば、3日続けてカレーを食べたということになる。

Ⅳ 話す・聞く 「そんなはずはありません」
【目標】

> ① 人に誤解されていることに気付いたとき、冷静に対応する。
> ② 人間関係を損なわないでことを収束させる。

・同じ言語を話す者同士でも、誤解を受けて弁明したり、誤解をしたことに気付いて謝ったりすることは難しいことである。そういう事態に遭遇した場合、心の余裕を失ってしまうこともあるので、ある程度パターン化して使えるようになっておくと、行き違いなどが避けられるだろう。

1．やってみましょう

　　この課のテーマは「誤解」である。これまで誤解された経験を思い出して話させると、小さいことから大きいことまで学習者も結構経験していることがわかる。中でもことばの言い間違い、聞き違いによる誤解が多いことがわかる。
　この「やってみましょう」は車を持つ環境にない人には縁のない設定なので、そういう人には他の場面を考える。
　　例：ベランダでたばこを吸わないでほしい、臭いが流れてきて困る、と言われたが、家族はだれもたばこを吸わない。

2．聞いてみましょう
　登場人物：管理人（ワットさんの住むマンションの）
　　　　　　ワット（さくら大学講師）
　場　　面：午前中　ワットさん宅の玄関で

3．もう一度聞きましょう
・修理に出す
　　修理してもらうために修理屋さんに預けること。（例：クリーニングに出す）
・申し訳ない
　　人に対して悪いことをしたと思って謝る気持ち。
・気を悪くしないでください
　　自分の言ったこと、したことに対して、相手が気分を害しただろうと思ったときに、相手の気持ちをなだめるとか、謝るなどの場合に使われる。「申し訳ない」「すみません」などといっしょに使うことが多い。

4. 言ってみましょう

・誤解を受けたことに対して説明したり、抗議したりするとき、つい必死になって強い調子になってしまう。同じことを言っても、言い方によってはけんかになってしまうこともあるので、冷静に落ち着いて振る舞うよう注意する。CDをよく聞き、特に抑揚に注意させて、意識して練習させる。「1．やってみましょう」で練習したものを録音しておいて聞かせ、比較して自覚させるのもよい。

5. 練習をしましょう

1) どういうことでしょうか

・ことば通り意味を求めているのではなく、言われたことに対し「意外なことを言われて驚いている」という反応を見せる表現で、反論する前のクッション的な働きを持つ。

　　例：○アパートの住人　　●管理人
　（1）○●あまり親しくない同僚同士（です・ます体で）
　（2）○●親しい同僚同士（普通体で）

2) てっきり…と思ってました

・あることを100%正しいと思い込み、信じ込んでいたということを伝え、そのために誤解してしまったことを弁解する表現である。
・ここでの「本当ですか」は真偽をただす質問ではなく驚きを表している。

　　例：○小川さんの知り合い　　●小川さん
　（1）○●近所の人同士
　（2）○アパートの住人　　●管理人

6．会話をしましょう

イラスト	会話 （ゴシック体は使ってほしい表現）		会話の流れ
[午前中　ワットさん宅の玄関で] 1）	管理人： ワット： 管理人： ワット：	おはようございます。 あ、管理人さん、おはようございます。 あのう、ワットさん、自転車のことなんですけど。 はい。	挨拶 〈話題を切り出す〉
2）	管理人： ワット： 管理人： ワット： 管理人： ワット： 管理人：	自転車は、階段の前に置いてはいけないことになってるんですよ。 ええ、知ってますけど、……。 階段の前に置いてある自転車、ワットさんのでしょ？ え？　ちがいますよ。**どういうことでしょうか。** ワットさんの、確か赤い自転車でしたよね。 ええ。 1週間前からずっと置いてありますよ。	〈規則を説明する〉 〈自転車について 　注意する〉 意味がわからず尋ねる
3）	ワット： 管理人：	え？　そんなはずはありません。わたしのは、今、自転車屋に修理に出してありますけど。 え？　そうですか。赤いから、**てっきり**ワットさんのだ**と思って**……。	自転車の状況を説明する 〈誤解に気づき、 　弁解する〉
4）	ワット： 管理人： ワット：	赤い自転車に乗ってる人なんてたくさんいますよ。 そうですね。申し訳ない。気を悪くしないでください。 いえ、わかってもらえればいいんです。	軽く抗議する 〈謝る〉 管理人の気持ちを受け入れて会話を終える

7. チャレンジしましょう

【ロールプレイ】
・ゴミの出し方についてのトラブル

[火曜日の昼前　アパートの玄関で]　　　　　　　　　　　　　　　　　ロールカードA

A：アパートの管理人
B：アパートに住んでいる留学生

あなたはAです

この地区の燃えるゴミの日は火曜日と木曜日です。
月曜日に出されたごみ袋を鳥が破って汚くて困っています。
ゴミの中にレポートが見えたので、ゴミ袋を出したのはBさんだと思いました。

・Bさんがちょうど来たので、燃えるゴミの日について注意してください。
・Bさんのことを誤解していたら、謝ってください。

[火曜日の昼前　アパートの玄関で]　　　　　　　　　　　　　　　　　ロールカードB

A：アパートの管理人
B：アパートに住んでいる留学生

あなたはBです

この地区の燃えるゴミの日は火曜日と木曜日です。
今朝（火曜日の朝）まで一週間友達の家に泊まっていて、さっき帰ってきました。

・Aさんに声をかけられました。Aさんの言うことを聞いて、必要ならあなたの事情を説明しください。
・誤解されていることがあったら、あなたの気持ちも伝えてください。

【会話例】

A：　あ、ちょっと、Bさん。
B：　あ、おはようございます。
A：　あのう、ごみのことなんですけど。
B：　はあ。
A：　燃えるゴミは火木の朝に出すことになってるんですけど。
B：　ええ、知ってますけど。
A：　きのう、月曜日なのに、捨ててあってね。鳥が破って汚くて困りましたよ。
B：　え？　どういうことでしょうか。
A：　ゴミの中にレポートがたくさん捨ててあってね。あれ、Bさんのじゃないんですか。
B：　え、わたしの？　わたしが月曜日にゴミを出すはずがありませんよ。
　　　先週から友達の家に泊まっていて、さっき帰ってきたばかりなんですよ。

A: え？　そうですか。レポートが見えたから、てっきりBさんのだと思って。
B: レポートを書く人なんて、たくさんいますよ。
A: いや、申し訳ない。気を悪くしないでください。
B: いえ。わかってくだされば いいんです。

【評価のポイント】
・言われていることが理解できないということを伝えているかどうか。
　　例：どういうことでしょうか
・相手は誤解しているということを伝えているかどうか。
　　例：わたしが〜はずがありません
・自分の気持ち（気を悪くしたこと）を伝えているかどうか。
　　例：レポートを書く人なんて、たくさんいますよ
・会話をうまく終わらせようとしているかどうか。
　　例：わかってくだされば いいんです

V. 読む・書く　「記憶型と注意型」

【目標】

> ① ヒューマンエラーの研究に関する文章を読み取る。
> ② ・記憶型と注意型を対比し、その違いを探しながら読む。
> 　　・研究結果を読み取る。
> ③ インタビュー調査をしたことを図表も使って書き表す。
> ④ ヒューマンエラーで起きた出来事を説明する。

1. 考えてみましょう

このテストについては本文で解説されるが、まずは、テストの結果を友人の結果と比べて違いを見つけ、語り合う。次に、テスト結果が何を意味しているのか類推させながら話し合わせる。その際、タイトルの「記憶型と注意型」が何らかのヒントにならないか示唆する。

2. ことばをチェックしましょう

失敗*、記憶、注意する*、奇数、偶数、〜型、ぼんやりする、あわて者

3. 読みましょう／4. 答えましょう

人間が日常生活で犯す失敗に関する研究結果を述べた文章である。人間を何らかのタイプに分けることに関心を持つ人は少なくない。心理学者の行ったテストを利用し

て自分自身の性格がどのタイプに当てはまるかを知ることを目的とする。

【手順・留意点】

1. タイトルの「記憶型」とは何か、「注意型」とは何か、を考える。その後、**読むときのポイントの記憶型と注意型の違いについて書いてある部分を探しながら読む**ように指示して黙読する。時間は5分程度。

   Aは…、Bは…といった二項対立型の文章を読み取るのは、様々な文章の型の中でも易しいほうである。

2. 読むときのポイントの「**テストの結果について書いてある部分を探して＿＿を引く**」ように言い、再度黙読させる。

   この文章はテストの奇数番号と偶数番号が記憶型と注意型にぴったり対応しているので、簡単にできるはずである。

   なお、二項対立を示す接続表現としてよく使用される「一方」に注意を喚起する。

3. 上記下線を参考にしながら、**答えましょう1）**の表を完成する。表中の（3）については、第3段落「こういう人は〜するといい」、第4段落「『かなりあわて者である。』（「こういう人は」が略されている）〜するといい」の部分を探させる。

4. 上記下線部のうち、奇数番号が多い場合（記憶型）と偶数番号が多い場合（注意型）に当てはまらない箇所を再度確認させながら、**答えましょう2）**をさせる。

5. CDを聞き、その後音読の練習をさせる。

5. チャレンジしましょう

1) 第3課で簡単なアンケート調査を行い、その結果を口頭発表原稿（です・ます体）にまとめるタスクを課したが、この課では難易度を上げ、インタビュー調査をしてその結果を図表と文章（普通体）にまとめられるようになることを目指す。

【手順】

1. 宿題として、（1）（2）を10人以上の人に質問し、メモを取るという課題を与える。ただし、状況次第では10人以下でもよい。（1）は「1．考えてみましょう」のテストを利用してもよい。

2. メモをもとにインタビュー調査の結果を本文の分類にもとづいて集計させ、（1）の場合はそれに関する図表を作成させる。（2）の場合は似通った項目を集めて箇条書きにまとめる。

3. 次の文章の型を使って「普通体」で書く。

第Ⅱ部　第10課

|調査概要|

「わたしの失敗」というテーマで次の２つの調査を＿＿＿人を対象に行った。
（１）よく失敗をするか、どんな失敗をしたか
（２）失敗しないように気をつけていることがあるか

|調査結果（１）|

（１）の調査結果について
　　図１.
　　　　　◯

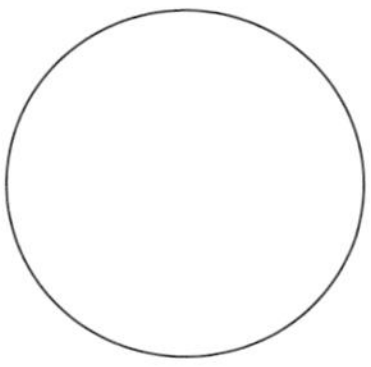

　図１のように、最も多かった答えは＿＿＿＿＿＿＿＿だった。次に多かったのは＿＿＿＿＿＿＿＿＿＿＿＿＿だった。＿＿＿＿＿＿＿＿＿と＿＿＿＿＿＿＿で＿＿＿＿％を占める。
　＿＿＿＿＿＿＿＿＿＿＿＿という珍しい答えもあった。

|調査結果（２）|

（２）の調査結果について
　①
　②　　箇条書きにまとめる
　③
　①〜③のように、＿＿。
　＿＿＿＿＿＿＿＿＿＿＿＿＿＿＿＿＿＿＿＿＿＿＿＿＿＿＿＿という珍しい答えもあった。

|感想・意見|

　この調査結果から、＿＿＿＿＿＿＿＿＿＿＿＿＿＿＿＿＿＿＿＿＿＿＿＿＿＿＿＿＿＿＿＿＿＿＿＿＿＿＿。

2）整備不良による航空機事故、不注意による交通事故（自動車、電車等）、海難事故（船舶の衝突等）、大火災や原発の事故等、世界中でいろいろな事故が起きている。その中のいくつかの事例について、詳しいことをインターネット等で調べて発表する。

185

・○○年○月○日、〜で〜事故がありました。
・調査によると……が……のは、……ため（から）だったということです。
・……たら／ば、……たと思います。

第11課

第Ⅱ部　第11課

Ⅰ．目標

話す・聞く　・提案をする　・提案を受け入れる

読む・書く　・写真から内容を想像する
　　　　　　　・黄金伝説が生まれた理由を読み取る

Ⅱ．学習項目

	話す・聞く 「お勧めのところ、ありませんか」	**読む・書く** 「白川郷の黄金伝説」
本文内容	・春休みの旅行の相談にのってもらう。	・世界遺産白川郷の紹介とその土地にまつわる黄金伝説。
文法項目	1．〜てくる・〜ていく（変化） 2．〜たら［どう］？ 3．…より…ほうが…（比較） 4．〜らしい（典型的な性質）	5．…らしい（伝聞・推量） 6．〜として 7．（1）〜ず［に］…（付帯状況・手段） 　（2）〜ず、…（原因・理由・並列） 8．〜ている（経験・経歴）
＊補足項目	＊〜なんかどう？	
新出語	**文法・練習**　ますます　企業　今後　方言　普及する　建つ　大家族　大〜［〜家族］　パックツアー　個人　いかにも　入学式　派手［な］　元気　出す［元気を〜］ **話す・聞く**　世界遺産　価値　やっぱり　流氷　自由行動　提案する　軽く［〜体操する］　乗り物　酔う［乗り物に〜］　コメント　さらに　仮装　染める	**文法・練習**　広告　美容院　車いす　寄付する［病院に車いすを〜］　グレー　地味［な］　原爆　ただ一つ　恐ろしさ　ダイナマイト　自宅　あわてる　落ち着く　行動する　のんびりする　シューズ　つながる［電話が〜］　遺跡　発掘　これまでに　南極　探検 ＊ノーベル　モーツァルト **読む・書く**　黄金　伝説　いくつか　屋根　農作物　金銀　治める　掌　後半　くぎ　村人　かける［費用を〜］　向き　抵抗　〜層　蚕　火薬　製造する　送る［生活を〜］　家内産業　年貢　期待する　地　前半　やってくる　住み着く　一族　〜城［帰雲〜］　城　掘り当てる　権力者　飢きん　〜軒　数百人　一人残らず　消える　保管する　兆　分ける［いくつかに〜］　積もる［雪が〜］　気候　観光案内　観光地 ＊白川郷　白神山地　厳島神社　屋久島　知床　原爆ドーム　合掌造り　江戸時代　内ヶ島為氏　帰雲城　織田信長
＊固有名詞	＊首里城　雪祭り	
会話表現	・〜っていうのはどうですか。 ・それも悪くないですね。 ・それもそうですね。 ・けど、……。 ・それも悪くないですけど……。	
学習漢字		黄　伝　造　形　根　完　雪　修　協　収 費　陽　涼　暖　層　階　製　辺　農　内 条　件　米　期　城　掘　豊　権　贈　軒 歴　史　保　管　価　値　兆 郷　掌　遺　壊　抵　抗　蚕　飼　厳　貢　飢

Ⅲ. 文法・練習

1. ~てくる・~ていく（変化）

> （1）「~てくる」は、変化しながら今にいたっていることを表します。
>   ① だんだん春らしくなってきました。
> （2）「~ていく」はこれから変化が生じる方向へ向かうことを表します。
>   ② これからは、日本で働く外国人が増えていくでしょう。
>
> 参照　「~てくる・~ていく（移動の方向）」：
>   兄が旅行から帰ってきた。　　　　　　　　（☞『みんなの日本語中級Ⅰ』第6課）
>
> 参考
> 「~ていく・~てくる」　『初級を教える人のための日本語文法ハンドブック』p.120
> 「てくる・ていく」が変化が生じる方向へ向かうことを表すのは、「増える」「変わる」「溶ける」など変化を表す動詞とともに用いる場合です。
>   ・ゆっくり飲んでいるので、ジュースの氷が溶けてきた。
>   ・3か月も切っていないので、髪が伸びてきた。

【練習の留意点とヒント】
◇導入は、例えば「（日本は）1982年ごろから子どもが減ってきた」を取り上げ、時間の線上の「今」というところに人が立ち、手をかざして過去から今にいたる変化を眺めている様子を示し、同じ人間が未来を眺めて「これからも減っていくでしょう」と言う。
◇「練習2」のように、社会の情勢や状況の変化を理由とともに「~てきました。これからも~ていくでしょう」という対比で文を作るようにするとよい。

2. ~たら［どう］？

Vたら

> （1）「~すること」がよいと思って相手に提案するときに用います。相手が取り得る選択肢をシンプルに示します。「~たらいかがですか」は「~たらどう？」の丁寧な言い方です。
>   ① 今日は恋人の誕生日なんだ。
>   …電話でもかけて｛あげたらどう／あげたらいかがですか｝？
> （2）「~たらどう？／~たら？」は目下の人や家族や友人など親しい人に用います。

② 少し熱があるみたい…。
　　…薬を飲んで、今日は早く寝たら？

> **参考**
> 「～というのはどう？」は、一つの例として否定されてもいいという気持ちで提案することを表します。
> 　　・お母さんの誕生日に、みんなでレストランへ食事をしに行くというのはどう？

【練習の留意点とヒント】
◇「このごろ体の調子がよくないんです」に対して様々な応答が可能である。
　　A：　病院へ行ったほうがいいですよ。
　　B：　病院へ行ったらいいですよ。
　　C：　病院へ行ったらどうですか。
Aは、話者の発言の裏に「病院へ行ってないのですか。行ったほうがいいですよ」と強い助言のニュアンスがあり、Bは「『どうしたらいい』か問われ、『病院へ行ったらいい』よ」と、AとCの中間の強さの助言を意味する。それに対してCは「そうですか。いろいろな解決法があるけれども、まずは病院へ行ったらどう」と、いろいろな選択肢の中の１つを挙げているので、助言を求めた人にとって押しつけがましくなく響く。
◇Aさんは日常の小さな問題を話す。Bさんは軽くアドバイスをする。
　　A：　美容院へ行かなくっちゃ。でも美容院って高いよね。
　　B：　Cさんに切ってもらったら？　彼、上手だよ。

3. …より…ほうが…（比較）

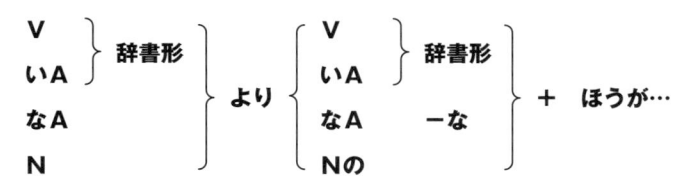

$$\left.\begin{array}{l} V \\ いA \\ なA \\ N \end{array}\right\} 辞書形 \quad より \quad \left\{\begin{array}{l} V \\ いA \\ なA \\ Nの \end{array}\right\} \begin{array}{l} 辞書形 \\ －な \end{array} \quad + \quad ほうが…$$

（１）「YよりXほうが…」は、おもに「XとYとではどちらが…ですか」に対する応答として用いられます。
　　① 北海道と東京とではどちらが寒いですか。
　　　…○北海道のほうが寒いです。
　　　　×北海道は東京より寒いです。

（2）応答でないときも「YよりXほうが…」が使えます。その場合は、「『Yは
　　　XよりX〜』と思うかもしれないが、実は違う」ということを強調するニュ
　　　アンスになります。
　　　　②　今日は、北海道より東京のほうが気温が低かったです。
　　　　③　漢字は見て覚えるより書いて覚えるほうが忘れにくいと思います。
　　　　④　パーティーの料理は少ないより多いほうがいいです。
　　　　⑤　子どもに食べさせる野菜は、値段が安いより安全なほうがいい。

　参照　「〜は〜より（比較）」：この車はあの車より大きいです。
　　　　「〜がいちばん〜（形容詞で表される内容の最大であるもの）」：
　　　　　・日本料理［の中］で何がいちばんおいしいですか。
　　　　　　…てんぷらがいちばんおいしいです。　　（☞『みんなの日本語初級Ⅰ』第12課）

【練習の留意点とヒント】

◇導入は既習の名詞の比較の確認から入る。
　　　例：都会と田舎とどちらが住みやすいですか。
　　　　　…［田舎より］都会のほうが住みやすいです。
　　次に他の品詞の比較に移るが、質問文と応答文の「の」の有無の違いに注目させる。
　　　例：〈動詞〉スポーツをするのとスポーツを見るのとどちらがおもしろいですか。
　　　　　　　　　…スポーツは、見るよりするほうがおもしろいです。
　　　　　〈い形容詞〉寒いのと暑いのとどちらが好きですか。
　　　　　　　　　…暑いより寒いほうが好きです。
　　　　　〈な形容詞〉お祭りは、にぎやかなのと静かなのとどちらがいいですか。
　　　　　　　　　…お祭りは、静かよりにぎやかなほうがいいです。
　　すなわち、名詞以外の品詞（動詞、い形容詞、な形容詞）では質問文の場合、比較
　　する項目に「の」がつくが、応答文では「の」を省く。品詞ごとに丁寧に単純練習
　　を行う。
◇「練習」の各問題について、常識的に「AよりBのほうが〜だ」と思うかどうか話
　　し合うと、国・人によって違いが出ておもしろいだろう。

4. ～らしい

Nらしい

> 「N₁ らしい N₂」は、N₂ が N₁ の典型的な性質を持っていることを表します。
> ① 山本さんの家はいかにも日本の家らしい家です。
> ② 春らしい色のバッグですね。
> ③ これから試験を受ける会社へ行くときは学生らしい服を着て行ったほうがいいですよ。
>
> 「N らしい」は述語になることもあります。
> ④ 今日の田中さんの服は学生らしいね。
> ⑤ 文句を言うのはあなたらしくない。

【練習の留意点とヒント】

◇例文１）「伝統的な日本の家（N₁）らしい家（N₂）」では、N₁ と N₂ は同じ「家」ということばを持つが、例文２）３）では「春らしい日」「学生らしい服」と、N₁ と N₂ のことばが一致していない。しかし、それぞれ「春の日の特徴を持つ日（すなわち、寒くも暑くもなく穏やかな日）」、「学生が着る服としてふさわしい服」を言う。

◇「～らしい」で表す典型的な性質とは肯定的で、よいイメージを言う。したがって、「～らしくない」と言う場合は否定的で、非難する気持ちがある。

◇例文４）「あなたらしくない」のように述部になる場合、否定は、い形容詞と同じ変化をする。また、後ろに文が続く場合も、い形容詞と同じく「～らしく（て）、～」となる。

◇「練習」で絵をかかせたあと、それを口頭で説明させてもよい。
　　例：田舎らしい景色
　　　　→空には鳥が飛んでいて、川には魚が泳いでいます。人も家も少なく、静かで平和です。

◇「～らしくないN」はどんなNか考えさせる。
　　例：・スポーツマンらしくない人ってどんな人ですか。
　　　　・馬らしくない走り方ってどんな走り方ですか。

◇「～らしい」は典型を示すがゆえに、古いイメージやステレオタイプ化された考え方に結び付けられがちなので、そうならないように注意する。
　　例：女らしい／男らしい人

5. …らしい（伝聞・推量）

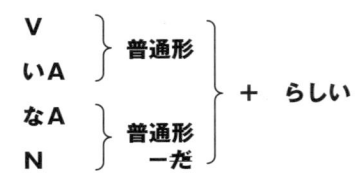

```
V  ┐
いA ┘ 普通形  ┐
          ├ ＋ らしい
なA ┐ 普通形 │
N  ┘  －だ  ┘
```

> （1）「…らしい」は、「…」が読んだり聞いたりした情報であること（伝聞）を表します。
> 　　① 新聞によると、昨日の朝中国で大きい地震があったらしい。
> 　　② 雑誌で見たんだけど、あの店のケーキはおいしいらしいよ。
> 　　③ 先生の話では、試験の説明は全部英語らしい。
> （2）「…らしい」は見たり聞いたりした情報をもとに、たぶんそうだろうと思うこと（推量）も表せます。
> 　　④ パーティーが始まったらしい。会場の中からにぎやかな声が聞こえてくる。
> 　　⑤ 山田さんはずいぶんのどがかわいていたらしい。コップのビールを休まずに全部飲んでしまったよ。

【練習の留意点とヒント】

◇接続の形に注意させる。
　な形容詞の場合に「ひまだらしい」「ひまならしい」や、名詞の場合に「雨だらしい」「雨のらしい」にならないように練習を行う。

◇例文1 →「練習1」は伝聞の意味・用法のものである。
　例文2、3 →「練習2」は推量の意味・用法のものである。

◇伝聞として導入した場合「…そうだ（伝聞）」とどう違うか、推量として導入した場合「…ようだ（様態、推量）」とどう違うかという質問が来るだろう。「…そうだ」「…ようだ」よりも少し無責任なニュアンスがあるので、うわさ話などによく用いられる。

　　例：・彼は結婚するそうだ。（情報の出所が明確）
　　　　・彼は結婚するらしい。（情報の出所はあいまい）
　　　　・この子、熱があるようだ。（触って感じる＝判断根拠がかなり明確）
　　　　・あの子、熱があるらしい。（赤い顔をしているのを見て）

いずれの場合も「らしい」を使うことによって話者は話題になっている人／もの／ことに関して、その情報の真偽について責任を持たないという態度が感じられる。

6. ～として

Nとして

> 「～として」は「～」という資格・立場・観点であることを表します。
> ① 会社の代表として、お客さんに新しい商品の説明をした。
> ② 東京は、日本の首都として世界中に知られている。

【練習の留意点とヒント】

◇導入はまず人についての身分、立場から始め、抽象的な単語に移るとよい。

◇資格・立場、観点を表すので、「～として」の後ろにはその話題の人・こと・ものが「～」であることに対する評価、あるいはその役割が行う行為などが来る。

◇一人の人、一つのもの・ことを裏と表の両面から描写する。

　　例：・モーツアルトは今は音楽家として愛されているが、そのころはたくさんお金を使ったり、お酒を飲んだりして、社会人としては認められていなかったらしい。
　　　　・北海道の夕張という町はおいしいメロンの生産地として有名だが、今は住む人が少なくなった町としてよくテレビに出てくる。

7. (1) ～ず [に] … (付帯状況、手段)

Vない形 ＋ ず [に] …　（ただし、「～する」→「～せず」）

> 「～ず [に] …」は付帯状況や手段を表す「～ないで…」の書きことば的な表現です。
> ① その男は先週の土曜日にこの店に来て、一言も話さず、酒を飲んでいた。
> ② 急いでいたので、かぎを {かけずに／かけないで} 出かけてしまった。（付帯状況）
> ③ 辞書を {使わずに／使わないで} 新聞が読めるようになりたい。（手段）

【練習の留意点とヒント】

◇導入1（例文2））

『初級Ⅱ』第34課で学習した「メガネをかけて／かけないで本を読みます」を思い出させ、そのうちの「～ないで」が「～ず（に）」になることを導入し「練習1」に入る。

◇導入2（例文1）3））
　『初級Ⅱ』第34課で学習した「バスに乗らないで駅まで歩いています」を思い出させる。「バスに乗る」代わりに「歩いている」ことを表す文型であることを導入し「練習2」に入る。
◇「～しないで」は「～せず（に）」になるので注意する。

7.（2）　～ず、…　（原因・理由、並列）

Vない形　＋　ず、…　（ただし、「～する」→「～せず」）

> （1）「～ず、…」は原因・理由を表す「～なくて、…」の書きことば的な表現です。
> 　　　① 子どもの熱が｛下がらず／下がらなくて｝、心配しました。
> （2）「Xず、Y」は、「Xない。そして、Y」という並列の意味でも用いられます。
> 　　　② 田中さんは今月出張せず、来月出張することになりました。
>
> 参照　「～なくて（原因と結果）」：
> 　　　・家族に会えなくて、寂しいです。　　　　　（☞『みんなの日本語初級Ⅱ』第39課）

【練習の留意点とヒント】

◇例文1）は原因・理由を表すもので、「練習」に続く。
　例文2）も原因・理由を表すが、否定の理由が続くので「～なくて」ではなく、「～ないし、～ないし、～」に相当する。
　例文3）は並列を表すものである。
◇（1）「～ず［に］」、（2）「～ず」とも書きことば的である。詩や慣用句などによく見られるので、参考までに紹介するとよい。

　　　例1：雨ニモマケ<u>ズ</u>
　　　　　風ニモマケ<u>ズ</u>
　　　　　雪ニモ夏ノ暑サニモマケ<u>ヌ</u>
　　　　　丈夫ナカラダヲモチ
　　　　　慾ハナク
　　　　　決シテ瞋ラ<u>ズ</u>
　　　　　イツモシヅカニワラッテヰル
　　　　　　　　：
　　　　　ホメラレモセ<u>ズ</u>
　　　　　クニモサレ<u>ズ</u>
　　　　　サウイフモノニ
　　　　　ワタシハナリタイ

例２：納豆は食わず嫌いの人が多い。

例３：あの踏切は「開かずの踏切」だ。

8. 〜ている（経験・経歴）

（１）「〜ている」は歴史的な事実、経験や経歴があることを表し、「〜回」「長い間」など回数や期間を表す副詞といっしょに用いられることが多い。
　　① この寺は今まで２回火事で焼けている。
　　② 京都では長い間大きな地震が起こっていない。もうすぐ地震が来るかもしれない。

（２）このような「〜ている」は、ある動きがかつてあったということが主体の現在の状態に何らかの関係を持っている場合に用いられます。
　　③ 田中さんは高校のときアメリカに留学している。だから、英語の発音がきれいだ。

参照　「〜ている（継続）」：ミラーさんは今電話をかけています。
(☞『みんなの日本語初級Ⅰ』第14課)

　　　「〜ている（結果の状態）」：サントスさんは結婚しています。
(☞『みんなの日本語初級Ⅰ』第15課)

　　　「〜ている（習慣）」：毎朝ジョギングをしています。
(☞『みんなの日本語初級Ⅱ』第28課)

　　　「〜ている（結果の状態）」：窓が割れています。
(☞『みんなの日本語初級Ⅱ』第29課)

参考

「〜たことがある」も経験を表すので、「ている」と似た表現です。
　・息子は３回富士山に｛登ったことがあります／登っています｝。
「〜たことがある」は単に経験を表しますが、「〜ている」はある出来事が経歴として意味がある場合に用いられます。
　○ 山田さんは前にドリアンを食べたことがあります。
　？ 山田さんは前にドリアンを食べています。
　○ 山田さんは若いころ一度オリンピックに出ています。
「ている形」　　　　『中上級を教える人のための日本語文法ハンドブック』pp.83–87
「〜たことがある」「〜ている」はどちらも経験を表しますが、「〜たことがある」は動詞以外にも接続できます。
　・田中さんは以前小学校の教師だったことがある。

【練習の留意点とヒント】
◇歴史的な事件、出来事などの解説文によく使われる。
◇自分の国の有名な建物、有名な人の記録を調べて述べさせる。また今とつながっていることを実感させるために、それについて何らかのコメントをさせるとよい。
　　例：・大阪城はこれまで何度も火事にあっています。
　　　　　何度火事にあっても人々はまた造りました。大阪城は本当に大阪の人々に愛されているのだと思います。
　　　　・彼女はこれまで8回結婚し、7回離婚しています。
　　　　　何回結婚しても、幸せかどうかわかりませんね。

【補足項目】

|～なんかどう？| （話す・聞く）

「～なんか」は適当な例を聞き手に示すときに使います。何か他にもあるようなニュアンスを出して、自分のアイディアを聞き手に押しつけるのを避けることができます。
　① ［店で］これなんかいかがでしょうか。
　② 次の会長はだれがいいかな。
　　…田中さんなんかいいと思うよ。
「～などどうですか」は少し硬い表現です。

Ⅳ．話す・聞く　「お勧めのところ、ありませんか」
【目標】

| ① 旅行を計画するに際してできるだけ多くの情報やアドバイスを得る。

・時間的、経済的に余裕があるときにしたいことは、旅行、観劇、スポーツ、稽古ごとなど、人によって様々だろう。いざそれらをやろうとするときに適切な情報が欲しくなる。ここでは人とやり取りをして意見を交わし、うまく相づちを打ちながら、得たい情報を得るテクニックを学ぶ。

1．やってみましょう
　旅行の他に入りたいスポーツクラブや、やりたい稽古ごとなどについて先輩や友達に聞いてみる。
　助言を求める表現として、例えば「京都へ行きたいんですが、どうやって行ったほ

うがいいですか」とま違えて使う学習者が多い。ここで助言（する／求める）の表現を思い出させ整理するのもよい。
　・～た／ないほうがいいですよ
　・～たらいいですよ（～ばいいですよ／～といいですよ）
　・～たらどうですか
　・～と（て）いうのはどうですか

2．聞いてみましょう
　登場人物：カリナ（インドネシア、富士大学学生）
　　　　　　山田一郎（IMC社員）
　　　　　　山田友子（銀行員）
　　　　　　　（一郎と友子は夫婦）
　場　　面：土曜日　山田さん宅で

3．もう一度聞きましょう
・北海道なんかどうかなと思ってたんですが
　相手の提案を肯定したあと、ためらいがちに自分が持っていた案を提出するときに使う。
・北海道へ行くなら、やっぱり冬のほうがいいな
　先に「北海道も涼しくていい」と言ったが、ちょっと考えると、世間で言われている通り、また自分の考えもそうだったのだが、北海道は冬のほうがいいという思いに立ち返った、という気持ちを表す。
・それもそうですね
　相手の反論に一理あるという肯定の気持ちを表す。
・そんなのがあるんですか
　「えー？　知らなかった」という気持ちを表す。

4．言ってみましょう
・気持ちよく相談にのってもらうためには、相手の意見は必ず一度肯定してから、自分の思っていることをためらいがちに出す。そのタイミング、「呼吸」をつかませるようにする。

5．練習をしましょう

1）〜ていうのはどうですか

相手からの相談を受けて自分のアイディアを言う場合、相手が負担に思わないで反対意見も出せるような提案をする表現である。

　例：○●あまり親しくない同僚同士

　　「例」なので答えが与えられてしまっているが、世の中には眠れなくて困っている人が多いので、それぞれの方法を出させるとおもしろい。

（1）○後輩　　●先輩

　　先輩は普通体で話しているが、答える後輩は「〜っていうのはどうですか」とすることに注意。

（2）○●友人同士

　　友人同士なので、「〜ってどう？」となる。

2）それも悪くないですけど……

相手から提案を受けた場合、相手の提案を否定せずいったん受け入れて、それから自分の意見を出すときに使う表現である。

　例：○●あまり親しくない同僚同士

（1）○先輩　　●後輩

（2）○●友達同士

　　友達同士なので「それも悪くないけど」となる。

6．会話をしましょう

イラスト	会話 （ゴシック体は使ってほしい表現）		会話の流れ
[土曜日　山田さん宅で] 1）	カリナ： 山田一郎： カリナ：	暑くなってきましたね。 そうだね。夏休みはどこか行くの？ ええ。いろいろ考えてるんですが、どこかお勧めのところ、ありませんか。	季節の挨拶 〈夏休みの旅行を話題にする〉 お勧めのところを聞く
2）	山田一郎： カリナ： 山田一郎： カリナ：	そうだなあ。 ちょっと遠いけど、**沖縄っていうのはどう？** 沖縄ですか。 沖縄の海は青くて、すばらしいよ。世界遺産の首里城なんかも見る価値があるし。 **それも悪くないですね。**	〈勧める〉 〈理由を言う〉 助言を受け入れる
3）	 山田一郎： カリナ：	あのう、北海道なんかどうかなと思ってたんですが。 ああ、北海道もいいね。涼しくて。 でも、北海道へ行くなら、やっぱり冬のほうがいいな。雪祭りとか流氷とか、北海道らしい景色が見られるし……。 それもそうですね。	希望を伝える 〈希望に対して助言をする〉 受け入れる
4）	 山田友子： カリナ： 山田友子： カリナ：	けど、北海道も沖縄も高そうですね。 パックツアーを利用したらどう？　個人で行くよりずっと安いですよ。 パックツアー？ 飛行機とホテルが決まっていて、あとは自由行動っていうツアー。 そんなのがあるんですか。じゃ、帰りに旅行会社に寄って、調べてみます。	問題点を述べる。 会話を終える

7．チャレンジしましょう

【ロールプレイ】
・会話の相手の国に旅行したいので、情報をもらう。
・相手のアドバイスに耳を傾け、より多くの情報を引き出す。

ロールカードA

[午後3時ごろ　喫茶店で]
A、B：友人同士
あなたはAです
Bさんの国へ旅行したいと思っています。

・Bさんにお勧めの時期、場所を聞いてください。
・前にパンフレットで見て、行ってみたいなと思っていた場所について意見を聞いてください。
・安い方法がないか聞いてください。

ロールカードB

[午後3時ごろ　喫茶店で]
A、B：友人同士
あなたはBです

・Aさんの質問にできるだけ親切に答えてあげてください。

【会話例】
　　Bさんをスペイン人と設定してみた例
　A：　スペイン（Bさんの国）へ行ってみたいと思っているんだけど、季節はいつ頃がいい？
　B：　スペインへ？　そうだな。やっぱり5月ごろがいいと思うよ。花がきれいだし、気候もいいから。
　A：　そう。
　　　1週間くらいしか休みが取れないんだけど、お勧めのところ、ない？
　B：　そうだな。まずマドリッド、トレド、それから南のアンダルシアっていうのはどう？
　A：　あ、よさそう。
　　　あのう、バルセロナもどうかなと思ってたんだけど…。
　B：　ああ、バルセロナもいいね。ピカソ美術館とかガウディの建築なんかもあって。けど、1週間では忙しすぎるんじゃない？
　A：　それもそうだね。
　　　あのう、できるだけ安い旅行をしたいので、どこかお勧めのホテルはないかな。
　B：　大学の寮なんかに泊まったらどう？

A： え？　大学の寮に泊まれるの？
B： うん。大学によると思うけど。ネットで調べてみたら？
A： うん。そうするよ。

【評価のポイント】
・まず聞きたいことを伝えて話を始める。
　　例：お勧めのところ、ありませんか
・相手の提案を受け入れる。
　　例：よさそうですね
・自分の思っていることについて意見を求める。
　　例：〜なんかどうかなって思ってたんですが
・相手のコメントに同調しながら、問題点について聞き出す。
　　例：それもそうですね／けど
　　　　それも悪くないですね／けど

V. 読む・書く　「白川郷の黄金伝説」

【目標】

① 世界遺産に登録されている白川郷の合掌造りの構造とその由来、それにまつわる伝説を読み取る。
② ・写真と図から文章の内容を推測する。
　 ・伝説が生まれた理由を探しながら読む。
③ 観光案内パンフレットを作成する。
④ 「わたしの国の伝説」を紹介する。

1. 考えてみましょう

1）①〜⑧の写真やパンフレット（イラストよりもう少しはっきりわかるもの）を準備しておき、その場所を知っているかどうか、行ったことがあるかどうか、行ってみたいかどうか聞いてみる。①〜⑧には本文の白川郷は含まれていないが、白川郷の写真もその季節ごとの美しさを伝えるものを準備し、興味を持たせる。
世界遺産（各国語を準備）という言葉を聞いたことがあるかどうか尋ね、もし知らなければ平易なことばで（ことばをチェックしましょう1）を利用して）簡単に説明する。

2）世界遺産が学習者の出身国にあるかどうかについての知識や情報を持っている人は多くないだろう。宿題にしてインターネットなどで調べてこさせるのも一つの方法である。

2．ことばをチェックしましょう

伝説、世界遺産*、屋根、農作物、金銀、治める、大地震*、発掘*

3．読みましょう／4．答えましょう

世界遺産に登録されている白川郷の合掌造りの構造とその由来、それにまつわる伝説がテーマになっている。これらの3つのテーマがどの段落に書かれているかがわかれば、おおまか読み（スキミング）はできたことになる。

【手順・留意点】
1. 写真と図を見れば建物の外観と構造がわかるので、それを見て「そこでどんな生活をしていたか」を2～3分程度想像してみる。
2. 建物の構造およびどんな生活をしていたのかの部分を探しながら、それが想像と同じであったかどうか確かめながら黙読させる。時間は5分程度。
3. 読むときのポイント2つ目の「黄金伝説が生まれた理由」がどこに書かれているかを探しながら読むように言う。
4. 次の1)～3)の作業をしながら再度読む。
   1) 合掌造りの構造について述べているところに下線を引く。
      <u>掌を合わせたような形の屋根を持つ</u>
      <u>くぎが使われていない</u>
      <u>建物の向きは、風や太陽の向きを考えて決められている</u>
      <u>中は広く、2層、3層になっており</u>
   2) 生活の様子がわかるところに下線を引く。
      <u>屋根の組み立てや修理は、村人が協力し合って行う</u>
      <u>現金収入が少ない</u>
      <u>夏は涼しく、冬は暖かく過ごす</u>
      <u>上の階では蚕を飼い、下では火薬の原料を製造しながら日常生活も送っていた</u>
      <u>厳しい自然条件</u>
      <u>米がとれず</u>
   3) 黄金伝説が生まれた理由が書かれているところに下線を引く。
      <u>彼らは近くの山で金銀を掘り当て、かなり豊かであったらしい。織田信長などの権力者に金銀を贈ったり、飢きんのときには村人に米を与えたりして、120年のあいだ白川郷を治め続けた。</u>
      <u>ところが、1585年11月29日、大地震が起きた。「三百軒以上の家と数百人の人が一人残らず消えた。内ヶ嶋の時代が終わった」と歴史の本に書かれている。</u>

5．答えましょう1）をし、本文のどの部分から○×を判断したか確かめる。
6．答えましょう2）をする。内ヶ嶋為氏、帰雲城、織田信長といった読みにくい固有名詞があるので、難解な印象を与えるが、質問文に使われている「豊か」「治めて」「時代が終わった」「黄金伝説の地」といった語句を本文から探し出し、その前後の文を読めば簡単に答えられる問題である。
7．CDを聞き、その後音読の練習をする。

5．チャレンジしましょう

1）文字情報と写真や図などを組み合わせることによって、外国人にとってわかりやすい観光案内パンフレットを作成する。本格的なものを作る必要はない。
日本国内の観光地を日本語で紹介した既成のパンフレット（雑誌やインターネットからそのままコピーしたものなど）のままではいけないが、学習者の出身国などで作られ、日本語以外の言語で書かれたパンフレットを日本語に訳してアレンジしたものでもいいことにしてよいだろう。
下記は、取り上げるべき項目である。
　（1）文字情報として必要な項目
　　　①見どころ　②交通アクセス・所要時間・費用　③宿泊・費用　④飲食店
　　　⑤お土産　　⑥イベント情報　　⑦観光案内問い合わせ先
　（2）写真や図などの情報
　　　①見どころや有名な品物の写真　②地図
宿題にして、完成したらそれぞれのパンフレットを持ち寄って、学習者同士で観光案内をする場面を設定するのもよい。

2）1）のタスクと同じように、このタスクも単に思い浮かんだことを話したり書いたりするのではなく、いろいろと調べなければならないので時間がかかる。しかも、地域の交流会という場も設定されているので、筋道だった話にしなければならない。インタラクティブな会話と違い、話の進行を手伝う相手もいない中、まとまった話を少なくとも3分程度は一人でしなければならないので、それなりの準備を要する。

【手順】
1．「わたしの国の伝説」というタイトルで原稿（作文）を書く。
2．下記の例のような、よく使う表現を提示する。
　・わたしの国に伝わっている伝説を紹介します
　・わたしの国には次のような伝説があります
　・〜という〜がありました／いました
　・〜というところがありました／人がいました

・こうして〜は…となりました
　　・〜が…したのは…からだと伝えられています
　　・今でもそれは謎のままです、など
3．教師はなるべく学習者と一対一で「書きたいこと、表現したいこと」を確かめながら適切な表現を使うように言い、聞く人にとっておもしろくわかりやすいストーリーになるようにする。
　なお、「伝説」と限定せず「昔話」でもよいとすれば、もっと書きやすくなるかもしれない。
4．教室を交流会の場と設定し、原稿をもとに発表する。

第12課

I. 目標

話す・聞く ・苦情を言われて謝る　・事情を説明する

読む・書く ・意見の違いを比べながら読む

II. 学習項目

	話す・聞く 「ご迷惑をかけてすみませんでした」	**読む・書く** 「【座談会】日本で暮らす」
本文内容	・アパートの上下階の住人の間に生じた騒音のトラブルを解決する。	・日本の「音」についての日本在住の外国人主婦による座談会。
文法項目	1．…もの／もんだから 2．(1) 〜(ら)れる（間接受身〈自動詞〉） 　　(2) 〜(ら)れる（間接受身〈他動詞〉）	3．〜たり〜たり 4．〜っぱなし 5．(1) …おかげで、…・…おかげだ 　　(2) …せいで、…・…せいだ
＊補足項目	＊…みたいです（推量）	＊どちらかと言えば、〜ほうだ ＊〜ます／ませんように
新出語	**文法・練習** 演奏会　報告書　あくび　犯人　追いかける　作業　スープ　こぼす　シャッター　スプレー　落書きする　夜中　日　当たる［日が〜］ **話す・聞く** 苦情　遅く［お］帰り　あまり　どうしても　自治会　役員　DVD	**文法・練習** 暮らす　書道　蛍光灯　メニュー　バイク　目覚まし時計　鳴る　温暖［な］家事　ぐっすり［〜眠る］迷惑　かける［迷惑を〜］風邪薬　乗り遅れる **読む・書く** 座談会　カルチャーショック　受ける［ショックを〜］それまで　騒々しい　アナウンス　分かれる［意見が〜］奥様　おいでいただく　苦労　中略　おかしな　サンダル　ピーピー　たまらない　都会　住宅地　虫　虫の音　車内　ホーム　加える　さっぱり［〜ない］乗客　安全性　配慮する　含む　チャイム　発車ベル　必ずしも［〜ない］近所づきあい　コマーシャル
＊固有名詞		＊ハンガリー　ブダペスト　バンコク　宇都宮　浦安
会話表現	・気がつきませんでした。 ・どうしても……てしまうんです。 ・それはわかりますけど、……	・どちらかと言えば…… ・いい勉強になる
学習漢字		談　暮　司　奥　労　伺　略　受　鳴　販 宅　虫　窓　放　加　鉄　比　配　含 騒　街　踏　丁　寧　慮

Ⅲ．文法・練習

1. …もの／もんだから

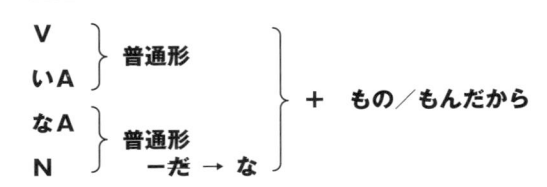

```
V  ）
いA ）普通形
       ）          ＋  もの／もんだから
なA ）普通形
N  ）ーだ → な
```

> 「…もの／もんだから」は原因・理由を表します。
> 　① 急いでいたものですから、かぎをかけるのを忘れてしまいました。
> 　② とても安かったものだから、買いすぎたんです。
> 「XものだからY」は望ましくないYが起こったとき、弁解したり、それが自分の責任ではないという言い訳のための理由を示すときに用いられることがあります。
> 　③ A：どうしてこんなに遅くなったんですか。
> 　　　B：すみません。出かけようとしたら、電話がかかってきたものですから。
> 「…ものだから」は「から」「ので」のように、客観的な原因・理由を表すのには適しません。
> 　④ この飛行機は1時間に300キロ飛ぶ｛○から／○ので／×ものだから｝、3時間あれば向こうの空港に着く。
>
> 参照　「…から（理由）」：どうして朝、新聞を読みませんか。…時間がありませんから。
> 　　　　　　　　　　　　　　　　　　　　　　（☞『みんなの日本語初級Ⅰ』第9課）
>
> 参考　「ものだから」　　『中上級を教える人のための日本語文法ハンドブック』pp.417-418
> 「XものだからY」はXが話し手にとって意外なもの・驚きの対象であり、それをきっかけにYが引き起こされたことを表します。
> 　・息子は熱があるのに試合に出たものだから、途中で気分が悪くなってしまった。

【練習の留意点とヒント】

◇丁寧に言うときは「…ものですから」、普通体の会話では「…ものだから／もんだから」が使われる。

◇例文1）、例文2）のようにお詫びや断りの場面で「…ものですから」を使うと、話し手の「残念だ」「申し訳ない」という気持ちが伝わる。次のような例を示してその微妙なニュアンスの違いを説明するとよい。あるいは学習者に、相手が目上の人

だったら a)、b) どちらの言い方が適当か考えさせてもよいだろう。
　　例：クリスマスのピアノコンサート、いっしょにいかがですか。
　　　　　　a）ありがとうございます。でも、子どもがまだ小さいものですから
　　　　　　　……。
　　　　　　→ せっかく誘ってもらったのに、行けなくて申し訳ないという話し
　　　　　　　手の気持ちが感じられる。
　　　　　　b）ありがとうございます。でも、子どもがまだ小さいですから……。
　　　　　　→ 「小さいから、行けない」とはっきり断っている印象を受ける。
◇「練習１」を普通体でやってみる。
　　例：A：どうしてこんなに遅くなったの。
　　　　　B：出かけようとしたら、お客さんが来たもんだから。

2.（1） ～（ら）れる（間接受身（自動詞））

> 日本語の受身文には、他動詞「Xが（は）YをVする」の目的語Yが主語となる直接的な受身の他に、「Xが（は）YにVする」のYを主語にする受身文、さらに他動詞「XがYのZをVする」の目的語Zの所有者Yを主語にする受身文があります。
> 　① 先生はわたしを注意した。（を → が（は））
> 　　　→ わたしは先生に注意された。
> 　② 部長はわたしに仕事を頼んだ。（に → が（は））
> 　　　→ わたしは部長に仕事を頼まれた。
> 　③ 泥棒がわたしの財布を盗んだ。（の → が（は））
> 　　　→ わたしは泥棒に財布を盗まれた　　　（☞『みんなの日本語初級Ⅱ』第37課）
> さらに、日本語では自動詞「Xが（は）Vする」を受身にすることが可能です。この場合、Xの動作によって影響を受ける人物が主語になり、悪い影響（迷惑や被害）を受けたことを表します。
> 　④ 昨日雨が降った。（自動詞）
> 　　　→ わたしは昨日雨に降られて、ぬれてしまった。（自動詞の受身）
> 　⑤ あなたがそこに立つと、前が見えません。（自動詞）
> 　　　→ あなたにそこに立たれると、前が見えません。（自動詞の受身）
> 自動詞の主語の所有者が主語になる場合もあります。
> 　⑥ わたしの父が急に死んで、わたしは大学に行けなかった。（自動詞）
> 　　　→ わたしは父に急に死なれて、大学に行けなかった。（自動詞の受身）

【練習の留意点とヒント】

◇受身文は『初級Ⅱ』第37課で学習している（上記文法説明①〜③）が、運用レベルにまで達していないことも多い。そのような場合は既習の受身文を十分復習してから当課で学習する受身を導入するのが望ましい。

2. (2) 〜(ら)れる（間接受身（他動詞））

迷惑や被害を受けたことを表す受身は他動詞にも使うことができます。
① こんなところに信号を作られて、車が渋滞するようになってしまった。
② わたしの家の前にゴミを捨てられて困っています。

参照 「〜(さ)せられる／〜される（使役受身）」：
・太郎君は先生に掃除をさせられた。　　　　　（☞『みんなの日本語中級Ⅰ』第4課）

参考
「受身文の種類」　　　『初級を教える人のための日本語文法ハンドブック』p.294-295
「間接受身文」　　　　『中上級を教える人のための日本語文法ハンドブック』p.116-122
間接受身文の動作主はかならず「に」で表します。「によって」は使えません。
・隣の人｛に／×によって｝高いビルを建てられて、朝日が入らなくなってしまった。
間接受身文は、①のように自動詞文から作ったものも、②のように他動詞文から作ったものもありますが、どちらも能動文にはない名詞（人）が主語になります。
① 夜中に赤ちゃんに泣かれて困った。
② となりの学生にテストを見られた。
「頭」のように受身文の主語「子犬」の所有物を対象にする受身を「持ち主の受身」と呼ぶことがあります。
・子犬は母に頭をなでられてうれしそうだ。
間接受身文は主語（人）が悪い影響（迷惑や被害）を受けたことを表しやすいため、いい影響（恩恵）を明確に表したい場合は「てもらう」を使います。
・わたしは父に写真を撮ってもらった。

【練習の留意点とヒント】

◇『初級Ⅱ』第37課では「話し手の持ち物・体の一部」についての他動詞の受身を学習した。
① わたしは泥棒に財布をとられた。
② わたしはだれかに足を踏まれた。
①②の文では、「財布をとる」「足を踏む」という話し手（わたし）に向けられた行為によって迷惑を受けたことを表すのに対して、当課で学習する他動詞の受身は、

その行為が話し手に直接向けられたものではないが、話し手にとっては迷惑であることを表す。

 ③ 隣に高いビルを建てられて日が当たらなくなりました。
 ④ 夜中に洗濯されて、寝られませんでした。

③は「高いビルを建てる」こと自体は迷惑な行為ではなく、また話し手に直接かかわる行為ではないが、それが話し手にとっては、はた迷惑なことであるということを表している。④も「夜中に洗濯する」ことは話し手に向けて行われた行為ではないが、話し手は、それによって迷惑を受けているのである。

◇苦情を言う練習をする
 例：「生活上の困り事は相談窓口へ」
 いろいろなトラブルを市役所や警察に訴えたり相談したりする。
 ・ごみを集める日を減らされると困る。
 ・うちの庭にペットボトルを捨てられて困っている。
 ・毎晩、近くの公園で夜遅くまで花火をされて、寝られない。

3. ～たり～たり

Vたり

いA　→　ーいかったり

なA　→　ーだったり

N　　→　ーだったり

> （1）「～たり～たり」は、いくつかの動作の中から適当な例を2つくらい示す表現です。
> ① 休みの日は、洗濯をしたり、掃除をしたりします。
> （『みんなの日本語初級Ⅰ』第19課）
> （2）「V₁たり V₂たり」は、V₁とV₂に反対の意味の動詞を用いてV₁とV₂が交互に起こることも表せます。
> ② 映画を見ているとき笑ったり泣いたりしました。
> ③ この廊下は人が通ると、電気がついたり消えたりします。
> 種類がいろいろ考えられる場合、形容詞にも接続します。
> ④ この店の食べ物は種類が多くて、甘かったり辛かったりします。

【練習の留意点とヒント】

◇既習のことばから反対の意味を持つことばのペアを集め、それを使って文を作らせるとよい。
 例：寝る・起きる　→　まだ病気が治っていないので寝たり起きたりしています。

　　　　　褒める・叱る → 子どもは褒めたり叱ったりして育てましょう。
　　他に「着る・脱ぐ」「開ける・閉める」「泣く・笑う」などがある。

4. ～っぱなし

　　Vます形　＋　っぱなし

> 「～っぱなし」は、～したあと、普通ならばあとに続くことが起こらないので「同じ状態が長く続いていて悪い」という意味です。「～」には、動詞のます形（語幹）を入れます。
> 　① 服が脱ぎっぱなしだ。片づけないから、部屋が汚い。
> 　② こらっ。ドアが開けっぱなしだよ。早く閉めなさい。
>
> 参照 「～たまま、…・～のまま、…」：
> 　　　眼鏡をかけたまま、おふろに入った。　　　（☞『みんなの日本語中級Ⅰ』第8課）
>
> 参考
> 「～っぱなし」はほとんどの場合、否定的な意味で使いますが、「～まま」は「ペットがいるので、エアコンをつけたまま外出しました」のように、必ずしも否定的ではありません。

【練習の留意点とヒント】
◇エコ生活のためにできることを話し合う。
　「もったいないからこんなことはやめよう」と思うことをリストにする。
　　　例：・一日中テレビをつけっぱなしにしない。
　　　　　・歯を磨くときや顔を洗うときは、水を出しっぱなしにしない。
　　　　　・冷蔵庫のドアを開けっぱなしにしない。

5.（1）…おかげで、…・…おかげだ

```
V  ┐
いA ┘ 普通形            ┐
なA  普通形             │  ┌ おかげで
         ーだ → な    ├ ＋ │
N    普通形             │  └ おかげだ
         ーだ → の    ┘
```

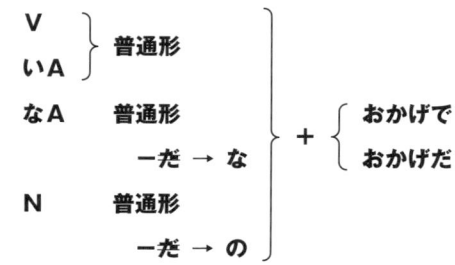

> 「Xおかげで、Y・Xおかげだ」は、Xという原因からよい結果Yが生じたときに用います。

> ① 先生が手紙を書いてくださったおかげで、大きい病院で研修を受けられることになった。
> ② 値段が安かったおかげで、たくさん買えました。
> ③ 地図の説明が丁寧なおかげで、待ち合わせの場所がすぐにわかりました。
> ④ 皆様のおかげで、スピーチ大会で優勝することができました。

5.（2） …せいで、…・…せいだ

V　　　普通形
いA　　普通形
なA　　普通形
　　　　ーだ → な　　　＋　　せいで
　　　　　　　　　　　　　　せいだ
N　　　普通形
　　　　ーだ → の

> 反対に、悪い結果が生じたときには「…せいで・…せいだ」を用います。
> ① 事故のせいで、授業に遅れてしまった。
> ② ｛風邪薬を飲んでいる／風邪薬の｝せいで、眠くなった。

【練習の留意点とヒント】

◇「…おかげで」には原因となる人や事柄に対する話し手の感謝の気持ちがともなう。反対に「…せいで」にはマイナス結果の原因を相手や対象の事物に押しつけるニュアンスがある。特に「XせいでY」のXが他者の場合はXへの責任転嫁ととられることがあるので運用には注意するよう言っておく。テキストの「Xせいで」の例文はXが「わたし」か「事柄」になっている。

◇（2）「練習1」を発展させた練習

「あなたはネガティブシンキング？　ポジティブシンキング？」

次のような文をカードに書いて裏返しにして置く。2人ペアになり、1枚ずつめくってAは「…せいで」、Bは「…おかげで」を使って文を作る。

　例1：料理の下手な人と結婚した
　　　→ 料理の下手な人と結婚したおかげで、料理が上手になった。
　　　→ 料理の下手な人と結婚したせいで、外で食事をすることが多くなってしまった。
　例2：居酒屋でアルバイトした
　　　→ 居酒屋でアルバイトしたおかげで、たくさん友達ができた。

→ 居酒屋でアルバイトしたせいで、お酒を飲むようになった。
・大きい企業に就職した
・海外旅行の予定を変更した
・夫婦喧嘩
・雪

【補足項目】

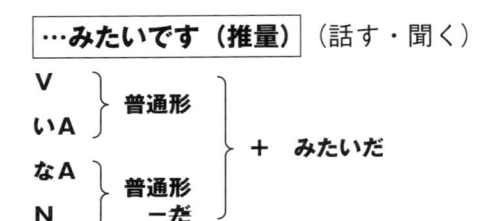

…みたいです（推量） （話す・聞く）

V　　　｝普通形
いA　　｝　　　　　　　　　＋　みたいだ
なA　　｝普通形
N　　　｝ーだ

「…みたいです」は、外観などの状況からの判断であることを表します。
① 電気が消えているね。隣の部屋は留守みたいだね。
② 田中さんはお酒を飲んだみたいです。顔が赤いです。
「…みたいです」は「…ようだ」と同じ意味ですが、書きことばや改まった話しことばでは「…ようだ」を使います。
③ 資料が届いたようですので、事務室に取りに行ってまいります。

参照　「…ようだ（状況からの判断）」：
・隣の部屋にだれかいるようです。　　　　　　（☞『みんなの日本語初級II』第47課）

どちらかと言えば、〜ほうだ （読む・書く）

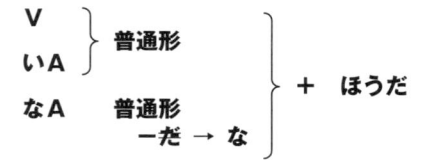

V　　　｝普通形
いA　　｝　　　　　　　　　＋　ほうだ
なA　　　普通形
　　　　ーだ → な

「どちらかと言えば、Xほうだ」は、「厳密に言えば、完全にXではない」が、「XかXないか」をはっきり言わずに大ざっぱに言うならXとなることを表します。
① この辺りには高い店が多いのですが、この店はどちらかと言えば、安いほうです。
② わたしはどちらかと言えば、好き嫌いはあまりないほうだ。
③ この町は私の国ではどちらかと言えば、にぎやかなほうです。
④ 食事しながらお酒を飲みますか。

…そうですね。いつもではありませんが、どちらかと言えば、飲むほうですね。

〜ます／ませんように （読む・書く）

（1）「〜ますように／〜ませんように」は「〜こと／〜ないことを願う／希望する／祈る」という意味で、独り言や他人への注意として「どうか」「どうぞ」といっしょに用いられることが多い。
　① 優しい人と結婚できますように。
　② どうか大きい地震が起きませんように。
　③ 先生もどうぞ風邪をひかれませんように。

Ⅳ．話す・聞く　「ご迷惑をかけてすみませんでした」
【目標】

　① 生活騒音のことで苦情を言われ、事情を説明して謝る。
　② 相手と相談して解決策を見出す。

・文句や苦情を言われたとき、ただ謝るだけではなく、自分の事情や状況をきちんと説明して謝ることができる。その上で解決策を話し合い、相手と良好な人間関係を築くことができるようになる。
・アパートなどの共同住宅で何かトラブルが起きた場合、直接相手に苦情を言う場合もあるが、まずは管理人などに言うなり相談するなりする場合が多い。学習者の中には「直接相手に言えばいい」と思う学習者もいるかもしれないが、そのような慣習を考慮して、当課「会話」では管理人から苦情を言われる場面から始めている。

1．やってみましょう
　今、住んでいるところで、近所の人に苦情を言われたことがあるかどうか、あるとすればどんなことで苦情を言われたか、どのように解決したか聞いてみる。反対に苦情を言ったことがあるかどうかも聞いてみるとよい。

2．聞いてみましょう
登場人物：管理人（ミラーのアパートの管理人）
　　　　　ミラー（IMCの社員）

　　　　　　　　野村（ミラーと同じアパートの住人、ミラーの部屋の階下に住んでいる）
　場　　面：①　夜9時ごろ　アパートの管理人室の前
　　　　　　②　次の日の夜8時ごろ　野村さん宅の玄関

3．もう一度聞きましょう
- あれ？　雨ですか／途中で降られてしまいました／それは大変でしたね
　これらのせりふから、管理人が雨が降っていたのを知らなかったこと、ミラーさんの様子を見て（服がぬれている、ハンカチで頭を拭いているなど）それを知ったこと、ミラーさんは傘を持っていなかったことなど、会話場面の状況をつかませる。
- 下の野村さん
　「ミラーさんの部屋の階下の部屋」の意味
- そうなんですか
　注意や指摘を受けたときにこのように答えると、「自分は知らなかった、初めてそのことを聞いた（だから知っていてやったのではない）、注意してもらってわかった」という言外の意味が含まれる。
- いつもお帰りが遅いみたいですね。
　「〜みたいです」は「〜ようです」と同じく推量を表す。会話では「〜みたいです」がよく使われる。
- あまり遅い時間に洗濯されるとちょっと
　「ある程度は許容するが、程度を超えると困る」という意味。苦情や反対する気持ちを柔らかく言っている。「あまり〜ない」とは意味が違うことに留意する。
　　例：・アパートを探すのなら、駅から遠いほうが環境はいいですよ。
　　　　　…そうかもしれませんが、〜
　　　　・とても人気のあるレストランなんだから、少しぐらい待つのはしかたないよ。
　　　　　…それはわかるけど、〜

4．言ってみましょう
- 会話の最初の部分は声のトーン、間の取り方で話題の転換が伝わるように言う。
　　お帰りなさい。（間）あれ？　雨ですか。
　　それは、大変でしたね。（間）あの、ちょっとお話があるんですが……。
- 「そうなんですか」は下降イントネーションであることに注意する。

5．練習をしましょう

1）どうしても

ここでは「本当はそうしたいが、いろいろ事情があってできない」という気持ちを伝えるのに使う。

　　例：○寮の住人　　●寮の管理人

（1）○アルバイトの学生　　●アルバイト先の店長

（2）○留学生会の会員　　●留学生会の会長

2）それはわかりますけど

相手の言い分に理解を示して受け止めた上で、相手とは相容れない自分の主張や意見を言うときに使う。

　　例：○客　　●レストラン店長

（1）○自治会の役員を引き受けてくれるよう頼む人

　　●自治会役員を頼まれた人

（2）○●友達同士

6. 会話をしましょう

イラスト	会話（ゴシック体は使ってほしい表現）	会話の流れ
[夜9時ごろ　アパートの管理人室の前で] 1）	管理人：あ、ミラーさん、お帰りなさい。あれ、雨ですか。 ミラー：ええ。途中で降られてしまいました。 管理人：それは大変でしたね。あの、ちょっとお話があるんですが……。 ミラー：何でしょうか。	〈声をかける〉 〈話を切り出す〉
2）	管理人：下の野村さんから苦情があってね。夜遅く、洗濯機の音が聞こえて寝られないそうですよ。 ミラー：えっ、そうなんですか。気がつきませんでした。野村さんにはわたしからちゃんと謝っておきます。	〈苦情を伝える〉 苦情にどのように対応するか言う
[次の日の夜8時ごろ　野村さん宅の玄関で] 3）	ミラー：301号室のミラーです。 ………… ミラー：あのう、管理人さんから洗濯機の音でご迷惑をかけてるって聞いたんですが。 野村：ああ、そのことですか。 ミラー：どうもすみませんでした。音が下まで聞こえるとは思わなかったものですから。 野村：いつもお帰りが遅いみたいですね。 ミラー：ええ。残業が多いので、掃除や洗濯が**どうしても夜になってしまうんです。**	用件を切り出す 言い訳して謝る 理由（事情）を説明する
4）	野村：**それはわかりますけど、**あまり遅い時間に洗濯されるとちょっと……。子どもが寝る時間なので。 ミラー：すみません。何時ごろまでならよろしいでしょうか。 野村：できれば10時ごろまでにしてもらえますか。 ミラー：わかりました。そのころまでには済ませるようにします。 野村：お願いします。 ミラー：ご迷惑をかけてすみませんでした。 野村：いいえ。	〈困っているということを柔らかく言う〉 相手の要望を聞く 〈要望を言う〉 相手の要望を受け入れる もう一度謝る

7. チャレンジしましょう

【ロールプレイ】

・アパートの管理人から、隣のBからうるさいと苦情があったことを聞いたAがBのうちへ謝りに行く。

[Bさんのうちの玄関]　　　　　　　　　　　　　　　　　　　　　　　　　ロールカードA

A、B：同じアパートの住人で部屋が隣同士

あなたはAです

毎週末、友達がたくさん遊びに来ます。友達と部屋で音楽を聴きながら、飲んだりおしゃべりをしたりするのが、今、いちばんの楽しみです。
管理人さんから、隣のBさんからうるさいと苦情が出ていると聞きました。
Bさんのうちへ謝りに行きました。

・理由を言って、Bさんに謝ってください。
・自分の事情を説明してください。
・どうすれば問題が解決するか、Bさんの要望を聞いてください。

[自分のうちの玄関]　　　　　　　　　　　　　　　　　　　　　　　　　ロールカードB

A、B：同じアパートの住人で部屋が隣同士

あなたはBです

隣のAさんの部屋に毎週末、たくさん人が集まって騒いでいます。夜遅くまでうるさいので注意してほしいとアパートの管理人に言っておきました。

・Aさんが来たら話を聞いてください。
・夜9時を過ぎたらもう少し静かにするように言ってください。

【会話例】

[夜　Bさんのうちの玄関で]

A：　隣のAです。

　　　・・・・・

A：　あのう、管理人さんからうるさくてご迷惑をかけてるって聞いたんですが。

B：　ああ、そのことですか。

A：　どうもすみませんでした。声がお隣まで聞こえるとは思わなかったものですから。

B：　いつも週末にたくさんお友達がいらっしゃるみたいですね。

A：　ええ。一人暮らしなので友達といっしょに飲んだり、おしゃべりしたりするのがいちばんの楽しみなんです。

B：　それはわかりますけど、あまり遅くまで騒がれるとちょっと……。

A：　すみません。何時ごろまでならよろしいでしょうか。

B： そうですねえ。できれば9時を過ぎたらもう少し静かにしていただけますか。
A： わかりました。静かにするようにします。
B： お願いします。
A： ご迷惑をかけてすみませんでした。
B： いいえ。

[評価のポイント]
- 理由を言って丁寧に謝ったか。
    例：どうもすみませんでした。～ものですから
- 自分の事情を言って理解を求めたか。
- 解決のために相手の要望を聞いたか。
- 最後にもう一度丁寧に謝ったか。
    例：ご迷惑をかけてすみませんでした

V．読む・書く 「【座談会】日本で暮らす」

【目標】

> ① 座談会を記録した文章を読み、座談会の出席者の意見を的確に読み取る。
> ② 意見の違いを比べるために、それぞれの発言を拾い読みする。
> ③ 座談会で発言する。
> ④ メールで近況報告を書く。

1．考えてみましょう
1）海外で学んでいる学習者には、どこか自国以外の国に行ったり、住んだりしたときの経験を話してもらう。
2）「音」だけでなく「声」も含めてカルチャーショックの経験を話す。学習者からあまり発言がなければ、次のような例を挙げて聞いてみるとよい。
    車のクラクション、駅のアナウンス、食事をするときの音

2．ことばをチェックしましょう
騒音*、騒々しい、カルチャーショック、アナウンス、安全［な］*

3．読みましょう／4．答えましょう
日本の出版の世界では座談会、鼎談、対談などの記録が本や雑誌・新聞等に載るこ

とが多く、よく読まれることを紹介しておくとよい。学習者の国ではどうか、また国でそのような記事をよく読んだか聞いておくと、学習者のレディネスがわかり、指導に生かせる。また、談話を記録した文章に慣れることを目指す。

【手順・留意点】
1．新出語「座談会」の意味を確認する。
2．まず冒頭の出席者名、司会者の発言の部分だけを読ませ、座談会の内容を推測させる。
3．読むときのポイントのタスクを行うために、例えば、ベルタさんならベルタさんの発言だけを拾い読みする（他の人のも同じように、それだけを拾い読みする）ように指示し、黙読させる。時間は6分程度。一人の発言だけを拾い読みしていくこのような読み方は、意見の違いを把握するには有効である。
4．答えましょうの設問で内容が理解できているか確認する。
5．CDを聞き、その後音読の練習をする。

5．チャレンジしましょう

1）司会者もできるだけ学習者の中から選ぶようにする。クラスの人数が少ない場合や適任者がいないなど、やむをえないときには教師が司会をしてもかまわない。12課まで学習してきた学習者のレベルでは「発言を促す／意見を言う」という簡単なやり取りに終始することなく、さらに踏み込んだ説明を求めたり、相手の意見を受けて反対意見を言ったりできるよう指導する。次のような表現を使うように促すとよい。
- ……って、……ということですか。
- ……ということを、もう少し詳しく説明してもらえませんか。
- ……って、例えばどんなことですか。
- 今おっしゃったような見方／考え方もあるとは思いますが、他の見方／考え方もあるのではないでしょうか。

2）次の文章の流れにしたがって、座談会で話されたことを近況報告の中に取り込んでまとめる。なお、実際にメールで送ることが最善なのだが、学習環境によってはできない場合もあるだろう。その場合には送るつもりで次の表現を練習してから書くと有効である。
- ……は次の……です。
- ……は……という意見でした。
- ……は……と言っていました。
- ……という話には驚きました。
- ……を改めて実感しました。

| 宛名 |
| ↓ |
| 挨拶・名乗り |
| ↓ |
| 最近の自分の様子 |
| ↓ |
| 座談会のこと |
| ↓ |
| 終わりの挨拶 |

_____先生／さん

_____（挨拶）_____。_____＜氏名＞_____
です。
_____
_____
_____。

先日、わたしたちの日本語のクラスで_____
について座談会をしました。

_____
_____
_____
_____
_____
_____
_____
_____
_____。

また、メールします。お元気でお過ごしください。

第III部

資料編

1．使役受身の作り方

	辞書形		使役受身						作り方
Ⅰ	か	く	か	か	せられる	か	か	される	ない形 ＋せられる／される
	いそ	ぐ	いそ	が	せられる	いそ	が	される	
	の	む	の	ま	せられる	の	ま	される	
	はこ	ぶ	はこ	ば	せられる	はこ	ば	される	
	つく	る	つく	ら	せられる	つく	ら	される	
	てつだ	う	てつだ	わ	せられる	てつだ	わ	される	
	も	つ	も	た	せられる	も	た	される	
	はな	す	はな	さ	せられる				ない形＋せられる
Ⅱ	たべ	る	たべ		させられる				ない形＋させられる
	しらべ	る	しらべ		させられる				
	い	る	い		させられる				
Ⅲ	く	る	こ		させられる				ない形＋させられる
	す	る			させられる				する→させられる

＊Ⅰグループの動詞は使役形 -(s)asu 型に -areru を付けた「書かされる」とするのが一般的ですが、-(s)aseru 型に -rareru を付けた「書かせられる」も用いられます。
「話す」など語幹が s で終わる動詞は同じ音の連続が嫌われるため「話させられる」のほうが普通です（『初級を教える人のための日本語文法ハンドブック』pp.293-294）。

2．動詞のフォーム

課		13課	18課	17課	19課	14課
フォーム		ます形	辞書形	ない形	た形	て形
Ⅰ		かき｜ます	かく	かか｜ない	かいた	かいて
Ⅱ		たべ｜ます み｜ます	たべる みる	たべ｜ない み｜ない	たべた みた	たべて みて
Ⅲ		し｜ます き｜ます	する くる	し｜ない こ｜ない	した きた	して きて
後続句	初級Ⅰ・Ⅱ	—ましょう（6） —ませんか（6） —に いきます（13） —たいです（13） —ましょうか（14） —ながら（28） —そうです（43） —すぎます（44） —やすいです（44） —にくいです（44） お—に なります（49） お—ください（49） お—します（50）	—ことが できます（18） —ことです（18） —まえに（18） —と（23） —つもりです（31） —な（33） —とおりに（34） —ように（36） —ように します（36） —ように なります（36） —のは（38） —のが（38） —のを（38） —ために（42） —のに（42） —ばあいは（45） —はずです（46） —ところです（46）	—ないで ください（17） —なければ なりません（17） —なくても いいです（17） —ない つもりです（31） —ない ほうが いいです（32） —ないで（34） —ないように（36） —ないように します（36） —なく なります（36） —なくて（39） —ない ばあいは（45） —ない はずです（46）	—ことが あります（19） —り、—り します（19） —ら（25） —ほうが いいです（32） —とおりに（34） —あとで（34） —ばあいは（45） —ところです（46）	—います（14、15、28、29） —ください（14） —も いいです（15） —は いけません（15） —から（16） —あげます（24） —もらいます（24） —くれます（24） —も（25） —いただけませんか（26） —しまいます（29） —あります（30） —おきます（30） —みます（40） —いただきます（41） —くださいます（41） —やります（41） —きます（43） —いる ところです（46）
	中級Ⅰ	—そうな N（3） —そうに V（3） —そうもない（3） —たがる（4） —たがっている（4） お—です（9） —出す（10） —始める・—終わる・—続ける（10） —忘れる・—合う・—換える（10） —っぱなし（12）	—こと＋は／が／を（1） —ように V（言う、注意する、伝える、頼む）（2） —ことにする（3） —ことにしている（3） —ことになる（3） —ことになっている（3） —つもりはない（6） —つもりだった（6） —まで（8） —までに（8） —ことが／もある（10） —より—ほうが…（11）	—ないことにする（3） —ないことにしている（3） —ないことになる（3） —ないことになっている（3） —ないでほしい（3） —ないつもりだった（6） —なくてはならない／いけない（7） —なくてもかまわない（7） —ないことが／もある（10） —ず［に］…（11） —ず、…（11）	—ら、—（2） —あと、…（3） 移動 V—ところ（5） —つもり（6） —N（名詞修飾）（8） —まま（8） —ら、…た（9） —結果、…（10） —ら［どう］？（11） —り—り（12）	—もらえませんか（1） —いただけませんか（1） —もらえないでしょうか（1） —いただけないでしょうか（1） 疑問詞—も（1） —ほしい（3） —いるまで（6） —ばかりいる（6） N ばかり—いる（6） —くる（事態の出現）（6） —くる（近づく）（6） —いく（離れる）（6） —くれ（7） —いるあいだ（8） —いるあいだに（8） —もかまわない（9） —くる（変化）（11） —いく（変化）（11） —いる（経験・経歴）（11）

31課	33課	35課	27課	37・49課	48課	中級4課
意向形	命令形	条件形	可能	受身・尊敬	使役	使役受身
かこう	かけ	かけば	かける	かかれる	かかせる	かかせられる／かかされる
たべよう	たべろ	たべれば	たべられる	たべられる	たべさせる	たべさせられる
みよう	みろ	みれば	みられる	みられる	みさせる	みさせられる
しよう	しろ	すれば	できる	される	させる	させられる
こよう	こい	くれば	こられる	こられる	こさせる	こさせられる
—と おもって います (31)		—ば辞書形ほど (35)			—せて いただけませんか (48)	
—とする／しない (5)		—ば、…た (9)		間接受身 ＜自動詞＞ ＜他動詞＞ (12)	—せてもらえませんか (3) —せていただけませんか (3) —せてもらえないでしょうか (3) —せていただけないでしょうか (3) 感情使役 (7)	感情使役の受身 (7)

	20課	初級Ⅰ・Ⅱ	中級Ⅰ
	普通形		
Ⅰ	かく かかない かいた かかなかった	—と おもいます (21) —と いいます (21) —でしょう (21) —とき (23) —んです (26) —し、—し (28) —かも しれません (32) —と いって います (33) —のは N です (38) —のを しって います (38) —ので (39) —か (40) —か どうか (40) —のに (45) —ようです (47) —そうです (47)	—のだ・—のではない (1) —という＋ことだ (2) —という N (発話や思考を表す名詞) (2) —ということだ (伝聞) (4) —の・—の？ (4) —［という］こと＋格助詞 (4) —んじゃない？ (5) —のだろうか (5) —だろう (5) —て／って…（引用）(6) —って…（主題）(6) —とか (6) —だけだ・[ただ] —だけでいい (7) —かな (7) —なんて (7) —なら (7) —からだ (8) —のは、—からだ (8) —ほど〜ない (9) —ほどではない (9) —ため［に］(9) —ためだ (9) —はずだ (10) —はずが／はない (10) —はずだった (10) —ということになる (10) —らしい (11) —もの／もんだから (12) —おかげで・—おかげだ (12) —せいで・—せいだ (12) —みたいだ (12) どちらかと言えば、—ほうだ (12)
Ⅱ	たべる たべない たべた たべなかった		
Ⅲ	する しない した しなかった くる こない きた こなかった		

3. 学習漢字五十音順索引

*以下の配列は『常用漢字表』による。
*提出語については本冊巻末「漢字索引」を参照。
*網かけの音訓は特別なもの、または用法のごく狭いもの。

	音読み	訓読み	初出課	提出語				
位	イ	くらい	3	1位	位置			
違	イ	ちがう、ちがえる	2	違い	間違い	間違える		
遺	イ、ユイ		11	世界遺産				
緯	イ		5	経緯度				
域	イキ		9	地域				
因	イン	よる	10	原因				
宇	ウ		2	宇宙				
雲	ウン	くも	8	きのこ雲				
影	エイ	かげ	9	影響				
演	エン		9	演奏				
央	オウ		5	中央				
奥	オウ	おく	12	奥様				
憶	オク		10	記憶				
化	カ、ケ	ばける、ばかす	1	文化	お化け	多様化		
加	カ	くわえる、くわわる	12	加える				
価	カ	あたい	11	価値				
果	カ	はたす、はてる、はて	10	結果				
科	カ		8	科学者				
過	カ	すぎる、すごす、あやまつ、あやまち	3	過ごす	過去			
介	カイ		8	紹介する				
快	カイ	こころよい	1	快適				
械	カイ		4	機械				
絵	カイ、エ		8	絵				
階	カイ		11	階				
解	カイ、ゲ	とく、とかす、とける	6	解決				
壊	カイ	こわす、こわれる	11	壊れる				
街	ガイ、カイ	まち	12	街全体				
確	カク	たしか、たしかめる	2	正確	確認する			
活	カツ		10	生活				
甘	カン	あまい、あまえる、あまやかす	7	甘い				
完	カン		11	完成				
乾	カン	かわく、かわかす	1	乾いた				
患	カン	わずらう	10	患者				
勧	カン	すすめる	4	勧める				
感	カン		3	感じる				
慣	カン	なれる、ならす	5	習慣				
管	カン	くだ	11	保管する				
関	カン	せき	8	関心	関係なく			
簡	カン		2	簡単				
観	カン		3	悲観的な	観察する			

	音読み	訓読み	初出課	提出語				
丸	ガン	まる、まる**い**、まる**める**	7	丸い	丸			
含	ガン	ふく**む**、ふく**める**	12	含まれる				
危	キ	あぶ**ない**、あや**うい**、あや**ぶむ**	3	危険				
奇	キ		10	奇数				
季	キ		3	季節				
紀	キ		9	世紀				
記	キ	しる**す**	6	記者	記憶			
飢	キ	う**える**	11	飢きん				
寄	キ	よ**る**、よ**せる**	9	年寄り				
喜	キ	よろこ**ぶ**	9	喜ぶ				
期	キ、ゴ		11	期待				
輝	キ	かがや**く**	8	輝いている				
機	キ	はた	4	機械	電話機	販売機	飛行機	
技	ギ	わざ	8	技術				
議	ギ		6	不思議な				
喫	キツ		9	喫茶店				
客	キャク、カク		1	お客さん	客間	客	乗客	
逆	ギャク	さか、さから**う**	5	逆に				
吸	キュウ	す**う**	1	呼吸				
球	キュウ	たま	5	南半球	北半球			
居	キョ	い**る**	1	居間				
許	キョ	ゆる**す**	9	特許				
共	キョウ	とも	8	共通する	共通語			
協	キョウ		11	協力する				
郷	キョウ、ゴウ		11	白川郷				
競	キョウ、ケイ	きそ**う**、せ**る**	9	競争				
響	キョウ	ひび**く**	9	影響				
局	キョク		4	結局				
句	ク		5	文句				
苦	ク	くる**しい**、くる**しむ**、くる**しめる**、にが**い**、にが**る**	2	苦手	苦労			
具	グ		1	家具	具体的	道具		
偶	グウ		10	偶数				
掘	クツ	ほ**る**	11	掘り当てる	発掘			
君	クン	きみ	10	聖人君子				
形	ケイ、ギョウ	かた、かたち	11	形				
係	ケイ	かか**る**、かかり	9	関係				
型	ケイ	かた	10	～型（がた）	型（かた）			
経	ケイ、キョウ	へ**る**	5	経緯度	経済			
傾	ケイ	かたむ**く**、かたむ**ける**	3	傾向				
決	ケツ	き**める**、き**まる**	6	解決	決める			
結	ケツ	むす**ぶ**、ゆう、ゆ**わえる**	4	結局	結構	結果		

	音読み	訓読み	初出課	提出語			
潔	ケツ	いさぎよい	1	清潔に			
件	ケン		11	条件			
軒	ケン	のき	11	～軒			
健	ケン	すこやか	8	健康			
険	ケン	けわしい	3	危険			
嫌	ケン、ゲン	きらう、いや	4	電話嫌い	嫌い	大嫌い	
権	ケン、ゴン		11	権力			
懸	ケン、ケ	かける、かかる	3	一生懸命			
原	ゲン	はら	10	原因	原料		
現	ゲン	あらわれる、あらわす	6	現在	現金		
厳	ゲン、ゴン	おごそか、きびしい	11	厳しい			
呼	コ	よぶ	1	呼吸			
故	コ	ゆえ	10	事故			
誇	コ	ほこる	9	誇る			
娯	ゴ		9	娯楽			
功	コウ、ク		6	成功			
交	コウ	まじわる、まじえる、まじる、まざる、まぜる、かう、かわす	10	交通事故			
向	コウ	むく、むける、むかう、むこう	3	傾向	向き合う	向き	
抗	コウ		11	抵抗			
幸	コウ	さいわい、さち、しあわせ	3	幸せな			
貢	コウ、ク	みつぐ	11	年貢			
康	コウ		8	健康			
黄	コウ、オウ	き、こ	11	黄金			
硬	コウ	かたい	1	硬い			
構	コウ	かまえる、かまう	4	結構			
興	コウ、キョウ	おこる、おこす	1	興味			
号	ゴウ		10	番号			
刻	コク	きざむ	3	遅刻する			
困	コン	こまる	10	困った			
根	コン	ね	11	屋根			
査	サ		3	調査			
差	サ	さす	5	差別			
座	ザ	すわる	1	座布団	座談会		
済	サイ	すむ、すます	8	経済			
最	サイ	もっとも	1	最も	最近	最高	
歳	サイ、セイ		3	二十歳（はたち）	～歳		
際	サイ	きわ	8	国際			
在	ザイ	ある	6	現在			
材	ザイ		1	材料			
財	ザイ、サイ		10	財布			
察	サツ		5	観察			

	音読み	訓読み	初出課	提出語				
雑	ザツ、ゾウ		2	複雑	雑誌			
蚕	サン	かいこ	11	蚕（かいこ）				
残	ザン	のこる、のこす	4	残念	残らず			
史	シ		11	歴史				
司	シ		12	司会				
伺	シ	うかがう	12	お伺いする				
指	シ	ゆび、さす	10	指（ゆび）	指す			
師	シ		5	教師				
飼	シ	かう	11	飼う				
誌	シ		6	雑誌				
次	ジ、シ	つぐ、つぎ	7	次々に	次	次に		
治	ジ、チ	おさめる、おさまる、なおる、なおす	9	治す	治める			
式	シキ		4	葬式				
識	シキ		3	意識	常識			
失	シツ	うしなう	3	失敗	失礼な			
湿	シツ	しめる、しめす	1	湿気				
実	ジツ	み、みのる	5	実は	実験			
取	シュ	とる	1	取る	取れる	取り付ける	聞き取る	
酒	シュ	さけ、さか	10	酒				
受	ジュ	うける、うかる	12	受ける				
収	シュウ	おさめる、おさまる	11	収入				
修	シュウ、シュ	おさめる、おさまる	11	修理				
柔	ジュウ、ニュウ	やわらか、やわらかい	1	柔らかい				
術	ジュツ		8	技術	手術			
瞬	シュン	またたく	3	瞬間				
準	ジュン		10	準備する				
初	ショ	はじめ、はじめて、はつ、うい、そめる	2	初めて	初めは			
助	ジョ	たすける、たすかる、すけ	7	助ける				
床	ショウ	とこ、ゆか	1	床				
将	ショウ		6	将来				
消	ショウ	きえる、けす	7	消す	消える			
笑	ショウ	わらう、えむ	7	笑う				
紹	ショウ		8	紹介する				
掌	ショウ	(△てのひら)	11	合掌造り	掌(てのひら)			
象	ショウ、ゾウ		8	対象				
条	ジョウ		11	条件				
城	ジョウ	しろ	11	帰雲城	城			
常	ジョウ	つね、とこ	1	非常に	常識	日常生活	日常	
畳	ジョウ	たたむ、たたみ	1	畳				
申	シン	もうす	4	申し出る				
伸	シン	のびる、のばす	8	伸びる				
身	シン	み	2	僕自身				
信	シン		7	信じる				

	音読み	訓読み	初出課	提出語					
深	シン	ふかい、ふかまる、ふかめる	10	深く					
寝	シン	ねる、ねかす	3	寝る	寝坊	寝顔			
震	シン	ふるう、ふるえる	7	震える	地震				
数	スウ、ス	かず、かぞえる	4	数日	奇数	偶数	数百人		
成	セイ、ジョウ	なる、なす	3	成人	成功	完成			
性	セイ、ショウ		3	男性	女性	性別	安全性		
清	セイ、ショウ	きよい、きよまる、きよめる	1	清潔に					
晴	セイ	はれる、はらす	8	素晴らしさ					
聖	セイ		10	聖人君子					
製	セイ		11	製造					
静	セイ、ジョウ	しず、しずか、しずまる、しずめる	6	静かに					
昔	セキ、シャク	むかし	1	昔					
席	セキ		4	出席する					
接	セツ	つぐ	4	接続する					
雪	セツ	ゆき	11	雪					
節	セツ、セチ	ふし	3	季節					
絶	ゼツ	たえる、たやす、たつ	4	絶対					
戦	セン	いくさ、たたかう	3	戦争					
選	セン	えらぶ	9	選ぶ					
全	ゼン	まったく	1	全体	全く	全員	全然	全部	安全
然	ゼン、ネン		5	自然	全然				
素	ソ、ス		1	素足	素晴らしい				
組	ソ	くむ、くみ	1	組み合わせる					
争	ソウ	あらそう	3	戦争	競争				
奏	ソウ	かなでる	9	演奏					
相	ソウ、ショウ	あい	2	相手					
窓	ソウ	まど	12	窓					
葬	ソウ	ほうむる	4	葬式					
想	ソウ、ソ		6	理想					
層	ソウ		11	～層					
操	ソウ	みさお、あやつる	10	操作する					
騒	ソウ	さわぐ	12	騒音	騒々しい				
造	ゾウ	つくる	11	合掌造り	製造	造る			
贈	ゾウ、ソウ	おくる	11	贈る					
速	ソク	はやい、はやめる、すみやか	4	早速	速さ				
続	ゾク	つづく、つづける	4	接続する	続ける				
対	タイ、ツイ		2	反対	絶対	対象			
宅	タク		12	住宅地					
達	タツ		3	友達					
単	タン		2	簡単	単なる				
誕	タン		9	誕生					
団	ダン、トン		1	座布団					

第Ⅲ部

	音読み	訓読み	初出課	提出語				
断	ダン	た**つ**、ことわ**る**	4	断る				
暖	ダン	あたた**か**、あたた**かい**、あたた**まる**、あたた**める**	11	暖かい				
談	ダン		12	座談会				
値	チ	ね、あたい	11	価値				
遅	チ	おく**れる**、おく**らす**、おそい	3	遅刻する				
置	チ	お**く**	1	置く	位置			
仲	チュウ	なか	9	仲間				
虫	チュウ	むし	12	虫の音				
宙	チュウ		2	宇宙				
丁	チョウ、テイ		12	丁寧				
兆	チョウ	きざ**す**、きざ**し**	11	〜兆円				
張	チョウ	は**る**	1	板張り				
調	チョウ	しら**べる**、ととの**う**、ととの**える**	3	調査	調べる			
珍	チン	めずら**しい**	1	珍しい				
抵	テイ		11	抵抗				
庭	テイ	にわ	10	家庭				
的	テキ	まと	1	目的	悲観的	具体的		
適	テキ		1	快適				
鉄	テツ		12	地下鉄				
点	テン		8	〜という点				
展	テン		8	発展する				
伝	デン	つた**わる**、つた**える**、つた**う**	11	伝説				
途	ト		8	途上国				
努	ド	つと**める**	5	努力する				
当	トウ	あ**たる**、あ**てる**	7	本当	掘り当てる	本当に		
倒	トウ	たお**れる**、たお**す**	9	倒産する				
等	トウ	ひと**しい**	5	平等				
踏	トウ	ふ**む**、ふ**まえる**	12	踏み切り				
届		とど**ける**、とど**く**	4	届く				
内	ナイ、ダイ	うち	11	家内産業	車内			
難	ナン	かた**い**、むずか**しい**	5	難しい				
認	ニン	みと**める**	10	確認する				
寧	ネイ		12	丁寧				
念	ネン		4	残念				
農	ノウ		11	農作物				
濃	ノウ	こい	7	濃い				
派	ハ		1	立派				
配	ハイ	くば**る**	12	配慮する				
敗	ハイ	やぶ**れる**	3	失敗				
髪	ハツ	かみ	8	髪				

231

	音読み	訓読み	初出課	提出語					
反	ハン、ホン、タン	そる、そらす	2	反対					
板	ハン、バン	いた	1	板張り					
販	ハン		12	販売機					
番	バン		10	番号					
比	ヒ	くらべる	12	比べる					
彼	ヒ	かれ、かの	4	彼	彼ら				
非	ヒ		1	非常に					
飛	ヒ	とぶ、とばす	10	飛行機					
悲	ヒ	かなしい、かなしむ	3	悲観的な					
費	ヒ	ついやす、ついえる	11	費用					
避	ヒ	さける	3	避ける					
備	ビ	そなえる、そなわる	10	準備する					
必	ヒツ	かならず	2	必要	必ずしも				
表	ヒョウ	おもて、あらわす、あらわれる	1	代表	発表する	表れ			
付	フ	つける、つく	4	取り付ける					
布	フ	ぬの	1	座布団	財布				
怖	フ	こわい	7	怖い					
負	フ	まける、まかす、おう	9	負ける					
浮	フ	うく、うかれる、うかぶ、うかべる	8	浮力					
普	フ		2	普通に					
敷	フ	しく	1	敷く					
部	ブ		1	部屋	全部				
腹	フク	はら	4	腹を立てる					
複	フク		2	複雑					
払	フツ	はらう	4	払う					
紛	フン	まぎれる、まぎらす、まぎらわす、まぎらわしい	2	紛らわしい					
平	ヘイ、ビョウ	たいら、ひら	5	平等					
並	ヘイ	なみ、ならべる、ならぶ、ならびに	8	並ぶ					
閉	ヘイ	とじる、とざす、しめる、しまる	6	閉じる	閉める				
米	ベイ、マイ	こめ	11	米					
辺	ヘン	あたり、べ	11	辺り					
変	ヘン	かわる、かえる	2	変える					
保	ホ	たもつ	11	保管する					
暮	ボ	くれる、くらす	12	暮らす					
放	ホウ	はなす、はなつ、はなれる、	12	放送					
豊	ホウ	ゆたか	11	豊か					
褒	ホウ	ほめる	8	褒める					
亡	ボウ、モウ	ない	4	亡くなる					
忙	ボウ	いそがしい	3	忙しい					

	音読み	訓読み	初出課	提出語					
坊	ボウ、ボッ		3	寝坊					
忘	ボウ	わすれる	5	忘れる	忘れ物				
僕	ボク		2	僕					
枚	マイ		1	～枚					
無	ム、ブ	ない	4	無料	無意識				
夢	ム	ゆめ	6	夢					
命	メイ、ミョウ	いのち	3	一生懸命	命				
迷	メイ	まよう	6	迷い					
鳴	メイ	なく、なる、ならす	12	鳴る					
面	メン	おも、おもて、つら	5	面（めん）					
役	ヤク、エキ		1	役に立つ					
由	ユ、ユウ、ユイ	よし	1	自由	理由				
与	ヨ	あたえる	8	与える					
要	ヨウ	いる	2	必要					
陽	ヨウ		11	太陽					
様	ヨウ	さま	8	多様化	奥様				
雷	ライ	かみなり	7	雷					
利	リ	きく	4	利用する	便利さ	便利			
略	リャク		12	中略					
留	リュウ、ル	とめる、とまる	5	留学	留学生				
慮	リョ		12	配慮する					
涼	リョウ	すずしい、すずむ	11	涼しい					
礼	レイ、ライ		4	失礼な					
例	レイ	たとえる	2	例えば					
齢	レイ		9	年齢					
歴	レキ		11	歴史					
恋	レン	こう、こい、こいしい	3	恋	恋人				
労	ロウ		12	苦労					
録	ロク		9	録音する	登録する				

4. 文法項目と提出語彙

*「会話表現」の中のゴチック体は 話す・聞く の「5. 練習をしましょう」で扱っている表現・語句を示す。

課	文法項目 *補足項目	動詞	形容詞	名詞・副詞・造語成分	会話表現	固有名詞
1	1. ~てもらえませんか ~ていただけませんか ~てもらえないでしょうか ~ていただけないでしょうか *~じゃなくて、~ 2. ~のようだ・~のような～ ~のように… (比喩・例示) 3. ~ことは/が/を 4. ~を～と言う 5. ~という～ 6. いつ/どこ/何/だれ/どんなに～ても *…のだ・…のではない *何人も、何回も、何枚も、…	迷う [道に～] 目指す 似合う 聞き取る 迷う [AかBか～] 断る 引き受ける チェックする ただす 重ねる 使い分ける 読み取る 代表する 敷く つける [名前を～] 動かす 組み合わせる 呼吸する 取る [湿気を～]	明るい [性格が～] 立派 伝統的 [な] 快適 [な] 清潔 [な]	先輩 父親 父 おせち料理 初詣で 畳 座布団 正座 おじぎ 作家 欠点 ポイント 内容 表現 部分 市民 市民会館 イントネーション 会館 奨学金 推薦状 交流 司会 目上 印象 [お] 住まい 板張り 素足 旅行者 ~者 全体 やまととば 客間 居間 仕事部屋 ワラ イグサ 湿気 本文 一戸建て 小学生 日常生活 どのように まるで ~中 [留守～] いっぱい どんなに ~過ぎ それに 実際に そういう ふだん 何とか 最も 非常に それほど ちょうど 何枚も	あのう、~ていただけないでしょうか。 何とかお願いできないでしょうか。 うちでよければどうぞ。 お役に立てててよかったです。 お預かりします。	村上春樹 『ノルウェイの森』 南太平洋 トンガ王国 バオバブ マダガスカル タタミゼ

課	文法項目 *補足項目	動詞	形容詞	名詞・副詞・外来語・造語成分	会話表現	固有名詞
2	1. (1) ～たら、～た（出現） 　　(2) ～たら、～た（発見） 2. ～というのは～のことだ 　　～というのは…ということだ 3. …という～ 4. …ように言う／注意する／ 　　伝える／頼む ＊～ところ 5. ～みたいだ・～みたいな～・ 　　～みたいに…（比喩・例示）	ふく［ガラスを～］ 守る［地球を～］ 学習する 分ける［ごみを～］ 奪う 干す つく［うそを～］ 飛ぶ［空を～］ つける［腕に～］ 話しかける 引く［線を～］ 取る［バランスを～］	四角い 苦手［な］ 紛らわしい 正確［な］ とんでもない なくてはならない	結果　副詞　外来語　ソフトウェア メール　郵便　Eメール プレイガイド　栄養　カロリー エコ　環境　アポ　省エネ 記事　うわさ　辺り アドバイス　事件　以外 ロボット　本物　オレンジ パジャマ　腕　ふるさと 不在連絡票　～宅　工事　休日 断水　リモコン　ロボコン バランス　筆者　宇宙人 ～自身　友人　ライス アドレス　メールアドレス プレゼン　アイデンティティ コンプライアンス　ポリシー 場合　％　必要　文章 いまだに　全く　別の　また 例えば　普通に　いまさら	お忙しいところ、…。 それで…。 僕自身が何だかわからない。	

課	文法項目　*補足項目	動詞	形容詞	名詞・副詞・造語成分	会話表現	固有名詞
3	1.～(さ)せてもらえませんか ～(さ)せていただけませんか ～(さ)せてもらえないでしょうか ～(さ)せていただけないでしょうか 2.(1)…ことにする 　(2)…ことにしている 3.(1)…ことになる 　(2)…ことになっている *～たあと、… 4.～てほしい・～ないでほしい 5.(1)～そうな～・～そうに… 　　（予想・外観） 　(2)～なさそう 　(3)～そうもない	インタビューする 担当する 話し合う 通勤する 減らす 引っ越す 昼寝する 帰国する 受ける［インタビューを］ しゃべる［彼女を～］ 振る［電話を～］ 切る［時間を～］ 取る 気にする 変更する 避ける 感じる 寝坊する	おとなしい 悲観的［な］	アルバイト先　～先　店長 研修　～か国　家庭　事情 幼稚園　来社　新製品　～ 発表会　森　景気　要望 声［市民の～］　Tシャツ　数 秘書　教授　急用　取引先 学生用　～用［学生～］ コンピューター室　渋滞 瞬間　意識　アンケート　調査 傾向　グラフ　前者　後者 恋　幸せ　危険　変顔 これまで　いつまでも これ以上　本当は　わざわざ できれば　最高に　もう一つ ～あいだ　やはり	お電話、代わりました。 どうかしましたか。 わざわざ～ていただいたの に、…。 困りましたね。 できれば、～ていただけない でしょうか。 おいてください。 申し訳ありませんでした。	東北

課	文法項目　＊補足項目	動詞	形容詞	名詞・副詞・造語成分	会話表現	固有名詞
4	1. …ということだ（伝聞） 2. …の/……の？ 3. ～ちゃう/～とく、～てる（縮約） ＊～の～（同格） ＊～ましたら、…～まして、… 4. ～(さ)せられる・～される（使役受身） 5. ～である（である体） 6. ～まま、～ままに、… ～くも、～くも、…[中止形] 7. (1) ～(た)がる (2) ～(た)がっている 8. …こと、…ということ	検査する 目が覚める 願う 書き換える 合わせる 出る[製品が～] 認める 愛する 受ける[伝言を～] 入れる[メッセージを～] 差し上げる 出る[電話に～] 入る[仕事が～] 取り消す 勧める 腹を立てる 味わう つなぐ 接続する 申し出る 取り付ける	美しい 平和[な] 深い さまざま[な] 苦しい[生活が～] 不安 残念[な] 急い[電話が～] 遠い 嫌い 失礼[な] 大嫌い しつこい	明日　能力　バザー　マスク スーツケース　朝礼　校歌 敬語　感想文　運動場 いたずら　世紀　人気者　文 若者　～湖　性格　人気者 多く　雷　うち　現実　首都 伝言　留守番電話　メッセージ 来客中　食パン　売り切れ バーゲンセール　案内状 ～状[招待～]　時代 エピソード　全員　数日 親せき　そば　出席者　料金 もともと　そのように　順に 大～[好き/嫌い]　結局 早速	いつもお世話になっておりま す。 あいにく…。 恐れ入りますが、…。 このままでよろしければ ただいまのメッセージをお預 かりしました。 ごめん。	日本語能力試験 摩周湖 夏目漱石 マーク・トウェイン H.G.ウェルズ グラハム・ベル ハートフォード

237

課	文法項目　*補足項目	動詞	形容詞	名詞・副詞・造語成分	会話表現	固有名詞
5	1. (1) あ〜・そ〜 (文脈指示 (会話)) 　　(2) そ〜 (文脈指示 (文章)) 2. …んじゃない？ 3. 〜たところに／で *…から、…てください 　(依頼や指示の前提) 4. (1) 〜 (よ) う [意向形] とする 　　(2) 〜 (よ) う [意向形] とする／しない 5. …のだろうか 6. 〜との／での／からの／までの／への〜 7. …だろう　…だろうと思う (推量) *が／の	かかってくる 　[電話が〜] 切れる [電話が〜] 挙げる [例を〜] なくす [戦争を〜] 増やす 沿う [川に〜] 出る [大通りに〜] 分かれる [道が〜] 流れる 観察する 努力する 使用する	不思議 [な] 平等 [な]	教科書　居酒屋　やきとり 画面　俳優　コンビニ 改札　[口]　運転手　未来 観光客　大通り　横断歩道 突き当たり　線路　向こう側 踏切　芸術　道順　通行人 通り　川沿い　〜沿い 〜先 [100メートル〜] 〜方 [右の〜]　南北　逆 南半球　北半球　常識　差別 位置　面　人間　中央　自然に 普通　文句　経度　緯度　東西 左右　経度　緯度 そっくり　今ごろ　そこで 無意識に　少なくとも　わざと	〜から、〜てください。	函館 東京タワー アラビア語 マッカーサー アフリカ 南アメリカ

238

課	文法項目　＊補足項目	動詞	形容詞	名詞・副詞・造語成分	会話表現	固有名詞
6	1. (1) …て、……って…（引用） 　　(2) 〜って…（主題） 2. (1) 〜つもりはない（否定の意志） 　　(2) 〜つもりだった（過去の意志） 　　(3) 〜たつもり・〜ているつもり 3. 〜てばかりいる・〜ばかり〜ている 4. …とか… 5. 〜てくる（事態の出現） 6. 〜てくる（近づく） 　　〜ていく（離れる） ＊こ〜（文脈指示）	学ぶ 就職する とる［ビタミンを〜］ 着席する 振る［手を〜］ 交渉する 取り入れる 出す［費用を〜］ 延期する 買い換える つかむ 想像する イメージする 近づく 指す 見える［アポに〜］ 閉じる 向き合う 解決する 立てる［プランを〜］	具体的［な］ 暗い［気持ちが〜］	一期一会　フクロウ　一生 店員　ゲーム　うがい　太鼓 ビタミンC　遠く　タラップ けいこ　サケ ビジネスマナー　セミナー 案内　費用　条件　制度 メンタルトレーニング ビジネス　レベル　週　全額 半額　期間　日時　授業料 〜料　講演会　〜会　担当者 講演会　こであど　〜　上司 理想　記者会見 記者　会見　ごっこ キャベツ　世の中　アポ ビジネスマン　トレーニング 過去　現在　プラン　順番 自分では　ようこそ　それでは そのような　同じような つまり　そうすれば　そこから	いやあ、…。 今ちょっとよろしいでしょうか。 **実は〜のことなんですが、…。** ふうん。 **もし〜が無理なら、…。**	「ちょうちょ」 スバル 日本留学試験 羽田空港

課	文法項目 ＊補足項目	動詞	形容詞	名詞・副詞・造語成分	会話表現	固有名詞
7	1. (1) ～なくてはならない/いけない 　　～なくてもかまわない（義務・不必要） 　(2) ～なくちゃ/なきゃ [いけない] 2. …だけだ・[ただ]…だけでいい 3. …かな（終助詞） 4. (1) ～なんか… 　(2) …なんで… 5. (1) ～（さ）せる（感情使役） 　(2) ～（さ）せられる・～される 　　（感情使役の受身） 6. …なら、… ＊～てくれ	出す [料理を～] 喜ぶ いじめる 感心する 泣く 感動する 譲る 遠慮する 表す 受ける [誘いを～] 待ち合わせる 空く [時間が～] いばる 震える 震え出す 助け出す	きつい [スケジュールが～] 丸い	歓迎会　招待状　ラーメン 折り紙　ピンク　送別会 中華レストラン　留学生会 ～会 [留学生～]　会長　点数 悪口　夫婦　～げんか [夫婦～] 医学部　～部 [医学～] ライオン　冗談 ～たち [子ども～]　お化け 親　一周　～山　芝居　せりふ アニメ　講演　ツアー フリーマーケット　失礼 着付け教室　交流会　ミミ 今回　同僚　登山　紅葉　見物 音楽会　おれ　お前　日の前 毛虫　まんじゅう　へど ホームページ　笑い話　落語 たいした　あらためて いろんな　せっかく　するど ～ぐらい　いや　次々に ポツリと	本当ですか。 ぜひお願いします。 せっかく誘っていただいたのに、申し訳ありません。今回は遠慮させてください。 …かい？ 助けてくれ！	

課	文法項目 *補足項目	動詞	形容詞	名詞・副詞・造語成分	会話表現	固有名詞
8	1. (1) 〜あいだ、… (2) 〜あいだに、… 2. (1) 〜まで、… (2) 〜までに、… 3. 〜た〜（名詞修飾） *髪／目／形 をしている 4. 〜によって… 5. 〜たまま、…・〜のまま、… 6. …からだ（原因・理由）	眠る 黙る 取る [ノートを〜] 盗む 焦げる 枯れる 取る [免許を〜] 退職する 背負う 輝く 与える [ダメージを〜] 伸びる 発展する 受ける [ダメージを〜] 述べる	平凡 [な] もったいない 専門的 [な] 豊か [な]	人生 免許 鍋 ことば遭い 生 社会勉強 高校生 迷子 しま 花柄 チェック 水玉 スカート 無地 水色 リュック サービスカウンター 姪 特徴 ジーンズ 髪型 持ち物 水色 〜地 折りたたみ 青地 〜地 持つところ プラスチック 途上国 先進国 プラス マイナス 共通 関心 多様化 タイトル 反対に 前後 対象 少女 アイディア 浮力 少年 キノコ雲 時に ダメージ ひび ページ 魅力 テーマ	確か、〜たと思います。	ナイジェリア トリニダードトバゴ インド ウガンダ

課	文法項目 *補足項目	動詞	形容詞	名詞・副詞・造語成分	会話表現	固有名詞
9	1. お〜ます です（尊敬） 2. 〜てもかまわない 3. …ほど〜ない 　　…ほどではない（比較） 4. 〜ほど〜はない/いない（比較） 5. …ため［に］、…。…ためだ（原因・理由） 6. 〜たら/〜ば、…た（反事実的用法）	決まる 済む 自慢する 入国する とれる［米が〜］ 乾燥する 生きる 実現する 載る 付け加える［例文が〜］ 編集する 留守番をする 誇る 表れる 録音する 貸し出す 治す 役立つ	シンプル［な］	印鑑　サイン　性能　タイプ 機能　平日　将棋　豚肉　牛肉 バレーボール　気温　降水量 月別　平均　予防注射 都市　資源　大雪　道路　国々 誕生　金　金メダル　メダル　最後 バスケットボール　選手 書き込み　検索　例文 ジャンプ機能　ジャンプ 商品　和英辞書　シルバー 和英辞書　国語辞書 共通語　演奏　特許　倒産 大金持ち　セット　TSUNAMI　影響 有名人　娯楽　心　性別 地域　交流協会　広報誌 仲間　暮らし　参加者 どんどん　しっかり　今では ところが　関係なく　単なる きっかけ	こうやって 〜だけじゃなくて、〜のがいいんですが…。 それでしたら、〜 (の)がよろしいんじゃないでしょうか。 〜ほど変わりませんね。 〜て、〜はありませんか。	ドラえもん アインシュタイン タイム ガンジー 毛沢東 黒澤明 井上大佑 8ジュール 曲がるストロー ブルドッグプリンク

課	文法項目　*補足項目	動詞	形容詞	名詞・副詞・造語成分	会話表現	固有名詞
10	1. (1) …はずだ（確信） 　 (2) …はずが/はない 　 (3) …はずだった 2. …ことが/もある 3. 〜た結果、…／〜の結果、… 4. (1) 〜出す（複合動詞） 　 (2) 〜始める・〜終わる・〜続ける（複合動詞） 　 (3) 〜忘れる・〜合う・〜換える（複合動詞） *〜ということになる	もうける [お金を〜] 見かける 否定する 当たる [宝くじが〜] 通じる [電話が〜] かかる [エンジンが〜] 怒る 出す [修理に〜] 聞き返す 入る [電源が〜] 驚く 転ぶ ぼんやりする おかす [ミスを〜] 完成する つながる [出来事に〜] 引き起こす	親しい	タイムマシン　宝くじ ワールドカップ　カエル　計画 実際　鬼　CO_2　一等 投票　倉庫　抽選 マニュアル　プリンター　〜代 [60〜] 誤解　記憶　型　〜型 落とし物　奇数　偶数 あわて者　ミス ヒューマンエラー　手術　患者 心理学者　うっかりミス チェックリスト　手がかり 一方　指　聖人君子　うそつき エラー　困った人　出来事 不注意 めったに　時間通りに [お] 互いに　てっきり こちら　うっかり　こういう　または 深く [〜呼吸する]	**どういうことでしょうか。** そんなはずはありません。 **てっきり〜と思っていました。** 気を悪くする わかってもらえればいいんです。	JR 沖縄県 マザー・テレサ 新宿 リーズン

課	文法項目 *補足項目	動詞	形容詞	名詞・副詞・造語成分	会話表現	固有名詞
11	1. ～てくる・～ていく（変化） 2. ～たら［どう］？ 3. …より…ほうが…（比較） 4. ～らしい（典型的な性質） *～なんかどう？ 5. …らしい（伝聞・推量） 6. ～として 7. (1) ～ず［に］…（付帯状況・手段） 　(2) ～ず、…（原因・理由・並列） 8. ～ている（経験・経歴）	普及する 建つ 出す［元気を～］ 寄付する［病院に車いすを～］ おわてる 落ち着く のんびりする つながる［電話が～］ 提案する 酔う［乗り物に～］ 染める 治める かける［費用が～］ かける［費用が～］ 製造する 送る［生活を～］ 期待する やってくる 住み着く 掘り当てる 消える 保管する 分ける 積もる［雪が～］	派手［な］ 地味［な］	企業　方言　大家族 大～［～家族］ バックツアー 個人　入学式　元気　広告 美容院　車いす　グレー　原爆 恐ろしさ ダイナマイト 自宅 ニュース 遺跡 発掘 南極 探検 世界遺産 価値 流氷 コメント 自由行動 乗り物 屋根 仮装 黄金 伝説 農作物 金額 後半 〈ぎ〉 村人 向き 抵抗 ～層 蚕 火薬 家内産業 年貢 地 前半 一城 ～城 ［帰雲］ 数百人 権力者 飢えさん ～軒 観光地 ますます 今後 いかにも ただ一つ これまでに やっぱり 軽く［～体操する］ さらに いくつか 一人残らず	～っていうのはどうですか。 それも悪くないですね。 それもそうですね。 けど、……。 それも悪くないですけど…。	ノーベル モーツァルト 首里城 雪祭り 白川郷 白神山地 厳島神社 屋久島 知床 原爆ドーム 合掌造り 江戸時代 内ヶ嶋為氏 帰雲城 織田信長

244

第Ⅲ部

課	文法項目 *補足項目	動詞	形容詞	名詞・副詞・造語成分	会話表現	固有名詞
12	1. …ものの/もんだから 2. (1) ～(ら)れる〈間接受身〈自動詞〉〉 　 (2) ～(ら)れる〈間接受身〈他動詞〉〉 ＊…みたいです〈推量〉 3. ～たり～たり 4. ～っぱなし 5. (1) …おかげで、… 　 …おかげだ 　 (2) …せいで、… 　 …せいだ ＊どちらかと言えば、～ほうだ ＊～ます/ませんように	追いかける こぼす 落書きする 当たる [日が～] 暮らす 鳴る かける [迷惑を～] 乗り遅れる 受ける [ショックを～] 分かれる [意見が～] おいていただく 加える 配慮する 含む	温暖 [な] 騒々しい たまらない おかしな	演奏会　報告書　あくび　犯人 作業　スープ　シャッター スプレー　夜中　日　書道 蛍光灯　メニュー　バイク 目覚まし時計　家事　迷惑 風邪薬　苦情　遅く [お] 帰り　自治会　役員 DVD　座談会 カルチャーショック アナウンス　奥様　苦労　都会 サンダル　ピー　虫の音　車内 住宅地　虫　乗客　安全性 ホーム　チャイム　発車ベル 近所づきあい　コマーシャル ぐっすり～ [眠る] どうしても　それまで きっぱり [～ない] 必ずしも [～ない]　あまり	気がつきませんでした。 **どうしても……てしまうんです。** **それはわかりますけど、…。** どちらかと言えば いい勉強になる	ハンガリー ブダペスト バンコク 宇都宮 浦安

245

執筆協力（五十音順）
　亀山稔史　澤田幸子　新内康子　関正昭　田中よね
　鶴尾能子　藤嵜政子　牧野昭子　茂木真理

文法担当（五十音順）
　庵功雄　高梨信乃　中西久実子　前田直子

編集協力
　石沢弘子

イラスト
　佐藤夏枝　向井直子

本文デザイン
　山田武

みんなの日本語　中級Ⅰ　教え方の手引き

2010年6月2日　初版第1刷発行
2024年10月4日　第11刷発行

編著者　スリーエーネットワーク
発行者　藤嵜政子
発　行　株式会社　スリーエーネットワーク
　　　　〒102-0083　東京都千代田区麹町3丁目4番
　　　　　　　　　　トラスティ麹町ビル2F
　　　　電話　営業　03（5275）2722
　　　　　　　編集　03（5275）2725
　　　　https://www.3anet.co.jp/
印　刷　倉敷印刷株式会社

ISBN978-4-88319-491-9　C0081
落丁・乱丁本はお取り替えいたします。
本書の全部または一部を無断で複写複製（コピー）することは著作権法上
での例外を除き、禁じられています。
「みんなの日本語」は株式会社スリーエーネットワークの登録商標です。

みんなの日本語シリーズ

みんなの日本語 初級I 第2版
- 本冊(CD付) ……………… 2,750円(税込)
- 本冊 ローマ字版(CD付) …… 2,750円(税込)
- 翻訳・文法解説 ………… 各2,200円(税込)
  英語版／ローマ字版【英語】／中国語版／韓国語版／
  ドイツ語版／スペイン語版／ポルトガル語版／
  ベトナム語版／イタリア語版／フランス語版／
  ロシア語版(新版)／タイ語版／インドネシア語版／
  ビルマ語版／シンハラ語版／ネパール語版
- 教え方の手引き …………… 3,080円(税込)
- 初級で読めるトピック25 …… 1,540円(税込)
- 聴解タスク25 ……………… 2,200円(税込)
- 標準問題集 ………………… 990円(税込)
- 漢字 英語版 ……………… 1,980円(税込)
- 漢字 ベトナム語版 ………… 1,980円(税込)
- 漢字練習帳 ………………… 990円(税込)
- 書いて覚える文型練習帳 …… 1,430円(税込)
- 導入・練習イラスト集 ……… 2,420円(税込)
- CD 5枚セット ……………… 8,800円(税込)
- 会話DVD …………………… 8,800円(税込)
- 会話DVD　PAL方式 ……… 8,800円(税込)
- 絵教材CD-ROMブック ……… 3,300円(税込)

みんなの日本語 初級II 第2版
- 本冊(CD付) ……………… 2,750円(税込)
- 翻訳・文法解説 ………… 各2,200円(税込)
  英語版／中国語版／韓国語版／ドイツ語版／
  スペイン語版／ポルトガル語版／ベトナム語版／
  イタリア語版／フランス語版／ロシア語版(新版)／
  タイ語版／インドネシア語版／ビルマ語版／
  ネパール語版
- 教え方の手引き …………… 3,080円(税込)
- 初級で読めるトピック25 …… 1,540円(税込)
- 聴解タスク25 ……………… 2,640円(税込)
- 標準問題集 ………………… 990円(税込)
- 漢字 英語版 ……………… 1,980円(税込)
- 漢字 ベトナム語版 ………… 1,980円(税込)
- 漢字練習帳 ………………… 1,320円(税込)
- 書いて覚える文型練習帳 …… 1,430円(税込)
- 導入・練習イラスト集 ……… 2,640円(税込)
- CD 5枚セット ……………… 8,800円(税込)
- 会話DVD …………………… 8,800円(税込)
- 会話DVD　PAL方式 ……… 8,800円(税込)
- 絵教材CD-ROMブック ……… 3,300円(税込)

みんなの日本語 初級 第2版
- やさしい作文 ……………… 1,320円(税込)

みんなの日本語 中級I
- 本冊(CD付) ……………… 3,080円(税込)
- 翻訳・文法解説 ………… 各1,760円(税込)
  英語版／中国語版／韓国語版／ドイツ語版／
  スペイン語版／ポルトガル語版／フランス語版／
  ベトナム語版
- 教え方の手引き …………… 2,750円(税込)
- 標準問題集 ………………… 990円(税込)
- くり返して覚える単語帳 …… 990円(税込)

みんなの日本語 中級II
- 本冊(CD付) ……………… 3,080円(税込)
- 翻訳・文法解説 ………… 各1,980円(税込)
  英語版／中国語版／韓国語版／ドイツ語版／
  スペイン語版／ポルトガル語版／フランス語版／
  ベトナム語版
- 教え方の手引き …………… 2,750円(税込)
- 標準問題集 ………………… 990円(税込)
- くり返して覚える単語帳 …… 990円(税込)

- 小説 ミラーさん
  —みんなの日本語初級シリーズ—
- 小説 ミラーさんII
  —みんなの日本語初級シリーズ—
  …………………… 各1,100円(税込)

スリーエーネットワーク

ウェブサイトで新刊や日本語セミナーをご案内しております。
https://www.3anet.co.jp/